本书获浙江省哲学社会科学重点研究基地浙江学术文化研究中心

（现文化地理学研究中心）资助

浙江学者学术年谱

王元骧学术年谱

郑玉明／著

ZHEJIANG UNIVERSITY PRESS
浙江大学出版社
·杭州·

图书在版编目(CIP)数据

王元骧学术年谱 / 郑玉明著. —杭州：浙江大学
出版社，2024.9
ISBN 978-7-308-24625-5

Ⅰ.①王… Ⅱ.①郑… Ⅲ.①王元骧—年谱 Ⅳ.
①K825.6

中国国家版本馆 CIP 数据核字(2024)第 035307 号

王元骧学术年谱

郑玉明　著

策　　划	宋旭华　王荣鑫	
责任编辑	吕倩岚	
责任校对	周烨楠	
封面设计	项梦怡	
出版发行	浙江大学出版社	
	（杭州市天目山路 148 号　邮政编码 310007）	
	（网址：http://www.zjupress.com）	
排　　版	浙江大千时代文化传媒有限公司	
印　　刷	广东虎彩云印刷有限公司绍兴分公司	
开　　本	880mm×1230mm　1/32	
印　　张	11.5	
字　　数	291 千	
版 印 次	2024 年 9 月第 1 版　2024 年 9 月第 1 次印刷	
书　　号	ISBN 978-7-308-24625-5	
定　　价	88.00 元	

自　序

　　王元骧是我国当代著名文艺理论家、美学家。自 20 世纪 60 年代迄今，他持续不断的学术探索——几乎与我国当代文艺理论、美学的发展同步——已历 60 余年。为客观记录王元骧学术探索的脚步，进而总结、反思我国当代文艺理论和美学研究发展的经验得失，特整理王元骧学术年谱。本年谱以编年的方式，根据时间顺序对王元骧重要的学术活动如发表论文、出版教材和论文集、科研获奖、参加学术会议、与学术界友人交往等，以及少部分重要的学术反响进行梳理、记述。

　　王元骧是学者，也是高校教师。他的学术研究始终紧密联系教学，不少论著研究的就是文艺学、美学等学科教学中的问题；他学生众多，桃李遍天下，许多也早已是知名学者。因此，本年谱对其教学、学生培养也给予关注。

　　王元骧在治学中有比较强烈的时间意识，其论文的写作和修改很多都曾记录下时间，但考虑到论文的撰述、修改比较复杂，经常会有时间线难以理清的情况，为整理、记述的方便，本年谱主要根据论著的发表、出版时间来处理。自然，写作时难免会遇到时间相同、时间不明确以及时间难以考证等不好处理的特殊情况。比如对于发表时间相同的两篇或者几篇论文,本年谱主要根据所发表学术期刊的影响力大小排序。至于个别很难明确准确时间的教学、学术活动,比如所指导学生的具体答辩时间、科研获奖的准确日期,这种情况一般放在月末或者年末。

此书为学术年谱,但对王先生的出生、求学成长、工作等内容也有涉及,因为学者的治学毕竟也会受其出生、成长和求学等因素的影响制约。

另,年谱条目力求简洁,故而对条目的补充说明、对王先生论著内容的概述等,以楷体另段附于相应条目下。

年谱的时间下限为 2021 年。客观全面地呈现谱主的治学情况是年谱写作的追求,但限于水平和能力,难免会有疏忽和认识不当之处,期待方家批评指正。

目　录

王元骧学术年谱

1934 年（甲戌年）出生

10 月 29 日（甲戌月癸酉日），出生于浙江省玉环县楚门镇（今玉环市楚门镇），祖籍永康县（今永康市，由金华市代管）。学名"麟祥"，取《诗经》"麟趾呈祥"之意。据谱主回忆，因年幼时嫌这名字有点儿封建，兼笔画很难书写，因此多用"麟"的同音字"林"替代，写成"林祥"。

父亲王慎安，1889 年出生，原籍浙江永康，成年后，因家庭原因，长期生活在玉环县楚门镇。母亲郑月娇，1908 年出生，玉环县芳杜乡（今玉环市清港镇）柏台村人。

《审美反映与艺术创造》（杭州大学出版社 1998 年第 2版）书末作者简介：王元骧，原名麟祥（亦写作林祥），祖籍浙江省永康县，1934 年 10 月 29 日出生于浙江省玉环县楚门镇。

《七十感怀——兼谈我的学术生涯》（见《在浙之滨：王元骧教授七十寿庆暨浙江大学文艺学研究所成立五周年纪

念文集》,徐岱主编,广西师范大学出版社 2004 年版,第 3
页)有如下记载:我于 1934 年 10 月出生于浙江东海之滨的
一个小镇——玉环县楚门镇。父亲王慎安是浙江永康人,
在楚门复利盐廒任内账。因为母亲是玉环人,所以就在玉
环定居了。

1939 年(己卯年)5 岁

入读东方小学。

校长王咏樵、任课教师张春莲等先生的教泽之恩让他
永远怀念。不过,因不习惯学校刻板拘谨的学习生活,王元
骧当时并不用功读书,出于儿童活泼爱玩的天性,经常逃学
去看戏等。因此,他当时的学习成绩并不突出。

1941 年(辛巳年)7 岁

1 月,妹妹王淑珍出生。

1943 年(癸未年)9 岁

冬,短时间失学。

当时入读的东方小学,因经费来源枯竭而被迫关闭。
王元骧在日军不停骚扰的动荡时局中无奈失学。

1944 年(甲申年)10 岁

12 月 30 日凌晨,日军又一次入侵楚门,王元骧与家人一起
逃亡。是夜,和母亲、妹妹一起从楚门东门逃出,绕道沙河、垟

根,逃难到了芳杜乡柏台村的外婆家。

自去年冬失学以来,因为日寇频繁骚扰、入侵楚门,母亲经常带着他和妹妹去芳杜乡柏台村外婆家避难。王元骧断断续续地在外婆家住了近两年时间。

因为柏台村没有小学,少年王元骧在外婆家天天无忧无虑地和小伙伴在乡间游戏。在山坡上或溪涧边玩耍,或随小伙伴们一道放牛、摸鱼等,是他当时消遣度日的主要活动。童年时期的王元骧生性腼腆,不擅交游,总体上比较安静乖巧。除徜徉大自然,嬉戏游乐自然成长外,他也喜爱看戏、画画以及观赏当地节庆民俗活动,如舞龙灯与"滚八蛮"(舞动狮子、麒麟等八种瑞兽形状的彩灯)等。另外,由于童年时期深受周围亲友佛教活动的熏陶、影响,他心地善良而富有同情心。

1945 年(乙酉年)11 岁

秋,随父去临海,入读赤城镇中心国民小学。

父亲因为担心其在外婆家整天贪玩以致彻底荒废学业,决定带其去自己的工作地台州临海(彼时其父在临海久如油行任职内账)读书。跋山涉水来到临海后,王元骧入读临海赤城镇中心国民小学。

1946 年(丙戌年)12 岁

年初,重回芳杜乡柏台村外婆家,并临时借读小学。结识好友郑村樵。

抗战胜利后，父母以为可以住回楚门，王元骧因此在临海求学半年后返乡。但由于无法在楚门租到合适的住房，王元骧不得不又在外婆家住了半年。为了不蹉跎岁月，王元骧来到离外婆家约五六里的岭头坞读书。在这里，他结识了一位好朋友郑村樵。郑村樵的父亲是行医的，郑家一家人都非常喜欢王元骧。据谱主回忆，这位少年好友给他留下了长久的美好记忆。

8月，重回临海赤城镇中心国民小学，直至毕业。

1947年（丁亥年）13岁

进入高小阶段，逐渐对文学发生兴趣。

王元骧曾购买《中学生精读文选》（全正编，春明书店出版）等读物认真阅读，也曾模仿《模范日记》（钱一鸣编）等读物练习写作。

在临海期间，由于父亲工作单位久如油行订有一份《大公报》，王元骧得以读到张乐平在该报连载的漫画《三毛流浪记》，并打开眼界进一步了解到劳苦大众的悲惨生活。这极大地深化了他对社会人生的悲悯情怀。

1948年（戊子年）14岁

险失学成为银楼学徒工。

临近小学毕业，父亲曾与临海一家银楼联系，准备送王元骧去学手艺。

夏，小学毕业返乡。被玉环县立初级中学录取。

因母亲想念儿子，王元骧父子遂回楚门。适值刚成立不久的玉环县立初级中学（今楚门中学）招生，在亲戚和邻居的劝说下，父亲允许王元骧也去参加录取考试。在全无准备的情况下，王元骧以倒数第二的成绩被录取。父亲也改变主意，放弃了送儿子去银楼学手艺的想法。

秋，入读县立初级中学。直至1951年夏，王元骧在县立初级中学度过了三年的初中学习生活。

初中三年对王元骧一生的影响很大。在此期间，戴汉节、叶显志、赵灵筠、赵铁铮、庄忠庆、徐立普和童畹香等先生，特别是戴、庄二位先生的教育、关心，给王元骧留下了深刻的印象。

戴汉节等老师培养了王元骧对文学的浓厚兴趣。王元骧设法多方求购，陆续阅读了我国现代文学史上许多著名作家比如鲁迅、巴金、叶圣陶、朱自清、冰心、沈从文、王鲁彦和夏衍等的作品，也读了一些外国作家如德国19世纪作家斯托姆和俄国的普希金、屠格涅夫、高尔基等的作品。广泛阅读提升了王元骧的写作水平，他也因作文写得好而被师生们称作"小鲁迅"。

在童畹香先生的教学影响下，王元骧也逐渐培养起了对音乐的兴趣。

1950年底开始的抗美援朝运动中，在戴汉节老师的倡议下，王元骧积极响应抗美援朝运动。他与叶鹏、董诚锵等爱好美术的同学一起组织义卖，先后为湘毓照相馆画布景，为复兴、新义等棉布商店写牌号等，所得钱财酬劳用于捐献飞机大炮，以支持抗美援朝。

1951 年（辛卯年）17 岁

夏，初中毕业。

秋，入读温州师范学校。因测试成绩优秀，与所有来自玉环县的同学一起入读秋一乙班（测试成绩差的入读甲班，优秀入读乙班，中等入读丙班）。

因个人兴趣，也因家庭经济困难，王元骧与十几位同学初中毕业后一起到温州准备报考省立师范学校。后免试入读平阳郑楼温州师范学校。

就读期间，王元骧得遇名师徐步奎先生（当时任教语文）。徐步奎为我国著名古典文学专家，尤长于我国古代戏曲和明代文学研究。后来，王元骧与其有缘继续在浙江师范学院做师生，毕业后又同在杭州大学任教。另遇名师王伯敏先生，当时任教语文。王伯敏为著名画家黄宾虹关门弟子，是我国著名画家、美术史论家。王伯敏 1948 年自北京回温州后，因为母亲身体欠安不能远游，所以任教温州师范学校，承担劳动、美术、师范图画等课程，直至 1952 年调入中央美术学院华东分院（今中国美术学院）。除此之外，王阜彤、马锡鉴等先生（语文），金作镐先生（美术）和林虹先生（音乐）等都曾教导过王元骧。

王元骧在温州师范学校初步接受了艺术方面正规的教育，发展了他儿时的艺术兴趣，对其后来拥有广泛的艺术爱好、具备一定的艺术才能有不小的影响。

1953 年(癸巳年) 19 岁

随温州师范学校及全体师生从平阳郑楼迁往温州市区。

1954 年(甲午年) 20 岁

8 月,被 1952 年成立的浙江师范学院中文系录取。

王元骧在温州师范毕业前夕,省教育厅下发文件要求推荐普通师范毕业生定向报考高等师范学校(新中国建设事业的发展,需要大力发展高等教育),王元骧因成绩优异而成为推荐对象之一。与此同时,徐步奎先生也调往浙江师范学院任教,两人在浙江师范学院继续做师生。王元骧非常尊重自己的老师,工作、生活中,他对徐先生执礼甚恭,不少人都有深刻的印象。

浙江师范学院是当时浙江省唯一的高等师范学校,它由浙江大学文学院、师范学院和理学院的一部分,加上之江大学和杭州俄语专科学校合并组建而成。校址在杭州六和塔秦望山原之江大学位置。据杭州大学校史,1954 年下半年浙江师范学院已经在体育场路今浙江日报社社址开设分部,且将中文系、历史系、政治专修科和体育专修科迁入。但据谱主回忆,他第一年的大学生活就是在浙江师院六和塔秦望山本部度过的。

浙江师范学院注重教学计划的制定和教学大纲的编写,有教学日历制度,总体上教学活动计划性强,教学规范。同时,学校学习苏联,全校自 11 月开始实行"劳卫制",注重学生的体育训练。这些一方面有助于王元骧接受系统的大学中文教育,养成其生活规律、工作有序高效的好习惯;一方面培养了他注重锻炼、关注身体健康的好习惯。

12月,浙江师范学院的教学改革深入发展,开始全面学习苏联。王元骧由此开始接受苏式高等文科教育,学习俄语而不是英语,熟悉苏联文艺学的范式等等,对其后来的学术研究有长期的影响。

1955 年(乙未年) 21 岁

春,浙江师范学院学生的课程教学、学习生活管理实行学生班制度,废除课代表制,大量采用苏联教材,全部采用苏联形式,加强集体主义和互助互学观念。这些不仅直接建构了王元骧的知识体系,还强化了他关心国家、民族命运的思想观念。

秋,升入大二。

据谱主回忆,他此时是在体育场路浙江师范学院分部读书。直到1957年夏初,即约一年半后,王元骧又随系迁往松木场新校区。

1956 年(丙申年) 22 岁

1月,中共中央召开关于知识分子问题会议,发出"向科学进军"的号召。浙江师范学院全校教师的科研热情得到激发,这直接影响到了学生特别是高年级学生的学习。

2月底3月初开学后,浙江师范学院力图在新学期贯彻教育部"全面发展、因材施教"的方针,落实《关于执行高等师范学校暂行教学计划的若干临时措施的指示》,反思教学中存在的问题以进行教学改革。此前,浙师院对学生管得太细、太死板、太机械,学生负担过重;对此学校做出了改变,开始精简课程,增加学生的自主学习时间,同时强调学生的全面发展。

3月31日,学校召开了第一次大型科学讨论会,进一步激发了全校教师和高年级本科生的学习、科研热情。为促进科研事业发展,学校邀请了许多著名学者来校讲学。中文系当时邀请过冯雪峰、巴人和刘大杰等著名文学家和学者。这给王元骧留下了深刻印象。

中文系曾在王元骧所在年级推广学年论文。王元骧当时最喜欢中国古典文学,尤其热爱屈原、王维、苏轼等人的诗词作品。因此,他确定了《屈原的〈九章〉》这一题目,开展学术研究。两年后,他还以这一题目完成了本科毕业论文。在论文写作过程中,他深感理论素养的缺乏。为此,还主动去阅读文学理论的书籍,这使他对文学理论产生了浓厚的兴趣。另外,他还对文学创作特别着迷。无论是诗歌、散文,还是小说,他都曾有所涉猎;一些习作还得过盛静霞、马骅等老师的赞赏。他还编过一份内部报纸,展现了超人的写稿能力。

夏,大学期间唯一一次回家。

王元骧自 1954 年秋入大学以来,学习情绪高涨,几乎没有放过寒暑假。唯有本年夏季由于流行性感冒在杭州蔓延,学校为避免传染面继续扩大,而停止了期终考试并将该年 7、8 两月助学金发放给学生,动员大家回家度假,王元骧才停学回家。

1957 年（丁酉年）23 岁

4 月，随中文系迁往松木场新校区（原老杭大，今浙江大学西溪校区）继续求学。

7 月，学校开始了反右派斗争，教学秩序受到一定影响。自此直到毕业王元骧的学习都受到不小的干扰，但热爱学习的他，仍然不改勤奋刻苦的作风，打下了比较深厚的专业基础。

10 月，学校转入整风运动。以大鸣大放大辩论的方式，整改党的作风，全校的整风运动裹挟了所有人，师生大贴大字报，提出对学校领导和教学工作的各类建议。

11 月，学校整风运动中又掀起了"勤俭办学"的整改高潮。

1958 年（戊戌年）24 岁

3 月初，"反浪费反保守"的"双反运动"和"大贴大字报"运动在学校轰轰烈烈地开展起来。不久，"反三风"（主观主义、官僚主义和宗派主义作风）、"反五气"（官气、阔气、暮气、骄气和娇气）运动又掀起高潮。持续不断的政治运动，严重干扰和影响了学生们的学习，王元骧自然也不例外。

4 月，名目繁多的各种运动依旧不断。17 日，学校成立勤工俭学指导委员会，制定勤工俭学暂行条例，开始组织学生下乡下厂开展勤工俭学活动。不久，王元骧就被运动波及。

7 月，在学校的"教育大革命"运动中，下乡参加农业劳动一个月。

8 月，以优异成绩从浙江师范学院中文系毕业，被分配到本年刚刚成立的杭州大学，成为中文系的一名教师。

当时,杭大中文系刚成立。全系只有六位教师,即总支书记辛航、系主任叶克、浙江师范学院支援的两位讲师马骅和徐朔方(徐步奎),以及两位刚从浙师毕业的助教刘云泉和王元骧。王元骧和老师徐步奎先生此时成为同事。

9 月,杭州大学正式开学,王元骧承担文艺理论课程的教学辅导工作。

当时,"毛泽东文艺思想"是事实上的文学概论课。这门课程是一年级新生的主干课程,王元骧被分配承担其教学辅导工作。自此,他与文艺理论正式结缘。最初半年,林淡秋同志在新闻系主讲"毛泽东文艺思想"课程,王元骧去旁听以增长、丰富教学经验,顺便也做些该课程的教学辅助工作。林淡秋是左联时期的老作家、老翻译家,1958 年下放到他的老家三门县劳动。杭州大学刚成立,浙江省委把林淡秋截留在杭州,任命其为杭州大学副校长。

1959 年(己亥年) 25 岁

秋,开始为一年级新生主讲文学概论课程。

1958 年 12 月 2 日,杭州大学与浙江师范学院正式合并。在浙江师范学院时,蒋祖怡先生一直主讲"毛泽东文艺思想"课程;因此,两校合并后,此时已担任杭州大学副校长的林淡秋同志就不再主讲此课程。而浙江师范学院中文系这一课程原有的其他两位任课教师因各种原因无法继续执教此课程,所以王元骧虽然还是助教身份,但却"插讲"一部分,事实上直接升任此课程的主讲教师之一。

彼时，由于师资匮乏，王元骧的教学任务繁重。中文系一年级 360 多位同学的课程、新闻系的课程、全省和邻近省份 1000 多个函授生的答疑工作，以及新成立的杭州师范专科学校的"毛泽东文艺思想"课程因缺少专任教师而请求杭州大学教师前去兼任，这些教学任务都落在了他身上。在这样的情况下，文艺学和美学基础理论的教学与研究自然成为王元骧的终身职业方向。

这一时期，王母迁来杭州与其同住（父亲在台州临海工作，妹妹在外地读书，母亲生病无人照顾），住址为杭州大学教师集体宿舍（现浙江大学建筑设计研究院建筑装饰分院，学军中学文三路校区西临）。

1960 年（庚子年）26 岁

被自本年 3 月开始的第二次教育革命运动波及。特别是在 6—8 月以大鸣大放、大争大辩的方式开展大检查，摆问题、提方案活动中，受到中文系党总支书记蒲光"走白专道路"的批评。

蒲光听信传言，误以为王元骧有对"革命"的抵触情绪。当然，客观地说，王元骧因为教学任务繁重，对政治活动也确实不很热衷。他性格上也诚实忠厚，对工作——而非政治运动——更为投入。

秋季新学期，为中文系高年级本科生讲授"文学艺术的基本特征"等专题课程。

10 月 25 日下午，参加茅盾与杭州大学中文系师生的座谈会。

座谈会上，茅盾共回答了五个问题：革命现实主义与革命浪漫主义相结合的问题,传统文化是否可以成为社会主义先进文化的一部分,对十九世纪批判现实主义应继承些什么,民族化、群众化问题,中国现代文学的性质问题。

本年,王父退休后也来到杭州。其时,父母住灵隐寺旁的白乐桥宿舍(杭州大学卫生科住院部附近),王元骧仍住在教师集体宿舍。

1961 年(辛丑年) 27 岁

本年,执教的"毛泽东文艺思想"课程,改回"文学概论"课程。

开始学术研究。

深刻体察年初以来中央对高等教育质量的重视,特别是受 1961 年 10 月杭州大学师生深入学习"高教六十条"[《教育部直属高等学校暂行工作条例(草案)》]精神这一运动的影响,王元骧认识到提高教学质量的重要性、必要性;而几年执教"文学概论"课程,也让他意识到,高校教学如果不搞科研就无法提高教学质量。因此,他准备就教学过程中遇到的理论难题依次展开学术研究,并向林淡秋同志谈了自己的想法,得到了林副校长的赞同和支持。由此,他逐渐开始了自己艰难的学术探索旅程。

1962 年(壬寅年) 28 岁

教学之余,广泛阅读、学习中外各类文艺理论著作。

外国的如《文艺理论译丛》、《古典文艺理论译丛》中的名著，苏联"审美学派"代表人物布罗夫《艺术的审美本质》，以及文艺批评大师别林斯基的著作，等等。

国内的如胡采《从生活到艺术》、毛星《形象、感受和批评》与中国作家协会广东分会理论研究组编《典型形象——熟悉的陌生人》等。

此时，他还模仿苏联评论家叶尔米洛夫的《论契诃夫的戏剧创作》等，学习评论写作。

受教研室委托，选编了中文系函授读物《"文学概论"教学参考资料》第一辑。

他在书中选入了自己在阅读、学习中深感有学习价值的国内学者相关重要论述。除上述胡采、毛星和中国作协广东分会理论研究组的著作外，唐弢的《向社会学习》与《艺术家和"道德家"》，王朝闻的《透与隔》《喜闻乐见》与《适应为了征服》，夏衍的《艺术性，技巧》，何其芳的《正确对待文学遗产，创造新时代的文学》，茅盾的《怎样评价〈青春之歌〉》等篇章，都被选入书中。可惜后因教学风气转变，此书在第一辑后未再续编。

8月，在《文艺报》第 8 期发表《关于"熟悉的陌生人"》一文，署名"王元让"。该文是王元骧最早发表的一篇学术性文章。

文中，他从别林斯基关于典型的经典论断——读者所熟悉的陌生人——出发，立足文艺反映论，阐明了文学既是现实生活的反映，同时又是文学家个人的艺术创造的观点。突破在文艺与现实关系上的直观、机械反映论观点，重视文学家的个人感受、理解和发现以及艺术创造特点，辩证地把握文艺与现实的关系。王元骧的这篇短文应该是其长期坚持并不断完善的文艺反映论观点的最早发端。

1963 年（癸卯年）29 岁

撰文《"性格核心"及其他——和蔡仪同志商榷》向《文学评论》投稿，未发表。

年初，王元骧读到了蔡仪发表于《文学评论》1962 年第 6 期上的《文学艺术中的典型人物》一文。他不同意蔡仪把典型人物的典型性与阶级性区分开来，仅仅将之理解为其"性格的核心或基本之点"这种"普遍性"的做法，认为属于同一阶级的典型人物自然有许多，但这并不是说典型性与阶级属性无关，而只表现为人物不同于一般人的鲜明个性与深刻的社会普遍性。王元骧倾向于应该辩证、具体地认识典型人物，认为蔡仪的这种观点与把典型性等同于阶级性的简单化做法本质上类似，是另一种简单化的认识方式，因而著文进行商榷。六千字的论文，王元骧一天写成并投寄《文学评论》杂志。

很快，王元骧就收到了编辑部的退稿以及退稿信——退稿中有红笔修改及画好的版式。退稿信由编辑王信代表编辑部执笔，介绍了论文原本准备发表，后因领导认为王元骧的观点有值得商榷之处而不作发表的情况，以及稿子转交蔡仪看过和蔡仪同意与其通信讨论意见的信息。王信还以八页信纸的篇幅手抄了蔡仪对王元骧观点的书面答辩要点，有三四千字之多。

第一次向《文学评论》投稿就差一点儿发表的经历，极大地鼓舞了王元骧从事科研工作的信心；同时，《文学评论》编辑在工作上的认真负责也让他感动。

9月15日，又写成论文《对阿Q典型研究中几个问题的看法》寄给《文学评论》。11月20日收到复信嘱其修改，待来年发表。

彼时，王元骧一直认为不能辩证地进行认识是影响理论界正确认识典型形象的症结所在。因此，他写作此文时把对蔡仪的商榷意见整合进去，又特别针对何其芳1956年的《论阿Q》一文提出了自己的不同看法。何其芳对阿Q这一典型形象的看法，与蔡仪的观点有一致之处，也认为其典型性就在于其性格上的"精神胜利法"这一鲜明特点。王元骧因此把蔡仪和何其芳的观点统一起来，专门著文商榷。

11月20日，《文学评论》编辑部发信给王元骧（也是王信手书），通知他《对阿Q典型研究中几个问题的看法》一文原曾准备第六期发表，但后来因为第六期有纪念曹雪芹逝世200周年的重要论文要发表，因此暂时撤下留待明年第一期再发，并嘱咐王元骧再作进一步的修改，且必须于12月25日前将稿子寄还编辑部。王元骧认真修改后及时将修改稿寄还了《文学评论》编辑部，但他对蔡仪"性格核心说"和何其芳"共名说"的商榷意见还是遭到了抵制。

同期，撰文《关于人物形象的阶级分析——兼评对于周朴园形象阶级性的论争》并向《上海文学》投稿。

修改《对阿Q典型研究中几个问题的看法》一文时，王元骧因对王一纲、张履岳发表于《上海文学》1963年第8期的《周朴园的"深情缱绻"——评钱谷融的〈雷雨〉人物谈》一文有不同的认识，于是又写成商榷文章并向《上海文学》投稿。王元骧认为，因为周朴园的资本家身份就认为他对鲁侍萍的感情是虚假的，这是庸俗社会学的观点。

是年，在杭州大学筹开美学课。

备课过程中，王元骧曾就席勒美学的认识向朱光潜请益，朱先生复信解惑，这让他大为感动。

1964 年（甲辰年）30 岁

本年，开设"美学讲座"。

据《杭州市志》第七卷《社会科学篇》第一章第一节哲学部分的相关记载。

2 月 10 日，收到《文学评论》编辑部的拒稿通知——《对阿 Q 典型研究中几个问题的看法》一文因最后没有通过领导的审批而不能发表。

王元骧为此写信给当时的中国科学院文学研究所党支部书记唐棣华，提了两点意见：一、何其芳以他的观点为真理标准，容不得别人的批评，在《文学评论》搞学阀式的统治；二、自己两次向《文学评论》投稿，都遭遇了先同意发表后因领导不同意而不能发表的情况，编辑部在发稿问题上的这种"出尔反尔"，对作者有些不够负责任。

《文学评论》副主编毛星以个人名义给王元骧回信，解释退稿原因，并说明稿子的处理经过，最后表示如果能把稿子有缺点的地方修改得完善一些，还可以再寄给《文学评论》。王元骧于是把《对阿 Q 典型研究中几个问题的看法》

一文进一步修改后,再次寄到了《文学评论》编辑部。

6月29日,《文学评论》第3期发表了《对阿Q典型研究中一些问题的看法》一文,署名王元骧。此文发表,让王元骧收到了相当于半年工资的316元高额稿费。

> 长期以来,在对阿Q典型的研究中,仅仅以辨别阶级身份和区分政治活动类型来认识阿Q形象的典型性是比较流行的观点。后来,何其芳在1956年在所写的《论阿Q》一文中提出了从典型人物性格上的"突出特点"来认识阿Q形象典型性的观点,力图在认识上有所突破。王元骧认为,这些看法都忽视了典型形象的整体性,把典型形象简单化了。对此,他提出了自己的不同意见。他认为,典型形象身上一方面保持着生活本身的丰富性、多样性、生动性和诱人的魅力;另一方面,典型形象也是作家的独特发现和创造的结果,它身上反映着作家的主体能动性。概括地说,此文的认识突破在于,从文学活动的审美规律出发,一方面强调艺术形象的丰富、生动,一方面重视作家在创作中的主体能动性,突破了很多人局限于社会学的抽象认识的不足,实现了对阿Q形象等典型形象的典型性更为准确的把握。

> 论文发表后,杭州大学中文系教师郑择魁(1963年至1965年在文学所进修,师从唐弢)在并不完全了解内情的情况下,写信给杭州大学中文系总支,反映王元骧名利思想极其严重,为了发表论文而不择手段。新任党总支书记魏佑功认为王元骧的行为反映了一种阶级斗争的新动向,因此取消了他的入党资格,并专门派人审查其文章,准备批判他。年轻气盛的王元骧一怒之下去信,把投寄到《文艺报》

与《上海文学》，当时已待发表的《关于人物形象的阶级分析——兼评对于周朴园形象阶级性的论争》等稿子都要了回来，并暗暗发誓以后再也不写文章。

11月，和全系师生一同下乡参加"农村社会主义教育运动"，即"四清"运动。次年7月，返回学校。

王元骧先后赴诸暨泔浦公社泔浦大队及斯宅公社王坑大队各小半年，参加"四清"运动。其间，王元骧曾参加修水库的劳动。幸运的是，他因此而躲过了因发表论文而招致的批判。

1965年（乙巳年）31岁

7月，自诸暨返校，并参与杭州大学的教学改革活动。

杭州大学文科各系结束"四清"运动返校后，开始拟定方案，开展教改。中文系课程由42门（选修课21门），减少至16门（其中新增当前文艺问题、政论文及写作等4门课），总学时由2823学时削减至1415学时。

1966年（丙午年）32岁

6月中旬至7月中旬，王元骧参加省委工作组在杭州大学掀起的"林夏战役"，即批判林淡秋、夏承焘的"批斗大会"。他极其单纯地写下了"请看林淡秋的修正主义文艺观"大字报，得到了林淡秋"小字报"的回应。

8月，随中文系革委会组织的中文系"革命师生"赴京参观。

9月，杭州大学停课闹革命后，王元骧和同事、学生们外出

"大串联"。其间,他先后游历北京、南京、青岛、济南、郑州、武汉和广州等地。

本月,父母自杭州大学白乐桥宿舍搬迁至杭州大学河南家属宿舍——俗称的道古桥宿舍,也即位于杭徽路(今西溪路)南的工友宿舍(今杭大新村南区)。宿舍由学校统一调配,安排居住。该宿舍实际是任铭善教授家的南屋。

11月8日,父亲去世,享年78岁。

1967年(丁未年)33岁

春,"大串联"结束后回校。

夏初,根据造反派组织新东方红兵团的指派,编辑该组织创办的《东方红》杂志,负责"批判资产阶级文艺黑线"的相关版面。

彼时,王元骧写了些批判"文艺黑线"和"大毒草"《十五贯》的文章,所使用的化名有干一、一士和冲霄汉等。

这一时期,他对京剧欣赏、音乐谱曲和拉小提琴等艺术活动产生了浓厚的兴趣。在练习拉小提琴的过程中,他初步领悟了艺术的情感本质。这为他日后提出文学艺术的基本特性不是形象而是情感的观点,进而又形成自己的审美反映论思想,奠定了思想基础。

负责《鲁迅言论辑录》一书的编选工作。该书由浙江人民出版社约稿,王元骧带领唐森灿、熊恩生等三位同学,用两个多月完成了书稿的编选工作。

1968年(戊申年)34岁

2月,负责编选的《鲁迅言论辑录》出版,署"杭州大学中文系

《鲁迅言论辑录》编辑小组、浙江人民出版社《鲁迅言论辑录》编辑小组"。

8月,《鲁迅言论辑录》修订再版。书名改为《鲁迅语录》,署名改为"杭州大学中文系革命委员会《鲁迅语录》编辑小组"。

1969 年(己酉年) 35 岁

5月7日,作为中文系教育革命小分队成员,下乡至嘉兴东栅,参与开办"毛泽东思想文科大学",工作了半年之久。

10月,被派往学校革命委员会在余姚梁弄开办的"四明山文史哲教育革命试点班",为全省各地推荐上来的新干部讲授文化知识,并参加劳动或作社会调查,探索文科教改之路,前后长达一年之久。

1970 年(庚戌年) 36 岁

9月,去温岭师资培训班工作。

为推广"四明山文史哲教育革命试点班"经验,学校革委会分别在温岭、玉环、丽水和云和四地办了四个"师资培训班"。王元骧原本报名玉环师训班,想回玉环老家去看看,结果被分配到温岭师资培训班工作,同时承担玉环师训班一定的教学任务。工作期间,王元骧往返温岭、玉环,得以对故乡有了较为广泛的了解和认识。

年底,师训班工作任务完成后,从温岭回学校。因中文系教学任务早已都安排好而成为"编外人员",被安排到因《光明日报》约稿而成立的《红楼梦》资料编写组工作。

1971 年(辛亥年) 37 岁

7 月,全国教育工作会议后,随首届工农兵学员赴萧山临浦继续开门办学,把政治、毛泽东文艺思想和写作三门课带到乡下组织教学。其间,创作了以农村阶级斗争为题材的戏曲剧本《夺秤》。该剧本现存油印本。

搬至河南家属宿舍与母亲同住。

1972 年(壬子年) 38 岁

《红楼梦》资料编写组因故中途撤销,工作半途而废。

8 月 10 日,以"沅湘"为笔名在《浙江日报》第 3 版发表《绿叶映花花更红》。

此文是彩色影片《龙江颂》的影评。文章并未着墨于影片主人公江水英的高大形象,也没有继续强调影片着力肯定的"龙江精神",而是对影片通过成功刻画"盼水妈"这位普通人物来烘托主人公江水英高大形象的艺术辩证法进行了分析。这篇短短的影评突出展现了王元骧在艺术欣赏方面重视艺术形式分析的审美趣味。

11 月,《文学基本知识》一书出版。

此书封面印着"杭州大学中文系辅助教材"字样,是作为"毛泽东文艺思想课程"的辅助教材而出版的。该书署名文艺理论教研组,实为王元骧独立编著。作为"文革"时期的作品,该书的内容打上了明显的时代烙印,这是完全可以理解的。坚持文艺为工农兵服务、为政治服务,强调文艺的阶级性,都是此书属于那个特殊时代的明证。但在强烈的政治倾向中,王元骧坚持文艺对社会生活的能动反映,关注文艺创作者从自己的理想出发对社会生活的改造,还是对作家在文艺创作活动中的主观能动性给予了明确的肯定。这与他在"文革"前的文艺典型研究中始终强调作家在创作活动中的主观能动性是一脉相承的。此书是王元骧后来在1989年出版并随时代推移而不断修订完善的《文学原理》一书的最早雏形,部分内容在后来的《文学原理》中还隐约可见。

1973 年(癸丑年) 39 岁

春,听力受损。

在被分配到杭大防空工地劳动时,王元骧因下雨天在室内施工敲铁板而震聋了耳朵。经艰难治疗后,虽然听力有所恢复,但他所患爆震性耳聋并未痊愈。听力受损给其后来的工作和生活带来了巨大的不便。治疗期间,中文系总支书记毛逸、生物系蔡壬侯及其弟蔡钺医生、原浙江师范学院党委书记焦梦晓都给予了热心的帮助和亲切的关怀。

8月,参与撰写的《毛泽东文艺思想》一书出版。

此书扉页写明是杭州大学中文系的试用教材,署名为杭州大学中文系文艺理论教研组。自杭州大学成立,王元骧就长期执教"毛泽东文艺思想"课程。

本月,《文学基本知识》一书经修订再版。

1974 年（甲寅年）40 岁

分配至《语文战线》编辑部从事编辑工作。

  《语文战线》杂志由杭州大学中文系创办，是一份主要面向中学语文教师的教学辅导刊物。该杂志存续时间长达十年，后于 1984 年年底停刊。王元骧因听力受损，从事教学工作客观上存在不便，因此被分配到了《语文战线》杂志。在此期间，王元骧应刊物要求开始用化名陆续撰写介绍文学常识与指导中学语文课文分析的文章。其间，他先后使用的化名有沅湘、翎翔、汪森、王元襄和王林等。后来，王元骧长期关注我国中学语文教学，与他这一时期的工作经历有关。

6 月，化名王林在《语文战线》第 3 期发表《一盏灯・两条线・三代人——谈〈红灯记〉的艺术构思》。

  《红灯记》是我国"文革"时期著名的现代京剧作品、八大样板戏之一，王元骧对它的艺术批评重点是艺术构思问题，这一定程度上展现出他文学欣赏趣味的独特性。

1975 年（乙卯年）41 岁

12 月，以"王元襄"为笔名，在《语文战线》第 6 期发表《短小精悍——从鲁迅的短篇小说看这种体裁的特点》。

1976 年（丙辰年）42 岁

1 月，连续几晚在林淡秋家含泪观看悼念周总理的电视直播。

2 月,在《语文战线》第 1 期发表《鲁迅作品教学与研究:关于〈祝福〉中的"我"——与李何林同志商榷并谈文艺批评的方法问题》,署名翎翔。

6 月,以"沅湘"为笔名,在《语文战线》第 3 期发表《〈一件小事〉中的主要人物到底是谁?》;以"汪森"为笔名,在同期杂志发表《怎样分析和评价文学作品(一)》。

8 月,以"汪森"为笔名,在《语文战线》第 4 期连载《怎样分析和评价文学作品(二)》。

12 月,以"汪森"为笔名,在《语文战线》第 6 期连载《怎样分析和评价文学作品(三)》。

1977 年(丁巳年) 43 岁

1 月,以"汪森"为笔名,在《语文战线》第 1 期连载《怎样分析和评价文学作品(四)》。

8 月,《中学语文课文选析·论说文部分》一书,以杭州大学教育革命函授组教材的名义出版。

> 王元骧是此书事实上的主要编写者,是他进行组稿,并收入了自己的一些语文课文分析文章,编写成了此书。在那个知识读物匮乏的年代,此书的出版受到广大读者的热烈欢迎。

10 月起,在"揭批查"运动中遭遇无端冲击。

> 1976 年 10 月"四人帮"被逮捕后,全国揭露、批判"四人帮"的罪行和清查其帮派体系的活动逐步展开。"文革"后期,"浙江省造反派联合指挥部"分裂为"山上"和"山腰"两

派，这种派系分争也同样存在于杭大和中文系。"揭批查"运动中，杭大甚至浙江省的"山上"派都莫名其妙地成了"革命派"，成了"毛主席革命路线"的捍卫者；而"山腰"派成了"四人帮"帮派体系的人物，成为"揭批查"的对象。王元骧在"文革"时期原本并不属于任何一派，但却因曾经得罪过中文系的"山上"派教师，以及因欣赏"山腰"派教师们的正派而与之更亲近一些，就被卷进了"山上"派对"山腰"派的斗争。一位属于"山腰派"的学生兼同事迫于某种压力，抛出王元骧以往的一些规劝性言论，为王元骧招致了以"否定'文化大革命'，攻击毛主席"为罪名的批判。王因据理力争，不肯轻易屈服而遭受了大大小小十来次的会议批判，甚至连《语文战线》杂志已经完成三校，即将付印的文章《再谈〈祝福〉中的"我"和文艺批评中的形象感受问题——答王湛同志》（后来发表于《语文战线》1979 年第 1 期）都被无理撤稿。

1978 年（戊午年）44 岁

2 月，《中学语文课文选析·文艺文部分》作为《中学语文课文选析·论说文部分》一书的续编出版。

受学校函授部邀约，王元骧主编了《中学语文课文选析》。该书分上、下册，共两本。1977 年下半年出版的上册"论说文"部分受到读者的热烈欢迎，现在又出版了"文艺文"部分。该书曾先后重印两次，充分说明了它受欢迎的程度。

5 月 20—27 日，参加杭州大学主办的哲学社会科学讨论会。

这次学术讨论会,除本校文科各系师生外,还有来自全国 138 个大专院系和科研单位的 209 位来宾参加。当时,中文系主要讨论了形象思维问题、中国古代文学中的爱国主义思想、鲁迅文艺思想的发展和 20 世纪 30 年代关于两个口号的论争问题。王元骧在会上结识了山东大学文艺学学者狄其骢等。

10 月 17—28 日,赴沈阳参加由东北九校发起、辽宁大学和辽宁文学研究所主办的文艺理论学术讨论会。这次学术会议的主题是文艺的真实性和典型性问题。全国 50 所高校(发起单位除外)、科研机构、新闻和出版单位的代表参加了会议。王元骧就典型问题做大会发言,所论受到广泛好评。

12 月,赴上海参加由上海师范大学(今华东师范大学)、上海师范学院(今上海师范大学)两校中文系主办的"典型问题学术讨论会",并参与推举"高等学校文艺理论研究会(中国文艺理论学会前身)成立筹备组"(次年 5 月,研究会在西安"创作方法学术讨论会"上正式成立)。此次讨论会有来自全国 53 所文科高等院校的 120 余位文艺理论教师代表参加,王元骧在会上结识了中山大学文艺学学者郭正元等。

12 月 29 日,养子王开来出生。

本年,被聘为讲师。

1979 年(己未年) 45 岁

1 月,以"翎翔"为笔名,在《语文战线》第 1 期发表《再谈〈祝福〉中的"我"和文艺批评中的形象感受问题——答王湛同志》。

这是因王先生无端卷入"揭批查"运动而耽搁未发的文

章。该文观点与《语文战线》1976年第1期所发表的《鲁迅作品教学与研究:关于〈祝福〉中的"我"——与李何林同志商榷并谈文艺批评的方法问题》一文类似,王元骧不同意王湛把《祝福》中的"我""客观地"理解成作品中一个被批判的"艺术形象";而强调作家鲁迅与"我"的内在关联,认为"我"是鲁迅本人的反讽式化身、代言人。此文意在强调作家就在作品之中,而不在作品之外。

6月下旬,写成《典型的个性与共性统一的原理不能轻易否定——与沈仁康同志商榷》一文,后发表于《学术研究》1980年第1期。

8月,在《辽宁大学学报》1979年第4期发表《对于典型若干问题的认识——兼与赖应棠同志商榷》一文,署名王元襄。

该文对典型的若干问题进行了分析研究。首先,论文讨论了典型形象的个性问题。认为它指的是具有个性的具体人物,而不是如赖应棠同志所理解的"阶级性的表现形式"。通过认真梳理西方文艺理论中"典型"理论的发展演化,王元骧清楚地指明了典型形象的"个性"就是指特定人物不同于他人的独特人格特征。然后,论文又具体探讨了文学典型的创造方法、根本特征问题。王元骧先从"个性与共性的统一"入手,认为从生活中人物的个性出发,通过琢磨、挖掘和改造,使之能够表现生活的意义,从而上升到一般,这是现实主义创作实现典型形象的"个性与共性的统一"的方法。除此之外,王元骧提出,典型的根本特征还应包括作家的审美认识和审美评价的"主观"与事物的典型性的"客观"的统一。以此为基础,论文总结,典型的"共性"不是抽象的阶级性,而是体现于具体的社会关系和社会历史发展中,反映在人物个性中的具体的阶级性。此文极大地突破了传统典型研究中的概念化、抽象化认识。

秋季,继续为本科生讲授"文学概论"课,还参加了杭州大学中文系油印教材"文学概论"的编写工作。

12月22—29日,写成《论典型化》一文,后发表于《文学评论》1980年第4期。

1980年(庚申年)46岁

1月,在《学术研究》第1期发表论文《典型的个性与共性统一的原理不能轻易否定——与沈仁康同志商榷》,署名王元襄。

作为一篇商榷文章,该文为"典型是个性与共性的统一"这一观点进行了理论辩护。沈仁康批评典型的个性与共性统一原理造成了典型理论中的庸俗社会学倾向。论文主要从以下三个方面进行辨析。首先是"个性"与"共性"的科学内涵以及两者之间的关系。论文指出,文学艺术反映生活所采取的事物(人物、事件、场景,而主要是人物)的个别的、感性的、偶然的形式是"个性",而通过这些个别事物的描写所显示出来的生活中一般的、本质的、必然的、规律性的东西是"共性";从个性出发,通过个性来体现共性才是两者之间的正确关系。其次是何谓典型的艺术特色。作者指出,典型的艺术特色不是"奇异性"和"类型性";作家通过独特的艺术发现,以"个性"为基础的想象、虚构是使典型具有艺术特色的关键。最后,论文强调"典型的个性与共性统一"的原理不容否定,而是需要澄清认识、加深理解。

上半年,外出听课学习。

为筹开面向中文系本科生的"美学概论"课,王元骧赴北京、上海等地听课学习一个月。其间,他先在北京大学听金开诚讲授美学概论课,后在复旦大学听蒋孔阳主讲有关叔本华文艺思想的讲座。

外出学习结束回杭后,申报副教授并最终获得成功。

在文艺学教研室的动员下,他与中文系的郭在贻、陈元垲同批申报晋升副教授。因历史遗留问题,六名教师联名向省内上诉表示反对,后未果;王元骧本年成功晋升职称。

7月31日—8月15日,赴江西庐山参加"全国高校文艺理论研究会"召开的大型学术讨论会。

此次学术讨论会是由全国高校文艺理论研究会委托江西省文联、江西省文化局、江西大学等七个单位共同承办的,共有来自全国各高校和科研单位的专家学者,期刊、报纸和出版部门的编辑等共300余人参加。会议采取阅读论文(大会印发论文114篇)、大会发言和小组讨论结合的方式,围绕文艺与政治的关系、文艺的真实性和倾向性以及文艺作品的效果等问题,展开了热烈的讨论。王元骧在此次会议上结识了山东大学美学学者曾繁仁等。

8月28日,在《文学评论》第4期首篇刊发《论典型化》一文。

文中,王元骧以自己多年对文学典型问题的研究为基础,深入探讨了"典型化"的科学认识问题。针对不少人把典型形象塑造理解成"类型形象"制作的观点,王元骧首先详细梳理了西方文艺理论史中人们对"典型化"问题的认识发展。他认为，歌德以人物个性为基础，强调其在"质"上把个性与共性、个别与一般统一起来的观点，是对传统类型化创作理论的真正突破和超越。最后，王元骧立足于艺术创作的实际，对"典型化"立足人物个性，借助想象、虚构进行艺术概括的"创作的生理学"进行了深入揭示。他强调，重视人物个性，尊重人物性格形成发展的客观逻辑，以及避免理智思考对艺术构思的干扰，是"典型化"过程中应该特别注意的三方面内容。

该文对"典型化"问题的认识，真正突破了文学创作研究中的抽象哲理思辨，实现了立足于文艺的审美本质，真正贴近文艺创作的艺术性的思考和认识。

此文后被全文收入中国社会科学院文学研究所编《中国文学研究年鉴1981》（中国社会科学出版社1982年版）。文中"为了虚构得好，必须知道得多"这一部分，又被收入上海音乐学院马列主义教研室等编《艺术中的哲学（例选）》（福建人民出版社1983年版）。

1984年10月，《文学评论》编辑部根据中国社会科学院关于所属刊物评选中青年作者优秀理论文章（以1984年6月以前发表为限）的决定，开展论文评奖活动，该文获评优秀论文奖三等奖。《社会科学评论》1985年第2期转载获奖情况，转载内容包括"论文摘要"和"作者自我介绍"。1984年12月，该文又获浙江省首届（1979—1982）社会科学优秀成果奖一等奖。后又被全文收入李庚与许觉民主编的《中国新文艺大系1976—1982理论一集下》（中国文联出版公司1988年版）。

该文发表后曾受王瑶、蒋孔阳、许觉民和敏泽等前辈学者好评。进入新世纪后，当代著名文艺理论家童庆炳曾批评文艺理论界在许多理论问题上浅尝辄止，没有实现理论突破，但他高度评价王元骧对典型化问题的研究"解决了一个问题"："在我们的有限阅读中，只有一个典型和典型化问题这一论题，由于王元骧教授在80年代的《文学评论》上面发表了长文，把典型与典型化的来龙去脉梳理得比较清楚，可以说解决了一个问题。"（童庆炳《反本质主义与当代文学理论建设》，《文艺争鸣》2009年第7期）

在《文化娱乐》杂志1980年第4期，署名王元襄发表学术散文《说"无理之'理'"》。

此文从《红楼梦》香菱论诗评价王维《使至塞上》中的"大漠孤烟直，长河落日圆"一句，"直"、"圆"两字有"无理之妙"起手，深入阐发了艺术与科学对客观世界的反映的不同。论文指出，艺术在反映生活时"总还得要表现作者一定的感觉和意念，达到主客观的统一"，艺术的有些描写尽管不符合科学道理，但在艺术上却合情合理。王元骧的这一看法，与其在对阿Q这一典型的认识中强调鲁迅的创作意图，在文学观念上一脉相承。

9月，担任中文系78级一班班主任，对学生成长产生了很大影响。

1981年（辛酉年）47岁

为中文系本科生开设新课"美学概论"。

开课前后，他花了一年的时间研究柏拉图、亚里士多德、黑格尔与车尔尼雪夫斯基的美学思想,初步形成了自己的教学内容体系。

10月29日,写成学术随笔《美与比例——形式美漫谈之一》,后发表于《文化娱乐》1982年第1期。

12月2日,写出学术随笔《对称均衡的美——形式美漫谈之二》,后发表于《文化娱乐》1982年第2期。

本月,参加林淡秋同志追悼会。

12月4日,杭州大学校长、文学家林淡秋在浙江医院逝世。王元骧参加追悼会时"哭得捶胸顿足"(见沙牧《枫林霜淡秋色深》,载江南杂志社编《文史我鉴》,作家出版社2009年版)。当时,王元骧正在写《情感——文学艺术的基本特性》,以这篇用心写作的论文悼念老校长。

1982年(壬戌年) 48岁

1月,《美与比例——形式美漫谈之一》一文发表于《文化娱乐》1982年第1期,署名杭州大学中文系副教授王元骧。自此以后,"王元骧"成为他发表文章时的固定笔名。

该文对造型艺术中形式美的"比例"问题进行了探讨。作者首先梳理了西方艺术家、科学家们对"比例",特别是黄金率的认识和运用传统,然后提出了自己对比例美的理性看法:黄金率等比例美在形式美中仅仅是构成要素之一,除了肯定比例美的价值外,还要重视情感抒发和思想表现对艺术美创造的积极作用。

2月10日,完成《变化统一的美——形式美漫谈之四》一文的第二稿。

2月12日，《对称均衡的美——形式美漫谈之二》一文发表于《文化娱乐》1982年第2期。

> 对称、均衡是形式美的重要构成要素。该文对两者，尤其是均衡美进行了深入剖析。他认为，对称适用于比较肃穆庄严的内容，在运用领域上有限制；均衡表面上是对对称的破坏，而实际上又保持着对称，是更高级的对称，在运用上更广泛。结合艺术欣赏中的"注意力平衡"，论文对时间、空间艺术，特别是空间造型艺术中所运用的对称、均衡进行了研究，并简单说明了对称、均衡美形成的原因在于对自然的模仿——凡健全的人和动物的身体结构都是左右对称，其自然动作和姿态也都是均衡的。

2月28日，写成《形式美余话——形式美漫谈之五》一文。

3月12日，《节奏的美——形式美漫谈之三》一文发表于《文化娱乐》1982年第3期。

> 该文对各类艺术作品中的节奏美进行了深入分析。从对音乐的节奏美的认识出发，论文先对时间艺术中的诗歌、舞蹈，以及小说、戏剧等的节奏安排问题进行了细致探讨。不仅如此，论文还对空间艺术比如建筑、绘画的节奏美也进行了创造性的探讨。作者指出，建筑物的立面营构和平面布局中都有节奏问题，人们把建筑称为凝固的音乐不是没有原因的，绘画中的构图布局也同样如此。最后，论文还对节奏美的成因进行了深度揭示。作者指出，自然的生物规律和人的生理、心理功能之间本来有一种和谐的对应关系，人把对节奏的认识自觉掌握后，就可以运用到劳动和艺术

创造中去,形成关于节奏的美感。

4月,《变化统一的美——形式美漫谈之四》一文发表于《文化娱乐》1982年第4期。

变化的统一(亦称"多样的统一")是形式美法则中最为重要的一个,该文对相关问题进行了深入研究。作者强调,变化和统一的矛盾统一是构成形式美的重要原则,其矛盾的统一主要有三种类型:"和谐型"的统一、"主从"型的统一和"平衡"型的统一。最后,作者还强调多样统一的不同类型不是可以截然划分开来的,它们可以在同一个审美对象中体现出来。

5月,《形式美余话——形式美漫谈之五》一文发表于《文化娱乐》1982年第5期。

该文在前面四篇文章对比例、对称均衡、节奏和变化统一的研究的基础上,着重探讨了艺术美的"形式法则"问题。作者指出,形式法则是指从大量美的事物中概括出来的,排除了实际内容的那种纯粹形式美的规则,它们可以作为应当遵守的规范在美的创造中去贯彻执行。他强调,抽象形式是有一定审美价值的,但不能把形式法则绝对化,离开内容孤立地去评价、运用形式法则;同时,形式美的规范性并不排斥具体运用时的灵活性。关于形式美的法则,王元骧这种客观、辩证的认识是具有真理性的。

指导78级本科生金健人完成毕业论文《在现象的因果联系中揭示社会本质》。该文后发表于《文学评论》1983年第3期,并被全文收入《中国语言文学专业全国大学生毕业论文选编》(浙江文艺出版社1985年版),王元骧为之撰写了评语。

秋,开始为物理系本科生讲授"大学语文"课程。

冬,为全校选修学生开设美学课。

12月,完成《情感——文学艺术的基本特性》初稿。

本年,在分房问题上遭遇不公正对待。

当时,杭州大学建造了72套"高知楼",按规定应分配给职称为副教授及以上的教师。王元骧在符合分配条件且当时的住房条件极端恶劣的情况下没有分到房子,某些有关系的讲师却拿到了房子。这种极端的不公正,让王元骧为捍卫人格尊严而数次向学校打报告坚决要求调离。"我名不要,利不要,但自尊心是要的,既然学校把我看作'编外'的,那么就让我离开!"王元骧发出了抗争的怒吼,并上告省委宣传部,且联系浙江大学尝试进行工作调动;后因学校领导更换,新的学校领导的真诚挽留而继续执教杭州大学。

1983年(癸亥年) 49岁

为杭州大学中文系干部专修科学员、夜大中文班和全校选修学生主讲美学课。

3月15日,完成《论美育》一文的初稿。中华美学学会第二届年会下半年将在厦门大学召开,王元骧为参会而写出此文。

4月,当选浙江省哲学学会美学研究会副会长。

11—15日,浙江省哲学学会美学研究会在浙江省委党校成立。首届学术讨论会通过了研究会章程,选举了由15人组成的理事会。理事会推举李培沂为会长,杨成寅、王元骧、刘锡光为副会长,边平恕为秘书长。理事会聘请浙江美术学院的卢鸿基教授为学会顾问。

6月,完成《情感——文学艺术的基本特性》一文的删改,后发表于《文学评论》本年第5期。

9月8日,写好《论美育》一文。

本月,挂靠在"中国文学批评史"硕士点下招收第一届硕士研究生:徐岱、丁宁和黄书泉。当时,研究生与本科生的教学工作合在一起,王元骧一周要上18节课,工作任务繁重。

本月,在《西湖》第9期发表《谈艺术直觉》一文。

> 该文把直觉看作认识活动中的特殊现象,认为不经过理性思考而由感性直观把握事物本质是其突出特点。王元骧认为,艺术的形象性特征决定了直觉在艺术活动中具有特别重要的意义;而艺术直觉的非理性特征并不神秘,它其实是艺术家长期、大量观察和思考生活现象所形成的。

10月7—13日,携论文《论美育》赴厦门大学参加中华全国美学学会第二届年会,结识胡经之等。

> 据潘知水《中华全国美学学会厦门年会纪要》(《国内哲学动态》1984年第1期):"王元骧认为,美育之所以重要,乃是由于它是基于对人的心理功能的全面认识的基础上提出来的,是造就社会主义新人的教育不可缺少的一项内容。'知'是知识的功能,其对象是'真','意'是实践的功能,其对象是'善','情'是情感的功能,其对象是'美';要使人成为'完整的人',就需要这三种心理功能都能得到全面的发展。智、德、美三育作为全面发展人的知、意、情三种心理功能相对应的教育措施,虽有各自特定的宗旨,但在它们的相互联系中,美育起着特殊的作用。如智育的目的主要是给

人以知识,求知则需要一种情感的激发,而美育培养和激发起来的情感,正是推动知识探索的巨大动力。如德育就包括道德认识、道德行为和道德情感三项内容,其中道德情感的培养是德育的基础工作,而通过美育培养起来的优美而高尚的情感,就促使道德情感的建立和道德行为的实现。美育的这种特殊地位,是由美育是情感教育这一根本性质决定的。"

10月28日,在《文学评论》第5期发表《情感——文学艺术的基本特性》一文。此文被人大复印报刊资料《文艺理论》同年第9期全文转载。文章发表后也引发了学术争鸣。

　　此文开宗明义地提出,特性是由事物本质所决定的性质,文学艺术最为根本的特性应该是情感。随后,通过认真梳理中西文论史上人们对文艺基本特性的认识,以及客观地揭示文学艺术创作中情感与形象的关系,王元骧雄辩地证明了自己的观点。接下来,作者辩证地指出,情感作为对事物是否满足自己主观需要的内心体验,要以情感主体对事物的客观属性与人的主观需要的认识为基础;审美情感也一样,它深受审美观的制约,其活动不能脱离认识论的客观规律。在此,作者为别林斯基备受争议的文学艺术形象特性论进行了一定程度的辩护,客观地指明了其观点形成的原因后,也强调了别林斯基对审美情感的肯定和重视。最后,从情感与认识的辩证统一关系出发,论文对文学艺术创作活动中的情感特性进行了深入的认识:一方面,他强调情感活动对作家把握现实、评价现实和表现现实的积极作用;一方面,又强调了理性认识影响、制约情感活动的重要价值。

王少青在《文艺研究》1984年第3期发表了《什么是艺术的特性?——兼评"情感说"》一文,坚持"形象性才是艺术的特性"的观点并批评"情感说"的发展会导致"艺术唯心主义"。王元骧对自己的这篇论文也不够满意,没将它收入自己此后的任何论文集,但他非常清楚这篇论文在自己思想发展中的重要意义。王元骧曾评价此文"对于认识我的'审美反映论'思想的形成却十分重要"(见王元骧、赵建逊:《从"审美反映论"和"审美意识形态论"说开去》,《文艺争鸣》2009年第1期)。

12月24日,写成学术随笔《胜利者应该是谁?》,后发表于《文化娱乐》1984年第3期。

1984年(甲子年) 50岁

2月,《从"柳絮飞来片片红"说起》一文发表于《文化娱乐》1984年第2期。

该文从一则关于"柳絮飞来片片红"的小故事说起。一位缺乏文学修养的盐商在宴席上因用"飞"、"红"两字行酒令赋诗而不得,情急之下说了句"柳絮飞来片片红"而使自己受窘。诗人兼书画家金农为其解围,添了一句"夕阳返照桃花渡",这就和"柳絮飞来片片红"连起来而使其有了存在的合理性。作者由此而阐发了文艺作品中的艺术形象应该具有艺术完整性的道理。文艺创作中,文艺家构思的艺术意象应当在作品中得到完整、生动的表现,而这种表现的成功与否取决于对所表现事物与其周围环境的关系的把握。

艺术处理方法有二:1.中国传统艺术创作推崇虚实相生,多采用"环境虚化"的方式;2.实写环境。文章开头的小故事中,金农为盐商解围所采用的就是第二种方法。

春,口头接受浙江教育出版社编辑郑广宣对《文学原理》一书的编写约稿。

3月,《胜利者应该是谁?》一文发表于《文化娱乐》1984年第3期。

　　该文意在强调艺术不同于科学的特性。作者从古希腊时期宙克西斯与巴尔修斯的绘画技艺比赛说起。这个著名的古希腊画坛故事以往多用来说明东西方艺术的不同——西方艺术偏重写实而我国艺术偏重写意——但其中也暗含着科学与艺术具有重要不同的内涵。作者此文就是从"写实、写意的区分只是相对的"这一客观立场出发,充分揭示、强调了艺术与科学活动的区别——艺术是通过人的感觉去反映现实的,这与科学的客观反映完全不同。艺术要抓住最能反映对象特征的东西进行艺术表现,但艺术家是用自己的心灵去观察、体察事物,进而有所选择,有所舍弃,有所强调。作者强调,艺术创作的客观规律就是艺术家抓住事物的感性形象特征进行艺术加工。

4月,《艺术家的"整容术"》一文发表于《文化娱乐》1984年第4期。

　　该文从西方肖像画创作中的一种常见现象谈起,即艺术家有时需要对表现对象的"丑"进行艺术加工,从而在不违背艺术真实原则的前提下,对表现对象进行一定程度的"整容"以画得好看一些。这一现象暗含着艺术创造如何处理艺术题材的"丑"这一问题。作者指出,西方造型艺术在早期发展中存在着创作题材的限制,要求艺术家只能表现美的对象,但人们在艺术实践中认识到:决定作品美丑的根本要素是艺术家对创作表现对象的态度和评价而不只是对象,从而艺术反映的领域得以扩展。

5月,《解易画像的启示》一文发表于《文化娱乐》1984年第5期。

解易是明代中叶以写真为业的一位优秀画家,他在给人画肖像画时有个特殊的习惯:在被请去给人写真时,他往往并不急于作画,而是要寻找机会偷偷观察表现对象,以捕捉最富特征的脸部表情。这是他画像生动、传神的重要原因。文章就从解易的这一绘画习惯起手来探讨照相与画肖像画的不同,从而进一步揭示出艺术创作的一条重要规律:艺术家必须抓住最能显示和表现其创作对象的思想性格、内心世界的脸部表情来刻画和表现,才能创作出有思想深度,且能与艺术欣赏者进行情感交流的艺术形象。基于此,作者还进一步强调了文学、绘画和照相三种艺术体裁的不同:文学以语言为艺术媒介,而语言作为思想的直接现实,能更好地表现人物的内心世界,从而文学在人物形象塑造方面具有更高的艺术创作自由度;绘画在这一方面次于文学而优于照相,即使是在肖像画中,画家也具有一定的创作自由度,以捕捉能够表现人物思想性格和内心世界的特征再施以创造性的加工;而肖像受制于照相只能反映对象的直接形态的局限,其创作自由性仅仅限于摄影家抓住时机,捕捉特定的瞬间来定格人物形象最富表现力的时刻。

6月,《艺术特性与艺术规律》一文发表于《社会科学战线》第3期。此文被人大复印报刊资料《文艺理论》1984年第9期全文转载。

王在去年就发文主张"艺术的基本特性是情感"(《情感——文学艺术的基本特性》,《文学评论》1983年第5期),该文对此观点进行了进一步阐发,并论述了自己对艺术规律的认识。关于把情感看作艺术的根本特性,作者进一步强调了两点理由:情感作为艺术特性,能够适用于一切艺术门类,这比"形象"只适合于再现艺术而言更合理;仅就再现艺术而言,其形象也浸润着艺术家的情感体验。另外,作者还特别针对"艺术特性情感论"易于导致创作上的"艺术唯心主义"这一观点进行了理论辩护——特别说明了审美情感的认识性质和反映能力,指明了作为艺术内容的审美情感与广大人民的情绪有着本质性的联系,审美情感在性质上绝对不是个体的、主观的。以此为思想基础,作者对艺术与现实的关系这一艺术规律的核心问题进行了分析研究。在微观与宏观两个不同的层面上,他探讨了创作活动中现实向艺术的转化与欣赏活动中艺术向现实的转化的特殊中介,即情感性。在微观层面上,他分析以审美情感为中介的整个创作活动是如何把特定现实转化为艺术作品,整个欣赏活动又是如何把艺术作品转化为特定现实的。创作活动是以感受、体验为起点,以审美意向的构思为中心,以艺术传达为最终环节,整个创作活动的所有环节都是在审美情感的驱动、调控下完成;欣赏活动则是趣味主导下的情感共鸣活动,其活动的关键也是情感。在宏观层面上,无论是创作还是欣赏,作家个体心理活动都通过社会心理的中介把社会存在和社会意识统一在一起。

7月,《从"画眼睛"说到"画'眼睛'"》一文发表于《文化娱乐》1984年第7期。

该文的中心观点是在艺术形象刻画中应当重视身形、姿态、面容、表情、动作和语言等等所有方面的细节捕捉和刻画,以充分地表现人物的人格个性及其精神世界,其中眼睛和手尤其重要。作者从中国传统绘画重视人物眼睛的传神作用谈起,对中西绘画和文学在艺术表现中重视眼睛传神作用的理论观点和艺术实践进行了广泛论述,进而引出应该重视外形和动作语言等各方面细节的刻画的观点。随后,作者又特别强调,手的作用并不亚于眼睛,这也是艺术家和理论家已经充分认识到的。

9月,《什么是美学》一文发表于《电大教学(语文版)》第9期"选修课教学栏目"。

该文的主要内容是常见的美学原理教材的绪论部分,简单介绍学科历史和研究对象的基础知识。作者在对美学学科的创立和早期发展进行简单介绍后,着重对美学学科的研究对象进行了概括和说明。把审美对象,或审美意识,或审美关系看作美学学科的研究对象是当时学术界的三种主要意见,作者个人主张审美关系是美学学科的研究对象。这主要是因为把审美关系或者动态的审美活动当作研究对象,可以避免第一、二种意见的局限性,使研究既唯物,又辩证。同时,还能够关注审美关系不同于认识关系、功能关系等人与事物的精神关系的特殊性,以及重视艺术美。作者认为,在把审美关系看作美学学科的研究对象后,美学的研究内容主要有三个方面的内容：一、审美对象方面的，比如美的本质、美的形式、美的种类、美的形态等；二、审美意识方面的，比如审美感受、审美趣味、审美理想等等；三、艺术美。

10月，《论典型化》一文（《文学评论》1980年第4期）在中国社会科学院所属刊物《文学评论》（1976—1985年度）评选优秀理论文章活动中，荣获优秀理论文章三等奖。获奖论文仅9篇，且多为现当代文学研究与文学评论作品。

11月，参与撰写的函授教材《文学概论》出版。

> 该书封面写明是由杭州大学中文系、杭州大学函授部出版，而实际是由杭州大学中文系文艺理论教研室负责完成的。据该书后记，参与撰写者有庄肖荣、蔡良骧、戈铮、王元骧和李遵进，王元骧撰写第四章文学作品的内容与形式和第五章文学作品的种类两章（1972年11月出版的《文学基本知识》，王元骧重点撰写的也是这两章）。

12月18—21日，《论典型化》一文荣获浙江省首届（1979—1982）社会科学优秀成果奖一等奖（一等奖总共仅17项，其中论文、调查报告类仅10项）。此奖于5月7—11日评选，12月18—21日在省社科联第一次会员代表大会上举行了颁奖仪式。

1985年（乙丑年）51岁

居住条件有所改善。

元月10日，赴京出席《文学评论》优秀理论文章（中青年作者）授奖会，并参加获奖者与《文学评论》编辑部同志们的座谈会。座谈会上，大家就刊物办理、改进以及目前的理论研究工作等问题交换了意见。此次赴京,王元骧得以与钱中文等老师相识。回杭时,《文学评论》编辑王信送至北京火车站。

元月21日,《人民日报》发表专题报道《〈文学评论〉为优秀论文授奖》,对王元骧等的获奖情况进行了宣传报道。

3月20—26日,带首届硕士研究生赴广西桂林参加"全国高等学校文艺理论研究会第四届年会"。

此次年会,有来自全国各高校和科研机构、出版部门和杂志社的近180名代表参加,作家丁玲、王西彦出席并发言。年会围绕如何建立有中国特色的文艺理论体系和如何改进文艺批评的方法等中心议题进行了热烈的讨论。年会上,代表们通过了研究会理事会将"全国高等学校文艺理论研究会"改为"中国文艺理论学会"的决议,并通过了增补理事会成员的名单。

5月,《谈文学的独创性》一文发表于《中文自学指导》(今《现代中文学刊》)1985年第5期。

文学作品的新颖、独创性是其魅力的根源,它反映在作品的选材、主题、叙述的语调和表现手法等各个方面。作家创作的独创性是其创作艺术走向成熟的标志,反映他对生活的观察、思考、发现和评价的独特性。那么究竟应该如何认识文学活动的独创性呢? 王元骧从艺术规律的高度剖析了独创性在文学活动中重要的根本原因。他认为,人对社会现实的反映从哲学认识论的层面上看,都是在实践活动的基础上主客体互相作用的活动,因此一切认识成果都自然地打上了主体能动性的烙印。文学创作是以作家情感为中介的,因此情感选择、调节下的审美感知以及审美意象创造更是使作品带有作家个性的烙印,这些必然决定着文学活动的独创性、新颖性。作家个人的生活经历和创作实践使其拥有不同于他人的文学领地,每个成熟的作家都拥有对生活独特的观察、思考、发现和评价的审美模式,这进一步决定了其作品的阅读必然能够给读者带来独特的思想启发和情感领悟。由此,王元骧强调作家应该学会自己观察、自己思考,拥有创作上的自信。

指导中文系 1981 级玉环籍本科生王迅完成毕业论文《论美感直觉与审美心理结构》并通过答辩。该文后被全文收入周勇胜等编《八十年代大学生毕业论文选评》一书(福建人民出版社 1986 年版)。

王元骧为该毕业论文撰写评语如下:"过去,由于受机械论的影响,不少人都把审美感知看作是审美主体对于审美对象的直线的反映。本文力求以马克思主义唯物辩证的观点为指导,试图吸取皮亚杰'图式'学说和乌兹纳捷的'定势'学说,论证主体的审美心理结构是审美感知活动的出发点,一切审美活动都只有从主体的审美心理结构出发对客体进行'同化'才能实现,并进而对审美心理结构的形成和层次作了较深入和细致的探讨。文间论述辩证、逻辑严密、有分析、有说服力。尤其是出于一个十九岁的青年之手,更是令人可喜。"

9 月,接受文艺学教研室安排,再次担任中文系本科生"文学概论"课教学任务。利用教学工作之便,边教边写《文学原理》一书初稿。

12 月,《论艺术想象》一文发表于《文学评论丛刊》第 27 辑。

该文把想象看作艺术创作的基本活动，认为以形象创造为目的的艺术创作，想象是创作走向成功的基本途径。论文从想象理论的历史回顾、想象的性质及其在创作中的功能和艺术想象的特点三个方面对艺术想象进行了比较充分的研究。论文突破了局限于认识论哲学的文学观念，对艺术想象的感性特征给予充分重视，突破了过去概念化文学创作观念所造成的对艺术想象的僵化理解，实现了对艺术想象认识的突破。

同月，《创作中的意识与无意识》一文发表于《南通师专学报》第4期。此文后被《高等学校文科学报文摘》1986年第5期选摘。王元骧在1991年6月对该文又进行了大幅度重写——主要对艺术创作表层心理中意识与无意识心理活动的复杂关系进行了深入探讨，改写成《艺术创作中的意识与无意识》一文，后发表于《文艺理论与批评》1992年第1期。

该文在心理学观念上承认无意识在心理活动中的重要性的同时，充分强调无意识内容的复杂性，认为除睡梦、没有感觉到的刺激反射等低层次的无意识内容外，还有那些由自觉意识动作不断重复而转化来的自动化的熟练反应。论文指出，在人的精神活动中，意识与无意识两个心理活动层次的内容不是固定不变的，而是互相渗透、互相转化的。这一心理学观念反映在文艺观念上，就是既坚持文艺活动在本质上是意识性的，同时又承认文艺活动中存在着无意识的内容，不过这种"无意识"更多的是后天习得的、社会的，是由个体经验的积淀和对文化传统的深入掌握而形成的。论文从艺术创作中的表层心理和深层心理两个方面考察了艺术创作中的意识与无意识的关系。在艺术创作的表层心理中，创作冲动的萌发具有自发性，随后艺术情感需要经过理性意识的反思和升华，成为自觉的创作要求，但这需要继续前进，再使艺术情感达到需要自然流露的强烈程度，促使创作达致灵感涌动的创作"化境"，特别是艺术表达中因为艺术技巧娴熟，神来之笔涌现，使创作质量实现飞跃。在深层心理中，论文强调艺术人格的影响制约作用，认为一切客观事物和现象，只有契合艺术家的人格才有可能成为艺术题材，才能得到艺术加工，创作成完美的艺术作品。艺术家的人格对整个创作活动起着重要的心理定向和支配作用。最后，论文总结，艺术创作中的无意识不仅指意识阈限以下的心理现象，更指艺术家思想修养和艺术造诣臻于化境的高级心理形态。

辅导金华市交通运输系统职工章斌函授本科论文《劳动美学》的写作。

> 1991年4月，章斌出版专著《劳动美学》（经济日报出版社）时在后记中对王元骧先生表示了诚挚的感谢："国内从未译出劳动美学专著，资料奇缺，没有研究的参照系，我极艰难地摸索。当我把劳动美学作为毕业论文选题时，王元骧教授欣然应允作我的论文导师，从此他给予我不仅仅是学术上的诸多教益。"

是年，时任杭州大学学术委员会副主任徐朔方动员王元骧申报教授职称，王元骧因无意申报而拒绝了徐先生的好意。

1986年（丙寅年）52岁

6月3—6日，参加浙江省哲学学会美学研究会在杭州召开的年会。

年会主题为"美学与艺术实践"，会员代表围绕该主题展开了热烈的讨论。据王元骧回忆，会员代表在会议期间选举出了研究会第二届理事会，杨成寅当选会长，王元骧当选第一副会长，另有成立等任副会长。

本月，写成《文学意识形态性质的再认识》一文。

7月，完成《文学原理》一书初稿，并从11月开始对书稿进行修改、完善。

本月始，担任杭州大学文艺学硕士学位点研究生指导老师。

7月28日，经国务院学位委员会批准，杭州大学中文系文艺学专业获批全国第三批硕士学位授予权（见《中国高等教育》1987年第2期）。至1990年，学位点有指导教师5人，其中教授1人，副教授4人，王元骧为学术带头人（见国家教委高校学生司编内部资料《全国研究生专业介绍·下》1990年版）。

11月6—10日，赴江苏苏州参加在苏州大学召开的"全国文学观念学术讨论会"，提交会议论文《对有关文学意识形态性质几个问题的再认识》，并做学术发言。此次学术会议由中国社会科学院文学研究所、北京大学中文系、复旦大学中文系、苏州大学中文系和杭州大学中文系及《语文导报》编辑部等九家单位联合举办。

钱竞、钱鹤鸣整理的《文学观念的新探索——全国文学观念学术讨论会侧记》中有对王元骧学术发言情况的扼要记录(《文学评论》1987年第1期)。对文学本质特性的探讨是大会重要的议题,其中涉及对"文学反映论"的评价问题。在这一问题上共有三种意见:第一种是主张扬弃,第二种是持审慎态度,第三种则认为"反映论"是哲学概念——它在外延上包括对文学本质的界定,但不能代替对文学本质的认识。王元骧主张审慎地对待反映论,认为"反映论本身并不错,马克思主义的反映论讲的就是能动的反映,只是我们以前在理论阐述上偏颇了"。王元骧指出:"在理解反映论的时候,有几个概念必须搞清楚,一是意识对存在的反映,这个'存在'不仅以物质的形态存在着,还以精神的形态存在的;二是'反映',它既不是摹写,而且还不只限于认识,它还包括意志和情感。当然,在用反映论解释文学的本质的时候,需要把它和科学的反映相区别,文学是感性的意识,它的特点是直观性。"王元骧坚持文艺反映论,但主张对其进行理论改进和深化的学术观点给学界留下了深刻印象。

12月,魏丁在《文学评论述评》一文(郭志今、刘卫《当代浙江文学概观1984—1985》,浙江大学出版社1986年版,第154—155页)中总结浙江省1984—1985两年间的文学评论发展状况,论及王元骧的《创作中的意识与无意识》一文,指出该文与李庆西、金健人和钟本康的论文等等"均以较为开放的思维特性和鲜活的艺术观点,率先触及了一部分对新时期文学发展来说是重大的或基本的理论问题,呼唤人们对一些从前忽略了的问题和文学现象的注意",认为"这些文章因而在特定的意义上'构成了对旧有的文学观念和理论模式的一次认真的冲击'"。

是年,徐朔方不止一次劝说王元骧申报教授职称,并劝阻其调离杭州大学。王元骧最后接受徐先生的劝告,填写表格申报教授职称。

是年,指导硕士研究生黄书泉、丁宁和徐岱完成学位论文并通过答辩。三人的论文题目分别是《创作个性与作家的自我意识——对创作心理活动的一个宏观考察》、《论审美趣味》、《符号的奥秘》。

1987 年(丁卯年) 53 岁

5月,完成《文学原理》一书的定稿,向出版社交稿。

6月,在《社会科学战线》第 3 期发表《文学意识形态性质的再认识》一文。该文后收入《文学审美意识形态论》(北京师范大学文艺学研究中心编,中国社会科学出版社 2008 年版)一书。

该文主要为"文学的意识形态性质"进行了理论辩护。在文艺本质研究中,当时有不少人反对"文学是反映社会生活的一种思想意识形态"的观点,论文从"个别与一般的辩证统一"这一哲学原理出发,坚持认为把握文学的特殊本质不能脱离文艺的意识形态性质这种一般性的本质。论文主要从五个方面阐发了自己的理由。首先,针对围绕"意识是存在的反映"这一观点产生的争论,作者指出不能把文学的对象和源泉混同起来——文学的对象不只是客观的物质存在,还包括人的内在精神的存在,这一观点与"包括文学在内的精神活动的根源是物质世界"并不矛盾。其次,针对不少人所批评的"反映的被动性",论文强调马克思主义的文艺反映论是能动的反映论。主体对客体的反映是有选择、有创造加工的反映,主体的个性在反映过程中发挥着重要的主导作用。再次,针对不少人所误解的"反映就是认识反映"的观点,论文强调文艺对社会现实的审美把握,主要是情感、意志的活动,与客观认识有很大的不同。这主要表现在这样几个方面:从反映对象上看,认识主要把握事物的客观属性,审美情感反映主要把握事物的价值属性;从反映方式上看,认识主要通过抽象思维的方式把握事物,而审美情感反映是感性的活动;从反映结果上看,认识要把握事物"是什么",而审美反映则追问事物"应如何"。自然,强调文艺对社会现实的审美反映是情感评价,并不是要割裂文艺活动与认识活动的联系,否定其意识形态性质,而是要更为准确地认识文艺的意识形态性质。再次,针对文学审美反映的感性反映方式,论文强调了文学反映的直接性、具体个别性特征,以及由此而来的敏感性和整体把握性的作用。论文指出,文学审美反映甚至拥有超出理性认识的前瞻性和准确性。最后,针对有人因文学审美反映中无意识的重要作用而否定文学的思想意识形态性质这一观点,论文对文学创作中的无意识活动进行了客观细致的剖析,指明各种无意识活动中仍具有明确的意识性内容。比如审美反映活动中或是因为形象的整体性存在着不为创作者关注到的内容,或者是因为构思的熟练和审美情感的成熟而由反映的意识性转化成无意识的自动活动,这些都与意识活动有着本质性的联系,特别是后者在本质上仍是意识性的。由此,因为文学创作中的无意识活动而否定其意识形态性质并不能成立。

9月,收到北京大学中文系党委书记闵开德第二封来信(2

月 20 日的第一封挂号信未收到),催促王元骧尽快向大会(第二届全国高校文艺学研讨会)提交会议论文。

书信往来中,王元骧才明白,是邀请他参加 11 月召开的第二届全国高校文艺学研讨会并做大会发言。此次学术会议由国家教委(今教育部)社会科学发展研究中心与北京大学等单位发起。

10 月 11—18 日,针对文艺理论界这些年来对反映论文艺观的否定思潮——影响最大的如刘再复在文艺理论界轰动一时的《论文学的主体性》一文,写成了长达两万字的《反映论原理与文学本质问题》。

11 月 9—13 日,携论文赴重庆参加第二届全国高校文艺学研讨会。

大会共两个议题:一是多学科、多视角和多层次探讨文学的本质和特征;二是探讨文艺学教学改革和教材建设问题。

有关第一议题,王元骧在开幕式上做了近半小时的大会发言,题为《反映论原理与文学本质问题》,引发极大的反响。国家教委社科中心主任武兆令、中国艺术研究院副院长陆梅林、中宣部文艺局局长李准、《求是》文教部主任丁振海与北京大学中文系教授吕德申等同志都对此文赞誉有加,且有两个刊物都要求发表此文。学术界普遍认为,这篇论文对审美反映论进行了系统而坚实的论证。

有关第二议题,据维阳整理的会议综述《研究文学的本质和特征 探讨文艺学改革的方向——记全国高校第二届文艺学研讨会》(见《中国高等教育》1988 年第 1 期),王元骧有如下观点:"马克思主义文艺理论是一个开放的体系,应该吸取古今中外一切有益的东西,但要将各派的观点兼容并蓄是办不到的。即使西方的一些教材,如韦勒克和沃伦合编的《文学理论》,也不是兼容并蓄的。"

此次研讨会上,王元骧结识童庆炳等老师。

11月27—30日,作为特邀专家赴京参加在北京大学召开的国家教委首批"全国高校社会科学青年科研基金项目"评审会。与蒋孔阳、陆梅林、袁行霈、叶子铭和狄其骢等各学科专家一起担任评审专家。

12月,成功晋升教授职称。

12月27日,在《文艺理论研究》第6期发表《论创作个性》。该文后被人大复印报刊资料《文艺理论》1988年第2期全文转载。

此文对文学创作中极为重要的创作个性问题,从定义、作用、形成等不同方面进行了全面深刻的探讨。作者指出,创作个性是指创作者在文学创作中所表现出来的个人的才能特征。人类社会在发展到开始尊重人的个性的社会阶段后,文学活动中的创作个性问题也在文艺理论研究中受到重视。创作个性以作家的生活个性为基础,但又不同于生活个性,它主要形成于创作活动中创作主客体的交互作用,能够赋予作品重要的审美价值。作者强调,创作个性对于文学活动的重要性主要体现在三个方面。首先,它有助于形成作家自己独特的艺术领域。作家在生活和创作实践中,会开拓出独属于自己的艺术领域,这有助于文学世界疆域的拓展和扩充。其次,它有助于形成作家自己独特的生活见解。拥有鲜明的创作个性意味着对生活的独特理解和认识，这是文学作品价值构成的重要内容之一。最后，它有助于找到作家自己独特的表现方式。论文还探讨了创作个性的形成问题。作者指出，在创作个性的形成中，作家的个人生活经历，尤其是童年经验的基础性作用是不容忽视的，但创作个性最终形成于创作实践中的主客体交互作用的动态平衡。如果创作主体和客体不能达到有效平衡，主体如果压倒了客体，就会形成创作中的癖性，这对文学创作是极其有害的。

本月，还曾赴上海出席吴中杰《文艺学导论》的专家审稿会。《文艺学导论》为国家教委规划教材，1988 年 6 月由江苏文艺出版社出版。此教材的初版后记中扼要提及了专家审稿会的概况——王元骧与蒋孔阳、刘烜、狄其骢、包忠文等一起参加了专家审稿会。

1988 年（戊辰年）54 岁

被故乡台州玉环县教委聘为玉环教育志编写顾问。

1 月，《浙江哲学研究巡礼（1979—1985）》（吴光主编，浙江大学出版社 1988 年版）一书对王元骧自十一届三中全会以来的文艺理论学术探索进行了初步总结，给予了高度评价。

　　书中谈到："王元骧指出，事物的本质是多层次的，但其中必有一个决定事物特性的基本的本质；对艺术来说，这个基本特性就是情感，但是只有承认情感是现实关系的反映，在确认情感的性质也是人们对现实的一种认识的前提下，把情感视为艺术的特征，那才是正确的。情感是艺术表现的内容,它的认识功能及其特殊性是:情感作为人们对于事物的一种态度的反映,体现着文艺家对对象性质与自身需要之间的关系的认识,这和一般意义上的认识不同。在情感与形象之间,情感比形象是更深一层的,情感是内容和决定因素,形象则是文艺家在情感支配下从整体上把握现实所采取的特有形式,是派生的,因此情感是更为基本的艺术特性,而艺术规律就是艺术以情感为中介形象地反映现实(《情感——文学艺术的基本特性》,《文学评论》1983年第5期;《艺术特性和艺术规律》,《社会科学战线》1984年第3期)。王元骧阐述的思想,特别是对情感具有的认识功能和特殊性的阐述,是在客体对象性质和主体内在需要之间相联系相作用的价值关系定性这个基点上认识艺术特性的,这种着眼点比起从艺术掌握世界的反映形式去了解艺术本质的固有点,可以说是一个前进。"

1月12日,写成《反映论:马克思主义文艺学的哲学基础》一文。

3月,在《文艺理论与批评》第1期发表《反映论原理与文学本质问题》一文。该文同时以《能动的反映论与文学的本质》为题删节发表于《中国高等教育》(社会科学理论版)第1期(即后来的《高校社会科学》、《高校理论战线》,今《中国高校社会科学》),并被《党校科研信息》该年S2期(即后来的《理论前沿》,今停刊),以及《社会科学研究参考资料》该年第15期全文转载;还被节选收入陆梅林、盛同主编《新时期文艺论争辑要》(重庆出版社1991年版)一书。

论文首先从哲学的高度指出,存在与意识的哲学基本问题反映在文艺理论研究中就是文学与生活的关系问题，只有坚持辩证唯物主义的反映论——能动反映论——才可以科学地认识文学与生活的关系，正确地把握文学的本质。不区分机械反映论与能动反映论，一概地批判反映论，倡导文学的主体性，是用主客体问题取代主客观问题，这只能导致唯心主义错误而无法正确地认识文学活动的本质。随后，论文立足于辩证唯物主义反映论，从反映的心理内容和心理机制两个方面来科学地认识文学对生活的反映。在前一方面，论文强调文学是以情感的心理形式来反映生活的，它反映的是生活现实对于人的意义，意识与无意识的统一是情感反映的形式。在后一方面，论文指出，作家以情感为主导的整个心灵在反映生活时，心灵本身起着重要的选择、调节作用，文学对生活现实的反映绝对不只是镜子似的客观再现。这些只有以辩证唯物主义反映论为理论指导才能得到正确的认识。

8月28日，在《文艺理论与批评》第4期发表长文《文学艺术与社会心理》。该文后被人大复印报刊资料《文艺理论》本年第9期全文转载。

此文进一步探讨俄国早期马克思主义文艺理论家普列汉诺夫的"社会心理"学说，丰富、完善了马克思主义文艺基础理论研究。论文从"文学社会学"研究的发展史入手，指出普列汉诺夫"社会心理"学说重要的理论价值在于通过强调社会心理的中介作用丰富了马克思主义历史唯物主义哲学，对于马克思主义文艺学的科学体系的建立和完善具有重要的理论启示意义。随后，论文对"社会心理"这一概念的内涵、特征进行了详细分析,并简洁地指明了它与文学艺术的紧密联系。论文揭示了"社会心理"作为社会意识的低级形式在社会结构中的位置——它位于社会意识形态与经济基础、社会政治等之间,发挥着中介作用;而这也决定了社会心理与文学艺术的紧密联系,因为文学艺术作为审美意识形态具有突出的感性特征,是一种"亚社会意识形态",与社会心理有较多的外在相似性。最后,论文从文学艺术创作和文学艺术发展两个不同的角度,详细论证了社会心理与文学艺术的密切关系,指明了这一学说对马克思主义文艺学研究的理论意义。在文学艺术创作中,无论是作为创作对象的人还是文学家,他们的心理活动都与社会心理有着极为紧密的联系,而这是创作活动的核心,特别是对于文学艺术创作所要创造的典型形象来说更是如此;在文学发展中,社会心理对文学创作的繁荣或者凋零,对于接受外国文学的影响和继承、发展自己民族的优秀文艺传统都发挥着重要的选择和调节作用。

本月,参加在北戴河召开的全国高校第三届文艺学研讨会筹备会。北京大学、中国人民大学、北京师范大学等十所院校的同行专家参会。会上专家们看了王元骧所著《文学原理》一书小样后产生很大兴趣,向国家教委提出将该书列为向研讨会推荐的三部有特色的教材之一(排在首位)。

10月,在《文艺理论研究》第5期发表《论文学的功能》一文。该文被人大复印报刊资料《文艺理论》本年第12期全文转载。

论文主要对由文学的审美特性所决定的微观文学功能,即对读者个体的具体影响作用,进行了充分探讨。以文学的审美特性为中介,读者心灵的知情意三个方面都会在文学阅读中受到影响,即在文学的审美特性这一系统性特质的作用下,文学的认知、教育和情感愉悦作用都发生了重要的变化。这是因为艺术形象的审美感知所诱发的审美情感体验,其心理影响更强烈而深刻,包含于其中的知情意综合影响作用也是如此。论文指出,审美情感体验中的认知是感性知识的学习接受,其认知作用相较于理性认识来说更为丰富、敏锐、真切、深刻,而且还具有帮助读者反思、认识自身的特别作用;审美情感体验中的道德教育主要表现为对读者的道德情感陶冶作用和一定程度的道德认识启迪作用,而经由审美想象的中介,文学阅读中的道德情感陶冶能够更为真实有效地发挥作用;审美情感体验中的愉悦作用,作为文学的核心功能,主要通过情感的净化和补偿而发生。

12月18—22日,应邀赴京出席中共中央委托中宣部、中央党校和社科院联合召开的"全国纪念党的十一届三中全会召开十周年理论讨论会"。王元骧以《文学的意识形态性与非意识形态性》一文,荣获理论讨论会"优秀论文奖"(不分学科和等级)。22日,理论讨论会在人民大会堂举行闭幕式,中央政治局常委胡启立、书记处书记芮杏文等领导出席并为191篇入选论文和22篇优秀论文作者颁奖。王元骧荣获优秀论文国家级荣誉证书和奖金。开会过程中,突遇严寒降温,北大吕德申教授亲送羽绒衣至王元骧下榻宾馆,王元骧大为感动,此情长期铭感于心。

1989 年(己巳年) 55 岁

3月,在《高校社会科学》(今《中国高校社会科学》,原《高校理论战线》)第 1 期发表《文学的意识形态性与非意识形态性》一文。该文后被人大复印报刊资料《文艺理论》第 7 期全文转载,全文收入《回顾与思考》(国家教委社会科学发展研究中心编,北京大学出版社 1989 年版)和《中国文学年鉴(1989—1990)》(中国社会科学院文学研究所、《中国文学年鉴》编辑委员会编,社会科学文献出版社 1997 年版),节选入童庆炳主编《二十世纪中国文论经典》(北京师范大学出版社 2004 年版)。

该文开宗明义,旗帜鲜明地坚持"文学是一种社会意识形态"的观点,认为以马克思主义历史唯物主义哲学为理论基础,从社会结构的整体来认识文学,把社会存在作为认识文学的基础和前提,能够更宏观、深刻、科学地认识文学的性质、功能。只是在理解这一观点时,应该明确本质与本体这两个概念的不同。如果把"文学是一种社会意识形态"的本质论观点当成对文学本体的认识,就会犯与庸俗社会学文艺观相同的错误。随后,论文对文学本体中的非意识形态性内容进行了剖析和揭示。作者指出,作家的个人意识、感性意识和文学本体中的知识材料都是文学本体在内容方面的非意识形态内容;而语言、体裁和微观表现形式则是文学本体形式方面的非意识形态内容。论文强调,文学本体中的审美形式具有非意识形态性相对比较容易理解;而其非意识形态性内容稍微复杂,它主要表现为文学创作中的个体创造性、文学形象的感性和作品内容的知识性。论文最后对文学本体中的意识形态和非意识形态内容的关系进行了深刻剖析。论文指出,认识文学本体的非意识形态内容对于理解文学的性质和发展规律仍是启发性的,因为文学活动中会产生非意识形态内容与意识形态内容错位、冲突,但这些个别情况无法在根本上否定文学的社会意识形态性质。因为无论是作家的个体意识、文学活动的感性特征、作品内容中的知识性材料，还是文学的审美形式，在根本上都受制于社会意识形态的影响和制约。由此，论文在文学本体的认识中实现了科学、辩证认识这一真理性追求。

4月，《文学原理》一书由浙江教育出版社出版。

王元骧于1984年接受浙江教育出版社郑广宣口头约稿，从1985年秋季开始动笔撰写该书，历经三年多的辛苦工作，最终得以完成、出版。该书对我国以往的文学概论教材普遍存在的教条主义和形而上学倾向有比较大的突破。它立足于文艺反映论，对文艺的审美规律和特性给予充分关注，比较明确地提出了"文学是审美意识形态"的观点。该书出版后即引发学术界关注。彭犀帧在《中国高等教育》1990年第2期发表书评《文学理论教材建设的新成果——评王元骧著〈文学原理〉》。1992年9月，本书获国家教委第二届全国普通高等学校优秀教材奖。后经不断修订，该书迄今已有修订版4版，一直都在一些高校的文学理论教学中使用，产生了深远的影响。该书还曾被《中国二十世纪文学研究论著提要》（乔默主编，北京大学出版社1994年版）收录，被《写作大辞典》新版（庄涛等编著，汉语大辞典出版社2003年版）立目并简单介绍。

6月，在《湖北社会科学》第6期发表《走向与美学结合的社会历史批评》一文。该文后被人大复印报刊资料《文艺理论》第9期全文转载。

该文对"作为文学批评重要方法之一的社会历史批评，

在运用中应该与美学批评相结合"这一问题进行了深入探讨。论文大致梳理了文学社会历史批评方法的形成、发展历史,指明社会历史批评的要点在于以下三个方面:一、关注社会经济、政治等社会事件对文学活动的影响;二、关注社会心理即群体性的思想、情绪、意志和欲望等对文学活动的制约;三、关注文化传统,特别是文学传统所形成的文化环境对文学活动的决定性作用。随后论文指出社会历史批评容易忽视文学的文学特性、审美特性,而这是社会历史批评不应忽视的关键内容。这是因为文学对社会生活的反映是审美反映,而审美反映是抓住"人"这一文学表现对象,通过作家的审美体验和审美评价来反映生活的;作品还是作家从自己创作意图出发创造的有机整体;作品还有语言媒介的表现等审美形式的构成内容。文学批评只有对文学的审美特性给予充分重视,才能真正展开,而这就决定了真正的文学批评必须像恩格斯、别林斯基所主张的那样,把社会历史批评和美学批评结合起来,在关注文学活动的经济基础、政治环境时要始终联系着作家个性的形成、题材的选择和加工等文学本身的内容来展开。

7月,在《求是》第13期发表《反映论:马克思主义文艺学的哲学基础》一文。该文后被人大复印报刊资料《文艺理论》第11期全文转载。

该文主要针对主体论、价值论对马克思主义文艺学的反映论哲学基础的攻击和否定,为反映论的理论价值进行了辩护。论文首先探讨的是反映论与主体论的关系,认为马克思主义反映论中就包含着丰富的主体性思想。论文指出,意识的反映对象本身受制于主体的实践活动,反映活动本身也是由主体的认知结构所主导的,因此意识反映不只是单纯地受制于反映客体。另外,主体论如果脱离了"存在决定意识"的反映论思想前提,就会走向主观唯心主义的"唯我论"歧途,因此辩证唯物主义反映论还是唯物主义主体论的哲学前提,这就说明用主体论来否定反映论哲学是完全错误的。然后,论文进一步探讨了反映论与价值论的关系,认为价值论对于认识文艺活动的审美情感特性,理解文艺活动的审美价值创造性都是极为重要的,但否定价值评价与认识之间的内在联系,把反映论与价值论对立起来同样是错误的。因为,价值本身就有客观性,评价只能以对人与对象间的价值关系的认识为基础,所以价值评价严格地说只是从反映活动中分化出来的;而且价值评价以人的主体需要为出发点,而人的需要是具有社会性的,作家的审美需要更是应该与广大人民的社会需要统一起来,反映人民的理想要求。由此,价值论与反映论也不是对立的。最后,论文探讨了反映论与再现论的关系,认为文学对社会存在的反映是表现和再现的统一。一方面文学反映的对象不只是外部世界的人物和事件,还包括作家自己的情感世界;另一方面,作家的精神个性和主观态度也是文学作品内容的构成部分,因为只有感动过作家、作家体验过的内容才有资格纳入作家的艺术表现范围,作家对创作对象的艺术表现是通过作家个体心灵的重塑加工才完成的。另外,论文还进一步强调辩证唯物主义反映论只是马克思主义文艺学的哲学基础,文艺理论研究不能停留在哲学层面的抽象思辨,还应当进一步深入认识文艺作为审美意识形态反映生活现实的特殊规律。

8 月 29 日,在《文艺理论与批评》第 4 期发表《审美反映与艺术创造》一文。该文后被人大复印报刊资料《文艺理论》1990 年第 2 期全文转载。

该文为"审美反映论"进行了充分的理论辩护,并着重探讨了"审美反映"的反映内容所具有的特点和艺术语言媒介在反映活动中的作用问题。论文首先客观评价了摹仿说和镜子说的理论得失,并指明了以反映论哲学为理论基础的马克思主义文学理论与两者的本质区别。随后,论文详细阐发了审美反映论的核心观点,指出文艺对现实的反映是以情感的形式来展开的,其反映内容是对感性对象个人化的、新颖的审美感知;作家的认识与情感相统一的审美体验是反映的方式;作家的审美反映具有能动性,是反映与创造的交融。最后,论文强调了艺术语言和艺术形式在审美反映中的重要作用。由此,论文就推进了人们对以反映论哲学为理论基础的马克思主义文学理论的认识,捍卫了文学理论研究中唯物主义哲学的科学性。

同日,在《理论与创作》第 4 期发表《就构建马克思主义文学理论体系问题谈三点意见》一文。

该文简明而深刻地探讨了构建马克思主义文学理论体系关键性的三个问题:文学理论的性质,构建马克思主义文学理论体系的原则、方法以及逻辑起点问题。关于文学理论的性质,论文认为文学理论不只是知识体系,还有价值属性。这是因为文学理论是以文学批评为中介来总结文学活动经验的,而文学活动与文学批评作为文学理论的研究对象都与审美价值有着本质性联系,这就决定了文学理论自身也具有审美价值属性。另外,文学理论不仅是文学活动相关经验知识的总结,还有出于文学理想和追求的理论体系建构的内容,这也是价值性的。由此,马克思主义文学理论应该把马克思主义争取改造世界、解放全人类的实践性追求和价值目标作为自己理论研究的理想,这是马克思主义文学理论不同于其他文学理论观点的关键。关于构建马克思主义文学理论体系的基本原则和方法,论文认为马克思主义文学理论作为理论科学,应以辩证逻辑为思维方法建构理论体系——在马克思主义的思想指导下,在对文学进行全面考察的基础上,以对文学性质的初步总体把握为逻辑起点,运用判断、推理的方法把文学理论的概念和命题按其固有的内在联系构成一个严密有机的科学体系;同时保持对现实、时代和最新科学成就的开放性,并且以最大限度包容学科的相关知识。最后,论文主张马克思主义文学理论研究应该以审美反映为起点。作者指出,文学理论研究的逻辑起点应该把文学的普遍本质与特殊本质统一起来进行确定。文学的普遍本质应该是主体论与反映论以实践为中介的统一,而文学的特殊本质就是主体的审美情感反映。

9月,郑祖武在《玉环文史资料》第5辑发表了散文《教书育人 心血浇灌——记玉环籍杭州大学教授王林祥先生》。

郑祖武是王先生的玉环籍同乡,他自1966年来杭州在浙江广播电台从事新闻记者工作始,就通过拜访同乡认识了王先生。多年交往,他对王先生有了一定的了解,因此写了这样一篇人物报道发表在《玉环文史资料》第5辑上。该文结合两人的相识、交往，介绍了王先生求学、工作和治学的大体经历，高度赞扬了王先生在治学上有独创性，极为勤奋，在工作上甘于奉献努力，为国家培养人才的精神。不过，该文由于未经王先生审定，在一些细节上与事实有出入。

10月，在《文艺理论研究》第5期发表《抒情类文学中的形象》一文。该文被人大复印报刊资料《文艺理论》1990年第2期转载。

论文质疑了人们把文学形象界定为文学作品中所描绘的"生活图画"或"生活图景"的传统观点，认为这一看法主要是针对叙事类文学而言的，没有顾及抒情类文学，因而不够全面、准确、科学。论文抓住"文学是人学"，其主要表现对象是人，来认识文学形象，认为文学作品中人物性格的具体存在形态和表现形态，即人物性格的感性形式就是文学形象。不同类型的文学作品对人物性格描写有不同的侧重，所以文学形象在不同类型的文学作品中有不同的存在形态。论文着力探讨了抒情类文学的创作如何在抒发主体的思想情感时，刻画性格特征，塑造抒情主人公的形象的问题。作者强调抒情类文学的形象就其根本性质来说就是文学家的"人格肖像"，抒情文学的创作把作家对待社会人生的本质态度揭示得愈充分，他的思想人格就表现得愈鲜明，作品的形象也就愈确定、鲜明。最后，论文集中探讨了抒情类文学创作中最为关键的"情感典型化"问题，而这其实就是作家主观修养的问题。反映在抒情文学创作中，首先是作家对自己的原始情感进行理性反思,进而在实践中努力培养有着社会普遍意义的情感,使自己的感受、体验与广大人民群众的思想情感进行沟通,从而扩大自己情感的容量。其次,通过理性的参与和作用,使情感不断地趋势向理性化,亦即把情绪体验与正确的人生观、道德观、审美观结合起来,使之发展成为建立在一定思想信念和思想原则基础上的一种对待生活的自觉态度,一种凭理性选择所形成的心意和志趣所向,即所谓情操。另外,论文还探讨了同一个作家创作的不同抒情作品的作品个性问题。论文指出,作品所抒写的情感在任何时候都是主观与客观、一般与个别的统一。由于作家情感产生的具体情境以及所指向的客观对象不同,所以同一作家的抒情作品必然是个别的。

12月,在《文学评论》第6期发表《论文学的社会学研究与文化学研究》一文。该文后被《新华文摘》1990年第1期全文转载。1993年,获浙江省第五届(1989—1990)社会科学优秀成果奖"荣誉证书获得者"。

该文首先强调了文学的社会学研究与文化学研究的关系,即文化学研究是社会学研究的必然引申,社会学研究是文化学研究必不可少的基础。这是因为,文学社会学研究长期存在视角单一、褊狭,研究简单化和忽视文学观念的多元化变革等局限,需要借鉴其研究方法的优点和长处,但文学社会学研究应该是基础,这是其长期发展已经证明了的真理。文学的文化学研究所具有的重要性是由文学的文化内涵所决定的。"文学是人学",人的文化属性决定了文学作品具有丰富的文化内涵。在作品内容方面,作品的文化内涵首先表现在文学以具体而完整的人作为自己的对象,表达了一种民族的文化意识和文化心理。在作品形式方面,文艺家传达自己构思所采用的艺术形式和艺术语言,本身就是一种艺术文化的成果,它不仅制约着创作,还影响着文艺欣赏。而且,文学是语言的艺术,语言本身就是一种文化。最后,论文具体分析揭示了文艺的文化学研究对社会学研究的积极意义。论文指出,文化具有相当程度的价值中立性、相对的稳定性,这决定了文艺的文化学研究可以科学地解释文艺的民族性、永久性和全人类性。另外,论文还特别提醒,文学的文化学研究不能否定社会学研究的基础性作用。这是因为:首先,文学在性质上属于社会意识形态,完全离开社会学的研究无法科学地认识和评价文学。另外,文化的生产、发展和变迁,最终都根源于一定的物质生活条件,文化社会学的研究对于文化的认识和评价有其不容否定的客观价值。其次,文化是历史地形成的。从社会学的角度对保存、传播文化的社会群体的产生和存在的客观条件的深入分析,对于我们正确认识文化、特别是像文学这样的一种复杂的文化现象,是必不可少的。最后,文化是相对稳定的,又是发展的。文化的传承、创新需要历史唯物主义的分析、研究。

1990 年(庚午年) 56 岁

春季,指导硕士研究生项义华、蒋少华分别完成硕士论文《论无意识与艺术创作》、《论象征的现代复兴》并通过答辩。

3月,彭犀帧在《中国高等教育》第 2 期发表书评《文学理论教材建设的新成果——评王元骧著〈文学原理〉》。该书评后被全文收入《书评集1983—1993》(辽宁日报社编,浙江教育出版社1993年版)。

  彭是吕德申教授的硕士研究生。他对王元骧的《文学原理》极为认同,评价道:"这是一部反映近年来文学理论研究水平的著作,是文学理论教材建设的一个新成果。""该书最大的特点,就在于坚持马克思主义文艺学的基本原理,力求以唯物辩证法所揭示的一般与个别、客观与主观的辩证关系原则为指导,对文艺学的一系列基本理论做出科学的阐述。""从总体看来,该书既吸取了近年来文学理论界的研究新成果,更溶注了作者多年来教学和研究的心得。全书体系完备,观点鲜明,材料丰富,具有相当的理论深度。"

4月,与李寿福、金健人陪同蒋孔阳夫妇在杭州讲学、游览(据濮之珍编选《蒋孔阳:且说说我自己》,上海文艺出版社2008年版,第152页)。

5月,在《高校社会科学》第2期发表《论审美感受》一文。该文后被《美学》(人大复印报刊资料)1990年第6期转载。1993年,获评"高校理论战线优秀论文奖"。

  论文集中揭示了审美感受的特征。首先是审美感受的基础性构成部分审美感知的特点。论文指出,与一般的知觉意识运用概念把握感性对象,从而造成理性与感性的分离相比较,审美感知始终不脱离对感性对象的感知印象。而审美感知对象本身处于复杂的联系中,同时审美感知主体也是从特定的审美心理结构出发去感知审美对象的。这就决定了审美感知不是完全没有理性内容的原始感觉,而是理性与感性和谐协作的特殊感知。其次，审美感知仅仅是审美感受的开始，对作为审美对象的审美价值的体验性把握也是审美感受的重要内容。从审美主体的兴趣、需要出发对审美价值进行评价、体验，激发出审美情感，而在审美主客体的互相作用中，审美情感又会不断强化，这是审美感受的重要构成内容。其中审美情感的性质值得关注。因为从其形成产生来看，对审美对象相关情境的认知评价是审美情感形成的重要原因，这决定了审美情感在性质上是情、理的统一融合，它的活动会与人的审美观念紧密相关。最后，论文对审美感受中审美快感的非功利性进行了深入探讨。把非功利性的审美快感主要看作审美感官活动的结果是论文比较独特的观点。针对视、听感官被视为审美感官，论文主要分析了它们被看作审美感官的原因，并探讨了它们与其他感官的互相作用关系。论文指出，美的形式确定性决定了视觉在审美中的突出作用；另外，视、听神经活动与大脑皮层的紧密联系，决定了它们与人的理性、意识有复杂、紧密的联系，这与触、嗅、味觉主要由大脑皮下神经主导其反应不同。而人的感官、神经活动的整体性，决定了人的视、听感官与其他感官的活动不是完全割裂的，从而不能片面夸大美感的非功利性。首先，人的美感活动是以生理愉快感为基础的；其次，感官之间会有互相打通、促进的联觉活动；不同感官之间的活动存在着某一感官受损引发的其他感官"补偿"现象。

6月30日，在《文艺理论与批评》第3期发表长文《文学与语言》。该文后被人大复印报刊资料《文艺理论》1990年第7期转载。

该文首先客观评价了"语言本体论"文学语言观念的理论得失。一方面，相对于"再现论"、"表现论"轻视文学语言在文学活动中的客观意义，"语言论"的文学语言观具有重要的理论突破，但它同时存在忽视文学语言媒介功能的理论不足。然后，论文对文学语言的媒介功能进行了深入认识。针对文学语言塑造文学形象，而语言本质上的抽象性与文学审美意象的具体感性之间存在矛盾这一问题，论文超越了局限于语言材料的研究的一般做法，着眼于语言行为来分析语言的涵义与文学形象塑造之间的联系，为问题的解决找到了正确的道路。最后，论文强调了语言的概念性、符号性对文学语言的文学形象塑造的正面价值，客观辩证地认识了文学语言的民族性、地域性和时代性等特征。

同时，在同刊同期发表《艺术的认识性与审美性》一文。该文后被人大复印报刊资料《文艺理论》1990年第7期转载。

该文深入探讨了艺术的认识性与审美性的关系，为艺术的审美特性论进行了理论辩护。论文首先客观揭示了艺术的认识特性论与审美特性论的理论得失。强调艺术的认识性对于促进艺术家深入生活、研究生活和从生活出发进行创作，进而推动艺术的繁荣和发展有重要的理论贡献；但这一观点也有忽视艺术的审美特性，致使艺术沦为政治的工具等理论局限。艺术的审美本性论因为割裂情感与认识的关系，有主观唯心主义的错误倾向。论文强调，必须正确地认识情感与认识的关系，才能使艺术的审美本性论得以真正确立。然后，论文在界定文艺审美本性内涵的基础上，正面对文艺的审美本性进行了深入探讨。作者指出，艺术家以审美感受和审美体验为中介来反映生活所赋予艺术作品的就是其审美本性。艺术反映生活时，情感反映的对象是审美价值，目的是评价生活，进而帮助人识别美丑善恶，方式是通过情感体验来评价生活，这些都具有其特殊性，是艺术审美本性的具体体现。论文最后深入探讨了情感与认识的辩证统一关系。作者指出，情感与认识作为人的心理活动整体的构成部分是密切联系着的。从发生学的观点看，只有价值关系被人认识到以后，才会有情感的发生；进而，审美情感也会随认识的发展而发展。另外，审美情感与审美观点和审美理想是结合在一起的。因此，重视艺术的审美本性不是主张纯审美，而是为了抵制认识本性论造成的把文艺工具化的错误。

8月29日，在《文学评论》第4期发表长文《西方三种文学观念批判》。该文后被人大复印报刊资料《外国文学研究》1990年第8期全文转载，全文收入《中国文学年鉴1991—1992》（社会科学文献出版社1993年版）。

该文对西方文论史上的三大文学观念——再现论、表现论与形式论——进行了系统的认识反思，分别论及其形成发展、具体内容和理论得失。关于再现论，作者强调它肯定文艺家的加工创造性以及对生活本质规律的真实揭示，是以典型化为核心内容，以典型创造为追求目标的文学观念。它强调文艺与社会生活的联系，重视文学艺术的认识价值，有其不容否定的理论价值；但没有把艺术与科学区分开来也有其理论局限。具体来看，首先，再现论只能在文艺的外部表现来认识文艺的基本特征；其次，再现论在文艺创作研究中存在着客体至上主义的倾向，无法客观地认识创作主体存在的意义和价值；最后，再现论把忠于现实、逼肖现实作为创作和批评所追求的最高目标，最终还是走向了与摹仿论的照相式复制现实的合流。关于表现论，论文指出了它的理论渊源可以追溯到古希腊的德谟克利特、柏拉图等，而其真正的形成是在近代人的主体地位得到提升，人的个性得到高度肯定以后。反映在美学思想中就是休谟的"趣味美学"，特别是康德美学对审美与认识的区分，美学思想对情感的肯定标志着"表现论"观点的真正形成。席勒、赫尔德和德国浪漫派等的文艺理论论述提出了"表现论"的早期理论成果。表现论与再现论的最大不同在于从文艺家内部的精神世界去寻找文艺创作的源泉，情感被看作文艺的特性，情感反映的对象、目的和方式与认识反映的不同得到了充分认识。不过，表现论不能正确地认识情感与认识、艺术与科学的关系，也造成了明显的理论局限。比如把主观与客观对立起来，在理论上陷入唯心主义；不能正确地理解情感的表现，同时也包含着对情感的认识、整理和加工，以致不能清楚地把情感的表现与情感的发泄区分开来；忽视创作中技巧的作用，过于推崇艺术灵感和天才。关于形式论，论文追溯其理论起源，认为欧洲19世纪的唯美主义文艺思潮是其发端，俄国形式主义为其代表。结合着对俄国形式主义理论渊源为德国浪漫派的分析，论文深入探讨了俄国形式主义否定内容与形式二分的作品分析方法，用素材与手法的概念取而代之的观点主张。论文指出，形式论的提出彻底超越了再现论与表现论以文学本原的探究为基础的"本体论"思维方式，使文学理论研究转向"文学文本论"，从而摆脱了重内容轻形式、重构思轻物化表达的理论局限。自然，形式论以形式研究为中心，也同样是偏颇的。论文从三个方面深入揭示了其理论不足：首先是把文学与生活割裂，从而无法正确地认识作品内容与形式的辩证统一关系；其次，把文学理论狭隘地理解成了语言研究；最后，只重视文学手法和创作技巧的研究，以手法和技巧取代了整个文学理论研究。

同时，在《文艺理论研究》第 4 期的"《文艺理论研究》创刊十周年学术笔谈（二）"栏目下发表短论《要把坚实的科学性和正确的价值观结合起来》。

> 短论主要反思了改革开放以来文艺理论研究中存在的问题。作者指出，我们的文艺理论研究在价值观念上的模糊和丧失使文艺理论研究中的客观主义和纯科学的倾向滋长，导致文艺理论丧失了对文艺实践应有的指导作用；脱离乃至完全违背科学基础和客观规律的各种文艺观念又在文艺理论领域大肆泛滥，有的甚至到尼采、海德格尔、萨特、弗洛伊德等人的个人主义和非理性主义的哲学思想中去寻求文艺理论研究的指导思想。作者要求应当总结这一经验教训。

本月，赴吉林长春参加国家教委高教司召开的文学概论教学指导纲要编写研讨会。这是国家教委高教司为加强文科课程建设，深化文科教改而召开的系列研讨会之一。

9 月 6 日，在《人民日报》发表《关于近几年文艺心理学研究的思考》一文。该文于 8 月 25 日据 1988 年旧稿《建构马克思主义文艺学的方法问题》中的一节扩写而成，发表时有删节。后被人大复印报刊资料《文艺理论》1990年第9期全文转载。

论文首先强调了文艺心理学研究对文艺研究的重要意义。如果不从心理层面来具体、深入地探讨、揭示创作活动的微观机制,那么文艺哲学、社会学的宏观研究就会是抽象的、空洞的,无法深入具体下去。接下来,论文又辩证地阐述了文艺心理学研究应该建立在哲学、社会学、文化学基础上的重要性。因为人的心理活动不同于动物心理,它只能是一定社会的产物,是在人自身社会化的过程中逐步形成的;作家创作心理也同样如此,因此也不能离开人的社会实践来认识。以有的研究者提出的"向内转"口号为例,论文指出割裂人的内部世界与外部世界的联系,孤立地去研究作家的内部世界,这种"向内转"只是在鼓吹艺术创作中抽象的"自我表现"。抽象的"自我表现"不仅会使我们对创作心理内容的理解趋向贫乏,而且还必然会导致心理学研究的生物学化。这是因为人的心理的形成是在长期实践活动中使人身上原本的"动物心理"不断社会化的结果,脱离了社会实践,只能把作家的心理简单地理解成生物本能。再如对创作活动性质的理解,论文指出不少论者仅仅强调创作的自发性、无意识性和非理性,这都是错误的认识。因为,艺术创作的情感表现诚然要求情感活动的自然真诚,但这并不是把情感表现看作情感宣泄。情感宣泄是本能、自发的行为,而情感表现是自觉的、有意识的活动,它的目的是情感的交流和分享。情感的表现要求文艺家在理性控制下对情感的提炼、加工。原发情感经过意识的处理、加工后重返自发的、无意识的状态,形式上是自发的,本质上是自觉的,这种无意识与意识的结合是审美情感的特性。由此,论文强调文艺心理学研究应该以哲学、社会学、文化学为基础来展开，否则就会走向心理本位主义、甚至是心理生物主义的迷途。

国庆前后，为"文学主体性问题讨论会"写成《评〈论文学的主体性〉》一文。原文由三个部分构成，是一篇内容丰富深刻的长文。

11月2—5日，赴山东济南参加"文学主体性问题讨论会"。王元骧的会议论文会后发表在《高校理论战线》1991年第1期。

会议由国家教委社会科学发展研究中心、山东大学、中国社会科学院文学研究所、《文学评论》编辑部、中国艺术研究院马克思主义文艺理论研究所、《文艺理论与批评》编辑部、北京大学中文系、中国人民大学中文系、北京师范大学中文系、武汉大学中文系、四川大学中文系联合发起，全国各高校和科研机构以及报刊新闻工作者60余人进行了学术交流。这次会议对刘再复文学主体性理论的理论失误进行了深刻清算。

12月22日，论文《反映论原理与文学本质问题》（发表于《文艺理论与批评》1988年第1期）荣获浙江省第四届（1987—1988年度）社会科学优秀成果奖二等奖。

下半年，申报国家社会科学基金项目，获批中华基金课题"文学理论与当今时代"。

冬季，在杭州参加钱中文《文学原理——发展论》和杜书瀛《文学原理——创作论》两书（社会科学文献出版社1989年版）的专家意见征求会。

1991 年（辛未年）57 岁

1月，去年下半年申报、获批的 1990 年度国家社会科学基金项目"文学理论与当今时代"公布了立项情况。

3月2日，《评〈论文学的主体性〉》一文发表于《高校理论战线》第 1 期。该文被人大复印报刊资料《文艺理论》第 7 期全文转载，全文收入张岱年等著《变革中的文化与史学》一书（高等教育出版社 1998 年版）。

因篇幅过长，该文在发表时删掉了第一部分。原文的这一部分主要是对刘再复的论文《论文学的主体性》思想实质的探讨——作者指出，刘文"实际上已成了他以文学理论形式写成的一篇'人的宣言'"。论文认为，刘再复重视"人的问题"有其社会现实和理论研究两个方面的客观原因：从社会现实的角度来看，是西方社会的科技发展和社会制度对人的压抑和控制，以及社会主义国家因某些体制方面的不完善所造成的官僚主义和行政命令的强制造成的对人的不够尊重；在理论方面，是马克思主义有关人的思想长期以来并未得到应有的重视，反映在文艺理论研究中，对作家主体能动性和文艺批评的创造性确实有所忽视。因此，作者强调问题的关键在于究竟应该如何认识文学的主体性。

发表于《高校理论战线》第 1 期的该文第二、三部分，就是对刘再复"人的理论"的核心内容的剖析，特别是着力批评了其唯心主义、主观主义的思想错误。作者认为，刘再复的"人的理论"主要反映在他对人的地位、作用和价值等的看法上；而在这几个方面，刘再复的看法都有比较大的理论偏颇。首先，人的地位是由一定的社会关系所规定的，但刘再复抽象地理解人的社会性，将之理解成生物群体性，这就不能正确地理解人的地位；其次，人具有实践活动的自由性，但刘再复否定客观规律来理解人的自由活动，将人的自由理解成了绝对自由，出现了严重的理论偏颇；再次，人的价值的最高标准应该是具有奉献精神，为绝大多数人的利益作贡献，但刘再复基于极端个体主义立场，抽空了文学家的社会责任和社会使命，使其沦落为对自己同类的抽象同情和怜悯。刘再复在"人的理论"上的理论失误导致他把"主体性"错误地理解成了"主观性"，于是在文艺观念上出现了一系列主观主义、唯心主义错误，而这突出表现为他对辩证唯物主义的反映论的否定。而这进一步引发了一系列文学理论上的重大错误，比如不能正确地认识文学的源泉问题，不能客观地理解作家的使命问题，无法准确地理解读者和批评家在艺术接受中的主观能动性，忽视作品审美价值的客观制约作用。

3月14日，参加浙江省哲学学会美学研究会与浙江美术学院联合举办，在杭州召开的第17期"美学茶座"（一种系列小型专题学术讨论会），此次会议的议题是"中国艺术与现代主义"。

据《美术》1991年第9期刊载江彤的会议综述《中国艺术与现代主义——浙江美学茶座的一次专题讨论》记载，会议主要针对1990年6月2日《文艺报》所刊载杨成寅的论文《新潮美术论纲》与12月29日所发表的杜键《对〈新潮美术论纲〉的意见》两篇文章所展开的论争，以及论争所涉及的中国当代文艺与西方现代主义思潮的关系展开讨论。王元骧先生在会上做了如下发言："社会主义文化和资本主义文化属于两种不同的思想体系。对待资本主义文化，即使是其中的优秀部分，也只有经过批判性选择，分清精华与糟粕，才能为我所用。这一点，恰恰被目前美术界的不少同志，特别是一些青年同志所忽视了。杜文批评杨文关于'纯艺术'的说法为'概念的运用是混乱的、不确切的'，并认为'马克思主义文艺理论从来没有对艺术中的主观、形式、抽象、非理性、反传统等因素采取绝对排斥的态度'。马克思主义确实不排斥形式诸因素，但是马克思主义总是将形式与内容，理性与非理性诸对立面辩证地加以对待的。杨文中所说的'形式化'、'抽象化'、'非理性化'，无非是指脱离内容谈形式，脱离生活谈抽象，脱离理性谈非理性，这就只能陷入形式主义、非理性主义和民族虚无主义的泥淖中去了。我同意将对西方现代主义的评价和对中国'新潮艺术'的评价分开。西方现代艺术极为复杂，有其现实根源和思想基础，也出现了一些富有独创精神的大家和力作，这些都有待于我们深入研究分析。不应该把对我国当前艺术创作中的不良倾向与对整个西方现代艺术的评价混同起来。"

6月，写成《评"回复到文学自身"》一文，并修改完成了《艺术创作中的意识与无意识》一文。

7月起，获国务院政府特殊津贴。

9月14日，在《中国教育报》第4版发表《驳"纯审美论"》一文。

该文针对一些学者在认识毛泽东文艺思想时，把文艺的审美特性与文艺的"二为"方向对立起来，认为毛泽东的文艺思想忽视文艺审美特性,把文艺只看作政治斗争工具,是一种错误的政治实用主义文艺的观点进行了理论辨析。作者指出,这种看法在理论上存在着"体用"对立的错误,实际上只不过是因为一些唯美主义者和形式主义者为了反对并取消文艺的社会功用,才把作品看成纯形式、纯技巧的东西,认为文艺的美就是形式、技巧的美,而导致的错误认识。事实上,文艺除形式、技巧外,还有内容的因素,即文艺的反映对象和作家的审美态度和审美评价因素。文艺内容上的真、善与形式的和谐统一才是美。在当今时代,文艺是人民大众的事业,其目的在于为全人类进步而奋斗,它的社会功能是无法取消的。作者强调,"纯审美论"文艺观是艺术家因为与周围的社会环境存在着不可调和的矛盾而产生的,它实质上是资产阶级自由化思潮在文艺领域的一种表现。

本月,在玉环县政协文史资料委员会编《玉环文史资料》第6辑发表《家乡生活琐忆》。

本月,生平事迹被收入《中国新时期文学词典》(丁柏铨主编,南京大学出版社1991年版)。

10月,《评"回复到文学自身"》一文发表于《求是》第20期。该文被人大复印报刊资料《文艺理论》1992年第2期转载。

该文针对20世纪80年代中期以来文艺理论界要求关注文学自身、研究文学的审美特点的思潮,进行了辩证地深刻认识。论文指出,文艺理论研究必须重视对"文学自身"、"文学的审美特点"的研究,这是文艺理论研究的根本任务;但如何正确地理解"文学自身"、"文学的审美特点"是正确完成文艺理论研究任务的关键。作者首先高屋建瓴地强调：一般、特殊与个别是把握事物本质时三个不同的思维层次，只有把这三个层次的认识综合统一起来，才能正确地认识事物本质，真正认清事物自身的存在。就文学来说，属于社会意识形态是其自身的一般规定性，审美性是其特殊规定性，以文学语言为艺术媒介是其个别规定性。以往人们在认识文学时仅仅满足于其属于社会意识形态这一抽象规定性，缺少对文学的特殊性和个别性的认识，这是错误的；而现在的"回复到文学自身"的文艺理论思潮则满足于特殊性和个别性层面上对文学的认识，完全忽视了文学的一般性规定同样是片面的，其本质不过是"纯审美论"而已。通过系统地梳理西方文艺理论史上从康德美学到唯美主义艺术理论，再到俄国形式主义文论以及英美新批评派的观点流变，作者深刻地剖析了我国当代"回到文学自身"思潮的理论渊源。作者指出，文学的审美属性应该包括表现对象的美、作家思想情感的美，以及形式、技艺的美三个构成部分，忽略任何一个部分都是偏颇的。最后，论文深刻地剖析了"回复到文学自身"思潮的产生原因及其错误危害。"纯审美论"意义上要求"回复到文学自身"，只不过是个人主义思潮的余绪而已，其本质上是对社会主义、共产主义社会的不认同，其结果只能导致文学走向放纵和享乐的歧途。

年底，参加由浙江省文学学会文艺理论研究会、浙江省作协创作研究室与浙江省社科院文学研究所联合举办的"毛泽东文艺思想与当代文学思潮"研讨会并发言。

据筱丰《"毛泽东文艺思想与当代文学思潮"研讨会侧记》（《浙江社会科学》1992 年第 1 期）记载："杭州大学中文

系王元骧教授着重谈了如何正确理解毛泽东思想的真理性的问题,认为不能仅仅注意毛泽东同志的一些具体论述,尤其要把握在各种著述中包含的基本的哲学框架。"

本年,被国家教委聘为全国哲学社会科学规划小组文学组成员、国家社科基金项目评委与《高校理论战线》编委。王先生总共担任四届国家社科基金项目评委,其中最后两届还任中国文学组副组长。

本年,为胡有清的文学概论教材《文艺学论纲》(南京大学出版社1992年版)写出版推荐意见。王先生高度评价此书"既有坚持而又有发展,既稳妥而又有创新"。

1992年(壬申年) 58岁

3月1日,《艺术创作中的意识与无意识》一文发表于《文艺理论与批评》第1期。该文被人大复印报刊资料《文艺理论》1992年第4期全文转载。

我国当代文艺理论研究对于艺术创作中无意识活动的认识是不断变化的。新时期以来,西方非理性哲学和文艺理论的引进产生了巨大的影响,一些青年学者也认同无意识活动在艺术创作中的重要作用。针对这一现象,该文力图科学地解释无意识活动的性质、特点和功能等问题。论文首先对西方文艺理论史上的"无意识观念史"进行了梳理。作者指出,19世纪前,西方理论家虽然认识到了无意识活动的存在,但一般还是把文艺活动看作意识活动;直到18世纪,无意识被当作人的整个心理结构的一个构成层面才开始受到重视。19世纪中期,无意识理论与德、英浪漫主义文艺理论的结合,使无意识理论有了飞跃性的发展。特别是浪漫主义文艺理论对无意识活动的重视促进了哲学中非理性主义思潮的形成,出现了"哲学本体论"层面上的无意识理论,比如叔本华、尼采的意志哲学等。到精神分析文艺理论中,无意识的重要性更被强调到无以复加的地步。以此为基础,作者提出了自己的看法。他认为,"本体论"意义上的无意识理论是荒唐的;认识论的层面上,无意识的作用则不应被轻易否定,应当对其进行科学辩证的认识。以现代心理学已经证明的意识与无意识的相互依存、辩证转化为理论基础,作者紧紧抓住艺术活动的审美特征,讨论了无意识活动在艺术创作的直觉、体验活动中的重要作用。他指出,艺术创作的创作冲动萌发和构思、传达过程中,凭直觉来把握现实的能力是艺术家不可缺少的重要能力。最后,论文还强调了艺术创作活动中有意识活动转化成无意识活动的重要性。这是艺术构思达到完全成熟的标志,是艺术家的审美情感达到真诚流露的时刻,是艺术家创作技巧运用达到炉火纯青程度的表现。另外,论文还特别强调,艺术创作中的直觉体验仅仅是创作心理表层的无意识活动,艺术家的人格无意识其实发挥着更为重要的深层无意识作用。

本月,《文艺作品形式对内容的规定性》一文发表于《文艺理论研究》第1期。

论文首先强调对文艺作品内容与形式的关系进行"辩证认识"的重要性,认为内容与形式就是相互依存、相互渗透、不可分割地联系在一起的。然后,论文紧密结合文艺家的创作活动,具体分析了文艺作品内容与形式的辩证统一性。一方面,作者强调文艺作品的内容是感性与理性、情感与思想的统一,这说明作品内容本身是有其感性形式的。作者指出,作家艺术家通过情感对文学艺术表现对象的具体把握决定了文艺作品内容的感性特征,而对生活本质和规律的发掘呈现决定了文艺内容的理性特征;作家艺术家的情感活动又与其思想立场相关,从而情感与思想是统一在一起的。作家艺术家的情感在创作活动中的突出作用决定了文艺作品的内容不是抽象的存在物。另一方面,作者指出,文艺创作是文艺家按照一定的艺术形式规范对文学艺术表现内容进行艺术加工、改造的活动;从而文艺内容的形式是文学艺术表现对象的感性形式与艺术形式规范的统一。最后,论文重申了内容与形式的辩证统一性。内容与形式互相以对方的存在为前提,同时双方又互相转化。形式在发挥着对内容的规定性作用的同时,内容起着根本性的决定作用。

3月28日,在《文艺报》(第28期)发表《评文艺上的"自我表现论"》一文。该文后被《语文学习》第6期的"文坛瞭望"栏目观点转摘。

该文认为近十年来文艺界流行的"自我表现论"是个人主义思潮在文艺理论上的反映,其产生的社会影响只能是使文艺创作脱离文艺的"二为"方向,使文艺沦为少数人的专利品。

4月,肖荣在《浙江社会科学》第2期发表的《浙江文艺理论研究概述》一文对王元骧的文艺基础理论研究有较高评价。

肖荣认为，王先生坚持马克思主义理论，把一般、特殊与个别不同的认识层次结合起来理解文艺本质，充分把握了文艺本质的复杂性。另外，王先生的《文学原理》（初版）也被其评价为一本有学术价值的文艺理论教科书。

5月，在《东海》第5期发表《文艺的功利性与审美性——学习〈在延安文艺座谈会上的讲话〉》一文。

该文观点与发表于去年9月14日《中国教育报》第4版的《驳"纯审美论"》一文相同，只是在论述上更为充分。作者首先指出，毛泽东在《讲话》中提出的革命文艺是为人民大众，首先是为工农兵服务的科学观点，在当今资产阶级自由化思潮的冲击下，遭到了"忽视文艺的审美特性，把文艺看作政治实用工具"的指责，而这实际上是指向文艺的"二为"方针的。作者认为，把文艺的功利性与审美性对立起来，以审美特性否定文艺的功利性，其错误在于对美的认识不正确。美实际上与真、善相通，它不仅仅是形式问题，而首先是内容问题。同时，决定着美之存在的人的审美观念、审美理想与政治观念、道德观念都有内在的联系。由此，文艺的功利性实际上是通过文艺作品的审美观念、审美理想而进行的审美教育，而展开的政治、道德观念引导。一切进步的文艺，包括无产阶级文艺，其功利性不容抹杀。接下来，论文强调毛泽东的文艺思想在强调艺术内容的重要性时，并不忽视文艺形式、技巧的重要性，而是强调两者的统一。不少人指责毛泽东文艺思想忽视了文艺的审美特性，原因众多，但都存在着错误认识文艺审美特性的理论问题。尤其以19世纪末20世纪初西方的形式主义文论最为突出。形式主义文论在美学思想上都深受康德美学的审美非功利思想影响，但人们实际上不应该把审美态度的非功利与审美效果的非功利混淆了。最后，作者深入剖析了"纯审美论"流行的原因。首先是片面总结、消极接受历史的教训。过去，左的思潮影响下确实存在着忽视文艺审美特性的局限，但这不能说明提倡文艺的"二为"方向是错误的。其次，受到西方资产阶级文艺思潮的错误影响。再次，不少文艺工作者近年来存在着脱离实际、脱离群众，无视社会和群众要求的不良倾向。

6月12—13日，参加浙江省美学学会第三届年会并做学术发言。

为纪念毛泽东《在延安文艺座谈会上的讲话》发表50周年并庆祝浙江省哲学学会美学研究会升格为省一级学会"浙江省美学学会"，第三届年会以"毛泽东美学思想研讨会"为主题在浙江美术学院史论系召开。王元骧针对现实美与艺术美的关系问题，阐述了自己对毛泽东相关美学思想的看法。他指出，歌德很早就对现实美决定艺术美，但艺术美又高于现实美的辩证关系进行了深刻揭示；毛泽东的相关认识不是歌德美学思想的简单重复，而是用革命的一些重大问题对之进行了新的阐述。此届美学会年会上，王元骧继续当选第一副会长（杨成寅任会长，王元骧与成立、郭志今、张保绅、陈望衡任副会长）。另，浙江省美学学会组织的集体科研项目"毛泽东美学思想研究"，被列入浙江省社会科学本年度重点课题计划。

6月29日，在《浙江学刊》第3期发表《"要把自己的思想感情来一个变化，来一番改造"——学习毛泽东〈在延安文艺座谈会上的讲话〉的一点体会》一文。

论文首先强调"作家、艺术家把自己的思想感情与人民大众打成一片"这一主张对当今社会主义文艺的建设和发展仍是极为重要的根本任务，然后指出这一理论主张的提出有其社会历史的必然性。这主要是因为，这一观点的提出是无产阶级文艺不断发展的结果。20世纪40年代，我国原国统区的一些小资产阶级文艺工作者追求进步，在来到延安解放区后面临着文艺观和世界观的彻底改造问题，《讲话》的这一观点就是针对这一问题而提出来的。再次，论文强调毛泽东提出的这一观点极为符合文艺的根本特性。因为，文艺是情感领域的精神活动，无论是文艺创作还是读者阅读接受，都是以情感思想为中介的。从创作的角度来看，文艺对广大人民生活的表现离不开作家、艺术家的感受体验，离不开作家、艺术家本人的兴趣、爱好、理想、愿望等主体需要因素，从而作家、艺术家只有与人民群众在思想感情上打成一片，才能更好地进行文艺创作。从阅读接受的角度来看也同样，文学阅读的教育作用也是通过情感感染熏陶来发挥作用的。这就决定了只有作家、艺术家和人民群众在思想情感上打成一片，才能更好地通过作品来感动影响文艺接受者。无论是普及性创作还是"提高性"创作都是如此。然后论文以作家、艺术家应与人民大众思想情感的结合为前提，又进一步讨论了创作中的概念化、公式化问题，指出政治与艺术结合得不完美，要得到解决需要比较长期的努力，努力做到与群众生活的熟悉，思想情感上尽力与人民大众打成一片是正确的方向。论文最后还集中讨论了文艺为无产阶级服务与创作自由的关系问题。通过区分认识论上的自由与伦理学上的自由,把创作自由看作是伦理学上的自由,并正确地厘清其内涵,论文正确地指出作家、艺术家的创作自由应该由自然规律和社会责任、政治责任两个方面来保证。当作家、艺术家自觉地把社会责任和政治责任当作自己的创作使命时,创作自由就与文艺为无产阶级、为人民大众服务很好地协调了起来。

9月,论文集《审美反映与艺术创造》(初版)由杭州大学出版社出版。该书出版后,丁宁、李咏吟和姚文放在1993年都先后发表书评。该书后被《中国二十世纪文学研究论著提要》(乔默主编,北京大学出版社1994年版)收录,又被《中国文学年鉴(1994)》(社会科学文献出版社1995年版)的"新评书介"栏目收录、推介。1995年12月15日,该书获国家教委全国高等学校首届人文社会科学研究优秀成果奖一等奖。

该书是"杭州大学学术丛书"的第一本,而杭州大学计划出版这套丛书的目的在于展示不同学科专家们的代表性成果,反映杭州大学人文科学、社会科学和自然科学研究的最高学术水准。书末后记简明扼要地介绍了本书的出版缘由、自己的治学经历、该书的收文情况以及自己的治学观念和治学体会。

本月下旬,《文学原理》(浙江教育出版社1989年版)获国家教委第二届高等学校优秀教材奖。

国家教委主持召开的全国高等学校第二届优秀教材评审会9月下旬在北京召开。此次优秀教材奖的评奖范围为1986—1989年间全国出版的16000余种教材。评审会最终共评出了国家特等奖教材 21 种，国家优秀奖教材 207 种，中青年优秀教材 8 种。

10 月 5—10 日，赴河南开封参加由中国社会科学院文学研究所和外国文学研究所、河南大学、北京大学等 17 家单位联合主办的"92 全国中外文学理论学术讨论会"并发言。

此次学术讨论会有来自全国各高校和科研单位的 80 余位专家、学者参加。会议在河南大学召开，与会的专家、学者围绕 20 世纪 80 年代文学理论的发展和问题与 90 年代文学理论的展望进行了学术交流。王元骧在会上的发言主要是针对建设和发展科学的文艺学理论体系问题而展开的。据金元浦整理的《全国中外文学理论学术讨论会纪要》（《文学评论》1993 年第 1 期）："杭州大学教授王元骧认为，'体系'是不能完全靠人去'建构'的。从根本上说，它是理论发展到成熟时候自然形成的。如果研究者根据一定的观念、运用一定的方法对文艺现象以及现实提出的问题做出自圆其说的解释和回答，即使没有黑格尔《美学》那样的体系，那也应该说有了自己的体系。所区别的只不过是一个是'显体系'，一个是'隐体系'罢了，而显体系是对隐体系的整理和表达。"

王元骧提交了会议论文《关于建构有中国特色的马克思主义文艺理论体系的几点意见》。需要强调的是，王先生在《理论与创作》1989 年第 4 期上曾发表过一篇题目相近的论文《就构建马克思主义文学理论体系问题谈三点意见》，但两篇论文的内容还是有很大的不同。与三年前的论文相比，王先生对建构马克思主义文艺理论体系的认识已经变得更为具体深入了。该文后发表于《台州师专学报（社会科学版）》本年第 4 期，并收入《回顾与展望：92 全国中外文学理论学术讨论会文集》（文集编委会编，河南大学出版社 1993 年版）。

10 月 27 日，《文艺内容与形式之我见》一文发表于《高校理论战线》第 5 期。该文后被收入《中国新文学大系 1976—2000 第二十九集：史料·索引卷一》（杨杨主编，上海文艺出版社 2009 年版）。

该文充分探讨了文艺作品构成中内容与形式的关系问题。论文首先对运用内容与形式这对哲学范畴来认识文学作品的理论发展情况进行了系统梳理。最早是古希腊时期亚里士多德在《诗学》中对艺术体裁的划分和对悲剧、史诗体裁的研究，而且亚里士多德没有探讨不同文体作品的构成要素之间的关系直接影响了后来的理论研究。从希腊化时期直到 18 世纪，内容与形式的机械二分一直是长期流行的观点。再后来，是俄国形式主义学派针对文艺作品构成研究中的内容与形式二分法进行了否定。作者认为，由德国浪漫主义文论提出，黑格尔的理念美学所探讨的"有机形式"概念有其合理的积极价值，可以据以进一步探讨俄国形式主义学派对文艺作品内容与形式二分法的看法。论文接下来探讨了文艺作品形式对内容的规定性。这一部分内容曾以《文艺作品形式对内容的规定性》为题发表于《文艺理论研究》本年第 1 期。最后，论文重点探讨了内容与形式的辩证统一关系中内容的根本性决定作用。作者指出，文艺对社会生活的审美反映是决定内容与形式关系的根本性因素。

11月18日,赴京领取国家教委第二届高等学校优秀教材奖。

国家教委在全国普通高等教育工作会议18日的闭幕式上,对第二届高等学校优秀教材奖的奖获教材进行表彰和奖励。

12月,在《台州师专学报(社会科学版)》1992年第4期发表《关于建构有中国特色的马克思主义文艺理论体系的几点意见:1992年10月6日在92全国中外文艺理论学术讨论会上的发言》一文。

论文开头就明确指出,有中国特色的马克思主义文艺理论体系的建构不应急于求成,而应以正确的文艺观念和科学的文艺理论研究方法的形成为前提。目前学者们的要务应该是基础性的重要理论问题的解答,而科学的解答中事实上已经隐含着研究者有关文艺理论观点的潜体系。随后,作者阐明了自己的文艺观念,特别是自己的文艺本质观。他认为,应当把文艺活动中认识性的和实践性的因素结合起来认识文艺本质。一方面,文艺是反映社会生活的特殊的社会意识形态;另一方面,文艺又是作家从创作意图出发的创造审美意象和艺术语言的"加工创制"活动,具有实践特性。再次,关于文艺理论研究方法,作者主张一般、特殊与个别不同认识层次之间的纵向结合,同时要求在每一层次上注意不同学科认识内容的横向融合,也即研究方法应是"纵横结合"的。最后,论文还探讨了马克思主义文艺理论体系建构中的民族特色问题。作者强调,马克思主义文艺理论体系具有极大的开放性和包容性，同时又重视文艺活动的文化性、民族性。他指出，在古今中外的理论资源的吸收借鉴中既应该注意克服价值观念的冲突，同时也应该注意克服思维方式上的中西不同。

本年结束本科教学工作。

先后为郑元者等历届本科同学在毕业时题词"若要追求真理，就得甘于寂寞"、"学问领域自有乐趣"、"以出世的精神，做入世的事业"等以留念。从1958年24岁参加教学工作，至本年已经三十余年。王元骧在教学生涯中恪守"身教胜于言传"的准则，始终坚持结合教学工作来做科研，力求以自己的科研成果来促进教学，除了为约稿和参加学术会议而撰写的学术论文外，从未完全脱离教学工作来写文章。多年间，他先后为本科生主讲过文学概论、美学概论和名著精读等课程。自本年起，王元骧不再承担本科教学工作，但仍从事研究生教学工作。

本年，指导硕士生李咏吟、金雅完成学位论文《康德与马克思美学革命的差异及其根源》、《美育的本质和社会主义美育》并顺利通过答辩。

1993年（癸酉年）59岁

1月，当选浙江省第七届政协委员，任文史资料委员会委员（1993年1月—1998年1月）。

春季，指导苏宏斌完成硕士学位论文《论文艺内容与形式的转化机制》并通过答辩。

3月，论文《论文学的社会学研究和文化学研究》（《文学评论》1989年第6期)获浙江省第五届(1989—1990)社会科学优秀成果奖"荣誉证书获得者"(本届奖项为一、二、三等奖和"荣誉证书获得者")。

本月,浙江文学院特约研究员钟本康在《九二浙江文坛》(浙江省作家协会、浙江省茅盾文学院编,内部刊物)中总结去年浙江文学发展情况,说:"我省文学创作论的研究,成绩突出的是杭州大学王元骧与台州师专张艺声两位教授。"

5月,在《社会科学战线》第2期发表《艺术本质:从认识性与实践性的统一中寻求——兼评当今文艺理论研究界对于艺术本质的探讨》一文。该文的发表在文艺理论研究领域也直接产生了一些学术影响。人大复印报刊资料《文艺理论》1993年第5期全文转载了此文。李沛在《新疆师范大学学报(哲学社会科学版)》1995年第1期发表了《也谈艺术的实践性特征》一文,对王元骧的观点表示了认同。

> 论文深入反思了我国当代文艺理论研究长期以来有关艺术本质的"认识本性论"、"审美本性论"和"生产本性论"这几种不同理论观点的得失,然后提出了"从认识性与实践性的统一中认识艺术本质"的观点。
>
> 关于"认识本性论",作者指出,它在20世纪80年代以前的我国当代文艺理论研究中比较盛行。这一观点把艺术看作一种社会意识形态,认为艺术从性质看就是反映一定社会存在的思想体系。它起源于古希腊亚里士多德的摹仿说,后来黑格尔、别林斯基和普列汉诺夫以及苏联的文艺理论界都是沿亚里士多德摹仿说的这一思路来认识艺术本质的;只不过从普列汉诺夫开始,艺术的"认识本性论"受马克

思主义历史唯物主义哲学的影响，又被看作一种社会意识形态，社会生活的反映。"认识本性论"有其理论价值，因为艺术作为精神文化，它必定是一定的社会生活在艺术家头脑中反映的产物。但认识本性论也有其明显的理论局限：不能在社会实践的基础上理解艺术认识，使其对艺术认识的理解带有直观性、机械性的错误；存在客体决定论的错误，用生活价值取代了艺术价值，不能正确认识艺术活动中"艺术个性"的意义；不能正确认识艺术的审美价值本性。

"审美本性论"在我国 20 世纪 80 年代的文艺理论研究中产生了广泛影响。它最早是苏联文艺理论家布洛夫在 50 年代提出的。艺术家以审美情感为中介反映生活所赋予艺术作品的审美属性，被看作艺术的特性。然而，这种观点也存在理论不足：首先，忽视情感的客观根源，易于引向个人主义和神秘主义；其次，情感与认识在人的心理活动中是紧密联系着的，而且情感活动以认识活动为基础，忽视这一点容易把审美本性论导向非理性主义；最后，审美本性论有滑向唯美主义的危险。

"生产本性论"超越了以往只局限于认识角度对艺术的认识，开拓了从实践角度认识艺术的新思路。朱光潜等人提出的艺术生产论虽然并没有在艺术本质问题上形成公认的观点，但其理论启示意义是不容抹杀的。生产本性论启发人们注意到了艺术创造的实际制作过程、物质性活动侧面，但也有其明显的理论局限。首先，生产本性论否定了艺术的认识性和意识形态性。艺术生产属于精神生产，它与物质生产之间存在反映关系，艺术的生产本性论把物质生产与精神生产等同,会形成否定艺术的认识性和意识形态性的理论盲点。其次,艺术的"生产本性论"按照物质生产的规律来认识艺术生产,甚至把艺术创作看作艺术制作,客观上把实践性的内涵弄狭隘了。在艺术构思中,艺术家在创作素材的基础上构想新的艺术形象,这实际上是一种精神实践活动。最后,生产本性论把读者也看作艺术生产主体,忽视了作家创作和读者阅读的本质区别,会造成理论上的混乱。

最后,论文指出,对于艺术这种由不同要素构成的复杂整体,应该把不同角度、不同层面的研究综合起来把握。其中,把认识性与实践性统一起来认识艺术的本质是值得重视的一种研究思路。作者认为,艺术的认识本性无论如何是不能否定的,但与此同时,审美情感推动的艺术构思对审美意象的创造,以及艺术语言这一物质层面的加工创造所具有的实践性内涵,以及读者阅读被作家创作引导和推动的实践性内涵也应该通过"实践性"视角的研究得到发掘。

另外,王先生在《审美反映与艺术创造》一书的 1998 年再版后记中说:"我们也只有把认识与实践、知识与价值两种观点统一起来,才会对文艺的性质做出全面、完整而深入的把握。这思想大约是在 94 年夏天开始逐渐形成的。"从这篇论文看,"1994 年夏"的说法应该并不准确,至迟在1993 年,他已经形成了这一认识。

5 月 1 日,游牧(李咏吟)在《杭州大学学报》第 2 期发表《深度钻探:在文艺学传统与现代之间——评价王元骧〈审美反映与艺术创造〉》一文。

对王先生《审美反映与艺术创造》一书，该文紧紧抓住他在文艺理论研究中广泛吸取现代新观念、新方法，着力破解文艺学基础性、重大理论问题的学术风格，对王先生的学术探索给予了敏锐、准确而深刻的高度评价。特别是对王先生在文艺反映论与文艺主体论的理论冲突中，融合两者走出了自己的理论探索道路，李咏吟极为推崇。

同日，丁宁在《文艺报》第17期第3版的"理论与争鸣"版面发表了《心仪理论的风采：读王元骧的〈审美反映与艺术创造〉》一文。

该文赞赏王元骧先生把学术探索的认真执着与生命追求相统一的治学风格，肯定他在文艺理论基础性重要问题的探索中，不避问题的老旧，不趋流行理论的时髦，以充满历史感的理论梳理、富有当代色彩和阐释创新性的理论表述，出色展现了文艺理论成熟形态的样貌。丁文后收入《中国文学年鉴1994》(社会科学文献出版社1995年版)。

5月29日，赴北京参加《高校理论战线》杂志在国家教委逸仙堂举办的优秀论文奖颁奖大会，并发表获奖感言《创建有我国特色的马克思主义文艺理论》，后发表于《高校理论战线》本年度第4期。

此次评选是《高校理论战线》杂志为庆祝创刊五周年而举办的，也是首届评选。评选范围是杂志创刊五年以来所发表的500多篇文章，计划评选出17篇优秀论文，分别授予"优秀论文荣誉奖"和"优秀论文奖"。最后，共有4篇论文获优秀论文荣誉奖，13篇获优秀论文奖。获奖论文篇目及其作者都刊布在《高校理论战线》1993年第3期。王元骧发表于《高校社会科学》(《高校理论战线》曾用名)1990年第2期的《论审美感受》一文荣获优秀论文奖。

6月,在《文艺理论与批评》第3期发表《关于文艺理论研究的方法问题》一文。

> 研究方法是认识主客体之间的认识中介。立足于这一认识,论文先梳理了我国文艺理论研究在方法问题上的经验教训:1985年以前,我国的文艺理论研究以哲学、社会学的观点直接取代对文艺的具体认识,存在着研究方法上的抽象性;1985年,摒弃哲学、社会学的方法,转而直接以自然科学的、心理学的和语言学的方法建构文艺理论体系,研究方法也是抽象的。文艺的研究既然必须从文艺自身出发才能找到研究主客体之间的科学中介,而文艺作为特殊的社会意识形态,是感性存在物,是多因素构成的有机综合物,那么只有通过不同角度、不同因素的综合研究才能科学地对它进行研究。西方文艺理论研究既往的知性分析法和我国传统文艺理论研究的直观整体把握法都不能有效地推动文艺理论研究,因为这些研究方法都不够辩证。从而,只有立足唯物辩证法,把一般、特殊和个别这不同层次的认识综合起来才能更好地认识文艺。随后,论文具体探讨了文艺理论研究的辩证认识方法问题。概括地说,从揭示了文艺根本性质的"一般"的抽象认识出发,按一般、特殊、个别的顺序依次不断深化认识,就是文艺研究的辩证方法。具体地说,在一般层面上,文艺作为社会的意识形态,是一定的社会生活在作家、艺术家意识中能动反映的产物。在特殊性层面上,文艺不同于其他的社会意识形态,是人对世界进

行艺术掌握的活动,它以在文艺家的意识中构成鲜明生动的审美意象为目标。对世界的艺术掌握具有如下特点:以艺术情感的活动为根本决定了艺术掌握的感性、个人性特点;以设身处地的情感体验为活动方式;艺术掌握不仅是认识性的,同时还是实践性的意志活动,即通过对感性材料的改造、加工来实现自己的实践目的的活动。在个别性层面上,特定的艺术门类不同于其他艺术门类,是特定艺术语言和形式的活动。首先,艺术的内容不是抽象地存在着的,它一开始就与特定的艺术语言和形式结合着;整个艺术构思活动还包含着运用艺术史上优秀的艺术语言和形式传统对审美意象的加工、改造。其次,艺术创作中的传达,需要艺术家在艺术语言和形式方面殚精竭虑,精益求精。最后,艺术语言和形式在艺术发展中具有一定的独立性。最后,论文还进一步探讨了唯物辩证认识在不同认识层次间的综合,提出了两条重要的研究原则:一、在一般、特殊和个别三个层面的研究中,后一层面的研究必须建立在前一层面研究的基础上,以前一层面的研究为前提;二、后一层面的研究反过来又制约着前一层面的研究,使前一层面的研究,由于获得种种规定,不断地得到丰富、充实,而不至于流于抽象、空泛。

7月10日,在《文艺报》发表《也谈美学的和历史的批评》一文。该文后被人大复印报刊资料《美学》第8期全文转载,全文收入《走向新世纪的中国文学:理论批评文选(上)》(中国作家协会理论批评委员会编,作家出版社2002年版)。

美学的和历史的批评的统一是马克思主义文学批评的

经典方法，该文主要谈了王元骧自己对此问题的认识和理解。首先，是马克思主义文学观念决定着文学批评的方法，即把文艺看成一种特殊的社会意识形态决定了文学阅读和批评必须运用历史的批评方法来分析、认识作品；而同时，文艺又是审美价值，这决定了必须立足于形象感受，通过体验和领悟文学形象才能直接欣赏作品。随后，论文具体探讨了两种批评方法的内涵及其辩证统一关系。在王先生看来，历史的批评方法并不是简单的历史观点，而是以历史唯物主义为指导的文艺批评方法，它同时也是美学的：从联系、发展的观点来认识文艺作品中人物性格的形成和特点，同时深入把握阶级性格的复杂性。美学的批评方法同样也不是仅仅在文艺批评中重视艺术规律和艺术形式特点，一方面承认美与真、善的内在联系，不把美看成永恒不变的艺术特性；另一方面深入到以历史唯物主义哲学为理论指导的深度，坚持革命的、现实主义的美学观是美的批评方法的本质规定性，即必须把人民群众，特别是新世界的创造者、觉悟了的无产阶级当作文艺作品的表现重心。

8月，在《高校理论战线》第4期发表短文《创建有我国特色的马克思主义文艺理论》。该文为本年"高校理论战线优秀论文奖"颁奖大会上的发言。

短文客观评价了改革开放以来我国从西方大量引入文艺理论所具有的积极意义，同时指出这种理论引进存在两个严重的问题：一、忽视了文艺理论的意识形态性质，没有认识到西方文艺理论中所反映的非理性主义、个人主义、唯美主义等与社会主义思想观念和价值观念的根本冲突性；

二、对西方文艺理论唯"新"是从，而没有意识到真正的理论创新是建立在真正的科学创见上的，把西方文艺理论中几十年甚至上百年前的东西当作"新理论"去崇拜，不是真正的理论创新。由此，作者指出，创建有我国特色的马克思主义文艺理论非常不容易，需要学者甘于寂寞，勇于探索，需要杂志编辑的扶持。

10月28日，姚文放在《中国图书评论》第5期发表《把握文艺本质的"反映—中介"论视界——读〈审美反映与艺术创造〉》一文。

该文高度肯定王元骧在《审美反映与艺术创造》一书中对文艺本质问题的深刻认识。作者认为，在坚持文艺反映论这一科学的文艺观念的前提下，王先生抓住了文艺与社会生活之间社会心理的中介，作家审美心理中介以及文艺形式、文艺语言的中介，层层深入建构起了认识文艺本质的"反映—中介"论视界，充分把握了文艺本质问题的复杂性。作者认为王元骧的这部著作既具有理论的前沿性，同时又具有理论的现实性，明显优于同类著作。

本月，事实上由王元骧主持编写的《文学概论教学大纲》在高等教育出版社出版（署名国家教委社科司编）。

1990年，国家教委委托王元骧主编普通高校中文系《文学概论》教材。这是"八五"期间全国统编的一部重点教材，也是唯一一部中文专业的。根据该书《后记》可知，王元骧组织了由王岳川、张德兴、金健人、谭浩哲和赵宪章五位中青年学者组成的编写队伍，还先后召集了两次专家讨论会，另外邀请了包忠文、狄其骢、朱立元、胡经之、郁沅、冯宪光、张德林、王先霈、孙文宪、徐辑熙、胡山林、俞本荣和姚文放等同志参加会议讨论,但由于教材编写组内部意见不统一,最后只出版了这个课程大纲。

11月,与杨成寅、成立二人共同主编的《毛泽东美学思想概论》一书由中国美术学院出版社出版。

　　本书由浙江省美学学会组织编写,王先生作为学会副会长,也是撰稿人,参与撰写了第二编"毛泽东的艺术美学思想"中的第八章"毛泽东论现实美与艺术美"。本书出版后,1994年2月11日的《人民日报》第8版"大地书讯"刊发消息:"杨成寅、王元骧、成立主编的《毛泽东美学思想概论》由浙江美术学院出版社出版。"

12月2日,参加在杭州举办的"纪念毛泽东诞辰100周年文艺理论研讨会"。

　　研讨会由省文联与省文联文艺研究室共同组织。据《浙江日报》12月3日第1版范豪群所写简讯,浙江省40多位文艺界知名人士参加了研讨会——"黄源、王元骧、史莽、顾锡东、沈祖安、胡小孩、周大风等在会上畅所欲言,从戏曲、舞蹈、音乐、摄影、文学、美术等领域探讨如何在新形势下坚持和发展毛泽东的文艺理论思想,提出要把学习毛泽东文艺理论思想和当前学习《邓小平文选》第三卷结合起来,进一步繁荣社会主义文艺创作。"

1994年(甲戌年) 60岁

1月,《文学原理》(浙江教育出版社1989年版)和《审美反映与艺术创造》(杭州大学出版社1992年版)被《中国二十世纪文学研究论著提要》(乔默主编,北京大学出版社 1994 年版)收录。

5 月,事迹被收入《中国当代教育名人大辞典》(陈世明主编,陕西师范大学出版社 1994 年版)。

8 月,在《江海学刊》第 4 期发表《艺术掌握方式之我见》一文。该文后被人大复印报刊资料《文艺理论》本年第 11 期全文转载。

> 对马克思在《〈政治经济学批判〉导言》中所提出的"对世界的艺术的掌握"这一概念,文艺理论界当时在认识理解上存在比较大的争议。论文开宗明义,指明争议的核心:"艺术的掌握、宗教的掌握、实践—精神的掌握"究竟是与"理论的掌握"相并列的三种不同的方式,还是实则只是一种方式?
>
> 作者认为,四种掌握方式的二分说,主要面临三个理论难题。首先,从"掌握"的定义上看,"掌握世界"是指使世界呈现于大脑中的方式,这仍旧隶属于认识论的研究领域,而不是实践论的讨论范围。其次,既然"掌握世界"既然是一种精神活动,那么"实践—精神的掌握"中,实践与精神的关系明显就是偏正关系,而不是并列关系。最后,"宗教掌握"很难说具有朱光潜、朱立元所说的"物化,使其具有感性形式"的实践性的内涵。由此,作者否定了涅多希文等人的"二分说"
>
> 随后,论文立足实践论视角阐发了自己的观点。作者指出,实践—精神的掌握方式,是指人在亲身实践中通过观察和体验所实现的精神上对世界的占有,它是其他掌握方式的基础,其活动带有自发性和朴素性。理论的掌握,是以抽象概念为起点,逻辑推理、通过理论体系的建构而实现对

世界的把握的方式。其活动源自经验事实，但最终超越了经验世界，具有一定程度的抽象性。宗教的掌握，是因人对世界的精神掌握出现了迷惑，走入歧途而形成的，即人信仰、膜拜超自然的神力，试图借助于神力来掌握世界。对世界的艺术掌握，是通过艺术家的审美感受和体验来实现的。艺术家个人的情感评价、审美体验带有经验性，这决定了对世界的艺术掌握与实践—精神掌握具有一定的类似性；但艺术家的情感体验、想象创造，始终不脱离艺术对象的感性存在，因此其对世界的掌握更具体、更丰富、更生动。这与实践—精神掌握和理论掌握都要达到掌握的深入、系统有所不同。自然，艺术掌握的感性具体，并不意味着它不需要理性内涵上的深化；相反，艺术家的艺术概括同样在追求感悟的深刻和体悟的深广，只不过它是通过不脱离形象和情感的方式来实现作品理性内涵的深化的。这就决定了艺术掌握在不同于实践—精神掌握、理性掌握的同时，还有与它们内在相通的一面。总之，作者强调，马克思所提出的人的精神掌握世界的四种方式构成了人掌握世界的一个系统，只有在彼此的比较中才能更好地认识每一种掌握方式的特点。把艺术掌握、宗教掌握与实践—精神掌握看作一种方式，无法准确地认识和理解包括艺术掌握在内的每一种掌握方式。

最后，论文还特别探讨了艺术掌握的实践性特征问题。作者指出，实践作为把主体目的、愿望实现于对象上的感性活动，一种由主体内部意识到客观外部事实的对象化的活动，它在艺术掌握中主要体现在最终的艺术传达上。只不过，艺术掌握，甚至人对世界的所有掌握方式都产生于人的实践活动,因此艺术掌握的需要和目的都与人的实践活动紧密相关。另外,艺术传达与艺术掌握也是相互依存、相互影响的,艺术传达影响、制约着艺术掌握活动。具体地说,艺术掌握的实践性主要体现在以下几个方面:首先,艺术掌握是从人的实践活动中产生的,所以艺术掌握应当从主客体关系中来认识,即艺术主体只有在拥有一定的审美观念、审美理想,以及艺术语言和形式修养的前提下,借助这些中介作用才能够展开对世界的艺术掌握活动。其次,艺术掌握以艺术家的审美体验为中介,这决定了艺术主客体的活动必须以艺术家本人的实践经验为基础。最后,艺术掌握过程中,艺术语言和形式作为媒介发挥着重要的同化世界现象的作用,并直接指向审美意象的外化。

8月,在《玉环文史资料》第9辑(在外地玉环人专辑)发表散文《我的学术生涯》。

> 该文写于1992年春节,是王元骧对自己学术道路的简单回顾。自1958年大学毕业到杭大工作后,王先生是因为工作的需要才很偶然地走上了文艺学、美学研究的道路。从"文革"前后最早对典型问题的研究成功发表在《文学评论》杂志上开始,到编写《文学原理》这部教材,再到批判、扬弃刘再复的文学主体性理论,坚持审美反映论的理论探索,该文初步总结了自己的学术探索之路,向家乡父老汇报了自己多年来的一些学术成绩。

12月21—23日,浙江省社联第三次代表大会期间公布浙江省第六届(1991—1992)社会科学优秀成果奖评选结果并颁奖。王元骧的论文集《审美反映与艺术创造》(杭州大学出版社1992

年版)荣获浙江省第六届哲学社会科学优秀成果奖一等奖。

1995年(乙亥年) 61岁

1月23日,母亲辞世。王母享年88岁,一生劳苦仁慈,备受邻里乡亲爱戴。

5月21日,在杭州参加蒋礼鸿先生追思会。

> 蒋礼鸿,字云从,著名语言学家、敦煌学家。5月9月辞世后遗体捐献医学科研事业,5月21日设衣冠冢举行葬礼。

5月29日,在《文史哲》第3期发表书评《评〈文艺学新论〉》。此文后被人大复印报刊资料《出版工作、图书评介》本年第9期全文转载。

> 山东大学狄其骢、王汶晨和凌晨光合编的《文艺学新论》是一部颇有新意的文艺理论教材。王元骧高度评价此书为有中国特色,同时能反映文艺理论研究最新成果的马克思主义文艺理论著作,并对其特色、优点与不足进行了客观评价。作者认为,此书有三个方面的特色。首先,在观点上,坚持了"出新不出格"的原则。"出新不出格"是教材编写者的追求,客观上也得到了很好的落实。教材编写者认同马克思主义思想的理论指导,同时用它来对各种文艺理论新流派、新观点进行理论鉴别、分析,汲取其合理之处,同时严格批评其失误。其次,在研究方法上,体现了分析与综合的统一原则。论文指出,教材编写者所提出的"文艺学的对象是一个整体",因此应该在整体把握的前提下进行分析,在分析的基础上走向综合,这一方法论观念非常科学,极富理论和现实意义。而且教材很好的贯彻了这一研究方

法。论文以"文学是人学"这一传统命题为例,认为教材把人放到社会、文化、语言、艺术的这一系统中来认识文学的人学特质,以及文学在人学中的位置,真正做到了对"文学是人学"的创新性理解。最后,在文风上,体现了实事求是,严谨朴实的治学态度。论文指出,文艺理论界近些年的学风不正。在这种背景下,该教材的严谨朴实尤显可贵。书评的最后,作者也客观地指出了教材的几点不足:教材的篇幅过大;分析与综合的有机统一,个别地方没有处理好;从整体性和完整性上看,教材还有进一步提升的空间。

7月,国家社科基金项目"文艺的实践本性研究"(95BZW001)立项。

8月1—4日,在山东济南参加中国中外文艺理论学会和山东师范大学联合主办的"走向21世纪:中外文化与文艺理论国际学术研讨会暨中国中外文艺理论学会成立大会",当选第一届理事,提交论文《从认识与实践统一的观点看文艺》并发言。

论文后发表于《文艺研究》本年度第5期,并被全文收入钱中文与李衍柱主编的《文学理论:面向新世纪》(山东人民出版社1997年版)一书。发言《文学:应作为整体审视》,收入《中外文化与文论(1)》(四川大学出版社1996年版)。

据李乾坤、刘清海和张宏福所写会议综述《走向21世纪:中外文化、文艺理论国际学术研讨会综述》,王元骧会议发言内容大体如下:"在理解文学的性质时,应该从认识和实践相统一的观点出发,把创造与接受、潜本质与显本质、作品与功能、'体'与'用'结合起来,当作一个整体来进行审视,这是建设科学的、完整的、有中国特色的文学理论所应当追求的方向。"

9月，在《文艺研究》第5期发表《艺术是认识与实践的统一》一文。该文即8月参加学术会议的会议论文《从认识与实践统一的观点看文艺》。

> 论文指出，局限于认识论哲学观念导致了人们对马克思主义哲学的僵化理解，这是导致马克思主义文艺理论研究陷入僵化、被人们轻视的理论原因。作者强调，超越认识论哲学的思维，马克思主义哲学实际上主张人的活动——包括艺术活动在内——是一个以目的为中介而构成的认识与实践的双向递反的流程，一个动态的结构。这是马克思的辩证唯物主义不同于旧唯物主义的根本特征，也是马克思主义哲学的精髓所在。以之为理论基础，艺术在性质上也是认识与实践的统一，它的位置也如"目的"一样处于认识与实践统一的交汇点上。然后，论文着眼于意识形态性质的复杂性，认为意识形态的价值性应该上升到实践性来把握，因为价值"应如何"是指向对社会现实的实践改造的。由此，文艺意识形态的道德、政治功能等社会功能得到了反思。过去，局限于认识论哲学，文艺意识形态的道德、政治功能被功利化的认识、强调，这就抹杀了文艺的审美特性。而从文艺的性质是认识与实践的统一来看，文艺一方面是对社会生活的反映，这对于认识文艺来说无论如何是不能缺少的认识维度；但另一方面，文艺创作活动作为审美情感推动下通过艺术想象对审美意象的创造，作家的审美观念发挥着重要的主导作用，这就决定了文艺对社会生活的反映中同时包含着对社会生活的"应是"的憧憬与向往。由

此,艺术美是反映与评价、认识与实践的统一。进一步,艺术美通过对读者的审美感染,还能够潜移默化地影响读者的人生意志,作用于其现实的实践活动。这样来看,把创作与阅读结合起来,在文艺的"体用一体"中文艺的实践性就得到了集中体现,这也是文艺意识形态所具有的社会功能的客观作用机制。最后,论文还通过探讨马克思所提出的"艺术掌握"概念,对文艺活动性质上的认识与实践的有机统一进行了深入探讨。论文指出,"掌握"作为把世界呈现于意识的活动,本身就是认识、反映活动;但精神上的"占有"世界,还包含着赋予其存在形式,将之"对象化"的实践性内容。就文艺创作来说,审美意象的营构是通过生活素材的提炼加工与文学语言的推敲美化而实现的,这恰恰是一种实践创造活动。

11月,在《文学评论》第6期,发表长文《艺术的实践本性》。该文后被人大复印资料《文艺理论》1996年第4期全文转载,又被《中国语言文学资料信息》1996年第3期转摘。该文1996年7月获1995—1996年度浙江大学董氏基金优秀成果奖三等奖。1999年11月,又获浙江省第八届哲学社会科学优秀成果奖二等奖。收入《浙江大学董氏基金获奖论文选(1992—2002)》(沈善洪、楼含松选编,浙江大学出版社2003年版)。

论文首先反思了我国现当代文艺理论研究长期以来在艺术实践本性研究中所存在的问题。作者认为,长期以来人们习惯从认识论哲学的视角来探讨文艺的认识本性;朱光潜在50年代曾尝试性地关注文艺的实践本性,但这种研究仅局限于对艺术的劳动创造过程的研究,并不完善。

作者将之归因于在哲学观念上割裂认识与实践的辩证统一关系，不能把两者统一起来。认识与实践辩证统一关系的割裂，在认识论研究中导致无法看到认识的目的在于实践；在实践论上看不到实践目的和行为方式的选择是构成实践活动的必要环节。反映在文艺理论研究中，认识论哲学视角下的艺术研究，看不到艺术满足人的精神需要，以及通过审美情感作用于人的人生实践的发动、控制和调节的作用；实践论视角下的艺术研究仅仅局限于艺术创造的探讨，不能看到艺术欣赏能动地改变读者精神世界的心理素质，并影响其意志活动进而间接地改造现实世界的功能。接下来，论文正面集中探讨了艺术的实践本性，特别是艺术欣赏通过影响人的意志，进而影响其人生实践的这一方面内容。艺术的实践本性，包括创造作品和通过改造人，最终改造世界的双重内容，其中后者是以往的文艺理论研究有所忽视的。一定程度上借助于康德的道德哲学对人的实践理性的认识，作者认为，艺术美通过作用于艺术欣赏者的"实践理性"，能够为其人生实践起到正确的价值定向作用。自然，艺术的实践功能并不具有直接的现实性，它只是通过审美感染激发艺术欣赏者对作品中所肯定的人生理想产生认同和憧憬。但非常明显，艺术欣赏的这种精神影响作用，通过强化人的自我意识，还是能够为其人生实践建立普遍而自由的行为原则。最后，论文深入探讨了艺术的实践本性反映在其功能实践中的机制问题。人的心理是知情意统一的整体存在，情感的变化会影响到认识和意志，比如对认识的结论产生强烈的认同，真正化成自己的思想体会；比如激发意志行为等等。艺术作为认识与实践统一的"目的"中介，其实践本性体现出来的机制主要在"内化作用"和"外化作用"两个方面。在内化作用方面，审美情感体验促进下的直接认同和自我意识强化，有助于人形成真正的人生信念和理想，增强人生实践的自觉性。在外化作用方面，审美情感体验在直接激发人生实践的同时，还有助于人们形成对于生活的一种稳定而持久的情感体验，从而深刻地影响人的人生实践意志。

该文发表后也产生了不小的学术影响。俞兆平在《文学评论》1997年第3期发表了商榷短文《马克思的实践观点有别于康德的实践理性》，认为该文对马克思实践唯物主义"新认识论"的认识缺少实质性的理论突破，对朱光潜的批评在论证方法上存在瑕疵。

12月15日，论文集《审美反映与艺术创造》（杭州大学出版社1992年版）获国家教委全国高等学校首届人文社会科学研究优秀成果奖一等奖，王元骧赴北京人民大会堂出席颁奖大会。王元骧的著作与姜亮夫的《楚辞通故》、蒋礼鸿的《敦煌变文字义通释》同获国家级科研一等奖，极大地提高了杭州大学的科研声誉。

本年，王元骧事迹被载入《浙江社联年鉴·1995》（浙江省社会科学联合会办公室编）之"人物小传"。该小传高度评价王元骧先生对马克思主义文艺学研究的学术推进。

1996年（丙子年）62岁

1月15日《浙江日报》、18日《杭州日报》报道了王元骧《审美反映与艺术创造》等荣获国家教委全国高等学校首届人文社会科学研究优秀成果奖的情况。

1月22—26日,赴广东、海南参加"20世纪文艺理论回顾与展望学术讨论会",并作学术发言。

> 此次研讨会由暨南大学发起,湛江师范学院、海南师范学院联合主办,在广东省湛江市、海南省海口市两地召开。据晓弓《"20世纪文艺理论回顾与展望"学术讨论会综述》(《中国比较文学》1997年第1期):"王元骧就文艺研究的范式问题指出,要建立科学的马克思主义文艺学,应当注意处理思辨性与体验性、中国文论与西方文论、现实主义与浪漫主义的关系。"另据陶原珂《跨越世纪的思考——"20世纪文艺理论的回顾与展望"学术研讨会综述》(《学术研究》1996年第5期),王元骧学术发言的概况如下:"针对'苏联模式'用比较单一的社会、历史观来看待和分析文学这一特点,有的学者把自己超越'苏联模式'的过程概括为这样三个阶段:(1)认识到文学与科学的区别在于内容,不在于形式,科学只反映知,文学则是知与情的结合,其反映论是情感反映论;(2)认识到艺术离不开形式,艺术家用艺术的形式反映自己体验到的社会生活,但是,文学艺术作为认识的形式是蹩脚的,作为指导实践的向导也是蹩脚的;(3)认识到目的确定结构,艺术创造的目的本身就是有价值的东西。由此而达到一种动态统一的超越境界:即实现认识论与实践论的统一,形式与内容的统一,目的与手段的统一。"

本月,获聘中国中外文艺理论学会会刊《中外文化与文论》编委会成员。另外,去年8月参加"走向21世纪:中外文化与文艺理论国际学术研讨会暨中国中外文艺理论学会成立大会"时的会议发言短文《文学：应作为整体审视》，收入《中外文化与文论(1)》(四川大学出版社 1996 年版)。

春季，指导硕士研究生郭明皎、梁慧完成学位论文并通过答辩。郭明皎论文题目《论艺术目的性》，梁慧《试论审美乌托邦的嬗变——康德审美中介学说及其现代效应》。

3 月 1 日，在《文艺报》第 3 版"理论与争鸣"发表《艺术动态研究论纲》一文。

该文首先界定了动态研究的内涵，指出把对象当作一个活动过程，对其发生、发展和完成的所有方面进行考察，就是动态研究。而活动是指确立目的，为了实现目的而采取的一系列动作的总和。由此，人的认识和实践这两种活动就又以"目的"为中介而构成了一个活动整体。该文就是以对活动整体的动态研究为理论基础来对艺术活动展开动态研究的。作者指出，把创作、作品和阅读有机统一起来，当作实现艺术目的的整体过程来看，就是艺术的动态研究。在此视角下，艺术作品作为沟通创作与阅读的中介，类似于沟通认识与实践的实践目的，其性质是认识与实践的统一。这就决定了，艺术的动态研究要把作品研究当作研究中的核心环节，从创作与阅读的统一来进行把握。艺术作品不只是"知识"，它还是导向阅读活动的"价值"，其性质是知识与价值的统一。更进一步，创作活动也不能孤立起来看，应该联系着阅读，看作对读者阅读的呼吁；阅读也同样应该联系着创作，当作与作家的对话。如此一来，就在理论上突破了对创作的静态关注，也超越了接受美学对阅读的孤立认识。这篇论文篇幅不长，但对理解王先生的文艺理论观念有比较重要的理论启示意义。

本月,王元骧生平事迹被收入《中国专家》(专利文献出版社1996年版)一书。

6月18日,出席在浙江杭州召开的"叶文玲创作研讨会"并发言。此次研讨会由杭州大学中文系与浙江文学院联合主办,来自南京、上海和本省文学界的知名学者、批评家以及杭州大学中文系从事现当代文学教学和科研的中青年教师、研究生共计60余人参加了研讨会。

7月,在《文艺理论与批评》第4期发表《黑格尔纯认识论文艺观的得与失》一文。

黑格尔美学作为德国古典美学的集大成,"从理性认识来理解文艺活动"的做法集中反映了西方认识论文艺观的特点。论文试图通过对黑格尔文艺观的反思和批判来客观地认识、评价认识论文艺观的得失,有其深刻之处。

论文首先对反思黑格尔纯认识论文艺观的意义进行了论证。作者强调,黑格尔的文艺观是欧洲认识论美学和文艺理论思潮影响的结果。同时,黑格尔的思辨哲学也是欧洲传统的认识论哲学的高峰,他的文艺理论和美学思想就是其思辨哲学的构成部分。因此,黑格尔虽然在其理念哲学中多次论及实践问题,但他的实践思想只是其认识论哲学的构成部分,他认为艺术和宗教、哲学一样都起源于人的自我认识的需要,从性质上看是认识性的。虽然,从认识论的角度来理解艺术是必要的,黑格尔还在文艺理论和美学思想中高度强调了人的主体性的重要意义,但他把人只看作认识理性主体,这种对人的理解是抽象的,对艺术性质的认识也存在严重的理论局限。艺术的认识不能仅仅局限于认识论、知识论,还应当从价值论、实践论来考察。

随后,论文客观肯定了黑格尔纯认识论文艺观的理论优点和贡献。作者指出,客观上看黑格尔纯认识论美学具有如下优点:1.强调艺术的感性存在与理性意蕴的辩证统一性;2.肯定艺术的理性内容与感性形式的辩证统一性;3.强调"理解力不能掌握美",理解力作为知性认识能力,不能从对立面的相互依存、相互影响和相互转化来认识艺术的有机统一性。

论文最后着重揭示了黑格尔纯认识论文艺观的缺陷。把人看作理性主体,认为艺术只是追求真理,向人提供知识的精神活动,这就忽视了实践论、价值论角度的考察。首先,在艺术本质上,把艺术和科学等同起来,导致黑格尔不能正确地认识情感、意志及其对艺术的重要意义。其次,在创作论上,不能充分认识和正确地评价审美想象的地位和作用。在审美情感的激发和推动下,致力于审美意象的构造才是审美想象在艺术创作中的功能,而纯认识论文艺观则只关注审美想象把理性内容与现实形象融会统一起来的作用。最后,在艺术接受上,没有看到审美与意志的本质联系。审美不直接产生实践的行为,但能够充实和强化意志的内部环节,进而直接作用于生活实践。

本月,发表于《文学评论》1995年第6期的《艺术的实践本性》一文获浙江大学董氏基金优秀成果奖三等奖。

10月,在《杭州师范学院学报》第5期发表《立足反映论,超越反映论——谈我对苏联文艺学模式的认识历程》一文。该文根据年初参加"20世纪文艺理论回顾与展望学术讨论会"时的学术发言稿整理而成,后被人大复印报刊资料《文艺理论》1997年第2期全文转载。

论文把"苏联文艺学模式"扼要地界定为纯认识论（或者说科学主义）的理论模式。这种理论模式的优点在于坚持反映论原则，强调文艺与生活和群众的血肉联系，重视对文艺学开放的研究等。理论局限主要在于：一是把认识与实践分裂，在文艺观念上没有看到文艺反映生活的目的在于改造生活，无法正确地认识文艺的实践功能；二是即使是纯认识论视角的研究，也没有实现辩证认识，把一般、特殊和个别统一起来，只是在一般与个别的层面上抽象地认识文艺，忽略了对文艺的特殊性质与特殊规律的把握。

　　随后，论文重点对自己逐步超越苏联文艺学旧模式的过程进行了历史性反思。第一步，形成艺术审美反映论的观点，初步摆脱了苏联文艺学模式，自己在上世纪80年代对艺术情感特性的深入认识就属于这一阶段。第二步，对艺术的实践本性有所认识。一方面，开始注意到艺术创作中审美意象的物化传达的重要性；另一方面，认识到了文学语言、形式等在艺术构思中的突出重要性。第三步，超越单纯的艺术传达视角来认识艺术的实践本性。从实践概念原本是个伦理学的概念，它直接关系着人的行为准则出发，在关注艺术创作作为艺术家实现自己人生价值的自觉活动的同时，把艺术欣赏当作艺术创作本性的功能体现，认为它本质上是艺术家人生价值意识作用于艺术欣赏者的实践理性的精神活动。由此，在对艺术实践本性的认识中把创作、作品和欣赏统一起来，从而超越了苏联模式的纯认识论观念，不再把艺术欣赏仅仅看作艺术创作的认识活动的附属环节。

　　最后，论文还对自己观点的所谓"转轨"说进行了辨析和辩护。作者指出，自己的认识并未"转轨"，而是一种丰富和完善；自己实际上主张的是从认识性与实践性的统一来认识艺术的本质。艺术的反映包括"是什么"和"应如何"两种反映方式，这两者在艺术反映中原本是辩证统一的。充分认识艺术的实践本性，把艺术的认识性和实践性统一起来，是建构有中国特色马克思主义文艺理论的新路。

10月17—21日，赴陕西西安参加中国中外文艺理论学会、中国社会科学院文学研究所和陕西师范大学中文系联合举办的"中国古代文论的现代转换学术研讨会"并发言，提交会议论文《试论古代文论的"现代转换"》。提交会议论文《试论古代文论的"现代转换"》。

> 据屈雅君《变而通，通则久——"中国古代文论的现代转换"研讨会综述》（《文学评论》1997年第1期）："王元骧认为，要适应转换。古代文论是一种资源，要根据现实要求、文化走向，进行新的创造。中国古代文化解决天道与人道，西方的文化只讲人道，所以科技发展快，要使科学与人文统一。"

11月，向本月5日在四川联合大学召开的"全国建设有中国特色社会主义文化理论研讨会"提交了会议论文《文化与意识形态刍议》。该文后发表于《高校理论战线》1997年第7期，并收入会议论文集《建设有中国特色社会主义文化理论文集》（黄楠森、王仲士主编，四川人民出版社1997年版）。

年底，受邀审读与鉴定朱立元主编的教育部"面向21世纪课程教材"《当代西方文艺理论》并给予好评。

1997 年(丁丑年) 63 岁

1 月 17 日,在《学术研究》第 1 期发表《试论古代文论的"现代转换"》一文。该文原为参加"中国古代文论的现代转换学术研讨会"时所提交的会议论文,后被《高等学校文科学报文摘》1997 年第 3 期转载,人大复印报刊资料《中国古代、近代文学研究》1997 年第 4 期转载,收入《中国古代文论的现代转换》(钱中文、杜书瀛、畅广元主编,陕西师范大学出版社 1997 年版)。

作者指出,建设有中国特色的马克思主义文艺理论,应该遵循"古为今用"的原则,对古代文论进行有鉴别的吸收、改造和利用,立足于现实,从现实的要求出发,回答现实向文学理论提出的问题。而当今的社会现实中,经济发展造成的物对人的挤压与奴役是极为严重的,因此马克思主义哲学研究应把人的问题当作"中心问题",文艺理论研究也应该重新高度重视"文学是人学"这一命题。反思西方文艺理论的总体发展,应该重视德国康德美学重视人的实践理性对纯认识论文艺观的扭转,尤其是康德之后的西方人文主义文艺思潮,与科学主义相对峙,关注人的存在和生活,这种理论转变应该引起重视。

随后,论文结合中西哲学观念的不同,具体比较了中西传统文论的差异。论文指出,西方自古希腊直到近代,随着认识论哲学的发展,"主客二分"理论的提出和确立,纯认识论文艺理论发展到极致。人的理性化与文艺的知识化造成了西方文艺理论的偏颇发展。我国古代的"哲学思想",一直是人生论的,它的思想基础是"天人合一",反映在艺术精神中就是对"意境"的推崇,流行的是感悟的、直觉的思维方式。这与西方哲学和文艺理论提倡知性分析和理性综合是完全不同的。自然,我国古代哲学推崇的"天人合一",与其展现出来的人文精神,也有其明显的理论局限,即它没有经过自觉主体意识的中介,没有经过知性分析和理性综合的把握,尚带有鲜明的原始思维的性质和特征。

最后,论文讨论了遵循辩证逻辑的方法,对我国古代文论进行"现代转换",以实现"古为今用"的做法问题——可以分两步来走:第一步,以科学的观点、现代的眼光,对古代文论进行整理、阐释,通过与西方文论进行比较研究,认清其优缺点,以决定我们对之如何进行有批判的吸取;第二步,根据我国现代文论自五四以来移植西方体系,特别是接受苏联文学理论模式所带来的某些弊端,如纯认识论、唯科学主义的倾向等等,有针对性地吸取我国古代文论中的一些优秀的成果来加以克服和弥补。

1月20日,在《浙江日报》第11版"学习周刊版"发表《文化与意识形态的辩证关系》一文。

该文首先肯定文化的特质就在于它具有价值性,这就决定了文化与意识形态的统一性。但文章同时指出,文化具有意识形态性是从根本上说的,这不等于说两者完全相同。文化从性质上看是阶级性、民族性和人类性的对立统一。总之,该文一方面重视文化的存在发展相对于意识形态的独特性,认为文化在增强民族凝聚性方面有其独特作用;一方面又强调文化的建设和发展应该有其意识形态方面的考虑。当前,我们的社会主义文化建设要明确"复古主义"和"全盘西化"是错误的,同时要高度警惕西方资本主义文化的渗透和腐蚀。论文认为,只有民族的、科学的和大众的社会主义文化才是我们社会主义政权和制度的保护屏障。

本月,《文艺的"二为"方向与文艺家的创作自由》一文被收入《毛泽东思想若干问题研究》(浙江省社会科学界联合会编,杭州大学出版社1997年版)一书。

该文深入剖析了学习毛泽东文艺思想对认识文艺"二为"方向与文艺家创作自由之间的矛盾关系所具有的思想启示意义。作者强调,文艺为人民服务,为社会主义服务作为社会主义文艺创作的方向是由文艺的根本性质所决定的。文艺作为一种社会意识形态,决定其创作活动必然承担、履行着特定的社会责任。文艺作为特殊的社会意识形态,它又是美的,这就决定了文艺活动不具有直接的功利目的,不能直接看作政治的工具。接下来,论文具体分析了坚持创作自由,反对文艺活动的"二为"方向的错误所在。作者指出人与动物的区别就在于其活动的意识性、目的性,文艺创作活动也不例外。虽然文艺创作具有一定的自发性,但伟大的作家、艺术家都是有强烈的公民意识,自觉的社会责任感和使命感的。发自内心的创作冲动,决定了创作的真诚性,这是文艺创作成功的首要条件。但不能由此否定文艺家创作的社会责任感、使命感,文艺创作的自发性和无意识性实际上是文艺家把履行社会责任、承担社会使命化为了创作的自觉追求后形成的。最后,论文探讨了如何把文艺的"二为"方向与创作自由统一起来的问题。作者强调,这里的关键在于文艺家对人民大众、对社会主义事业的感情是怎么样的,认为毛泽东同志强调文艺为工农兵服务,首先要求文艺家在感情上与人民大众打成一片在这一问题的解决上有重要的理论贡献。自由来自于真与善的辩证统一,即把"外在的必然性"化为"主观的自觉追求",从而创作自由不是个体的创作自发性、无意识性,而是为人民大众、社会主义事业服务的自觉性。总之,作者要求我们认真学习毛泽东同志重视文艺家在思想情感上与人民大众打成一片的主张,倡导在坚持文艺"二为"方向的前提下来认识创作自由。

春季,指导杨世真、龚山平和陈荣贵完成硕士学位论文并通过答辩。三人的论文题目分别是《论"大众文化"时代艺术性质的变化》《人性分裂的审美救赎——试析康德与席勒的审美主义思想》《当今文学批评的困境与批评家的职责》

4月,在《中外文化与文论(3)》(四川大学出版社 1997 年版)发表《把"感性的具体"上升到"理性的具体"》一文。此短文为其在"中国古代文论的现代转换学术研讨会"上的会议发言。其主要观点已经包含在《学术研究》本年第 1 期发表的《试论古代文论的"现代转换"》一文中。

> 该文主要强调文论研究是从民族文化背景出发的,认为我国古代文论的"现代转换"需要学习西方文论的理性分析、科学认识这种研究方式。论文以"情景交融"为例指出,西方文论同样强调情景的统一融合,不过西方人的认识是以"天人对立"为思想前提,在认识论或者创作论中来进行把握;而我国古人是在"天人合一"的思想基础上,在认识论

和人生论中来认识。我国古代文论主张，人的以人生经验为基础的人格境界借助特定的景物表现出特定的人生体验感受就会形成作品的"意境"。我国古代文论的观点主要是经验性的感性认识，其观点需要学习西方文论通过理性分析而达到"理性的具体"的认识方式进行"现代转换"。

同月，郑小明、郑造桓主编的《杭州大学教授志》（杭州大学出版社1997年版），对王元骧教授的教学工作、科研成就和学术头衔等有概括性的介绍。

5月，俞兆平在《文学评论》第3期发表了《马克思的实践观点有别于康德的实践理性》一文，对王元骧的文学实践观点提出了批评。对俞兆平的批评，王先生后来专门著文《再谈艺术的实践性问题——兼与俞兆平先生商讨》（《文学评论》1998年第2期）进行商榷。

> 该文不同意王先生把马克思的实践观点与康德的实践理性混为一谈，企盼扬弃康德的实践理性以纳入马克思主义美学，并由此批评朱光潜相关美学观点的做法。俞兆平认为，把目的看成是认识与实践相联系的中介环节，认为认识是实践的前提而实践是认识的目的，这种观点不是马克思主义新唯物主义认识论的，不过是仍停留在旧唯物主义的"直观"亦即静观的传统观点。俞兆平认为，实践在马克思主义的新唯物主义认识论中是以生产劳动为主的、人的现实的感性活动，而且是具体历史的、社会行为的、人的现实感性活动，如此理解的实践与认识是无法明确割裂开来的。而且，王元骧对朱光潜的批评，是以朱光潜三年前的理论失误来否定其三年后的认识，这种做法至少是不正确的。

7月,在《高校理论战线》第 7 期发表《文化与意识形态刍议》。该文后被全文收入黄楠森、王仲士主编《建设有中国特色社会主义文化理论文集》(四川人民出版社 1997 年版)。

论文首先对文化的概念进行了深入探讨。作者认同从文化的构成上,把文化划分为物质文化、行为文化和精神文化三个层面的观点,认为精神文化才是文化的核心内容和本质所在;就人类所创造的物品来说,只有具有精神价值和人文意蕴的才属于文化。而人的精神价值观念的形成与人在社会中的经济、政治地位等紧密相关,所以文化必然具有意识形态性。然后,论文分析文化与意识形态的区别。意识形态属于理论形态的,文化有的是感性的存在;意识形态具有易变性,文化则相对稳定;意识形态具有阶级性,在阶级社会具有阶级对抗的性质,文化则是阶级性、民族性和人类性的对立统一;一个人接受什么样的意识形态取决于其社会关系和社会地位,文化认同则取决于知识水平、修养水平和生活习惯的不同。再次,论文探讨了文化与意识形态的内在联系。同样受制于社会存在,决定了文化与意识形态之间的紧密联系。一、文化的传承发展中,现实的需要(包括意识形态的需要)决定着文化传统的古为今用。二、精神文化作为文化的核心构成部分,本身包括知识和价值两部分内容,而价值部分的中心内容即价值观念,与意识形态是本质相关的。三、行为文化、物质文化作为文化的表层,同样反映着人们的意识形态取向,只不过其表现比较含蓄。四、文化的民族性、全民性与阶级性是辩证统一的,我们不能因文化的共享性否定其意识形态性。最后,论文研究了社会主义文化的建设问题。论文强调,一方面应该重视文化相对于意识形态的独立性,重视其形成、存在、发展的独特规律和在社会发展中的特殊功能;另一方面,要关注文化与意识形态的内在联系。特别是日常生活中感性形式的文化对人民有强大的渗透力和融合性,因此千万不能忽视文化普及的意识形态功能。论文强调社会主义文化建设中"复古主义"和"全盘西化"都是行不通的,应该对传统文化和外国文化,进行认真的鉴别,以古为今用和洋为中用。

8月,《中国当代艺术界名人录(5)》(异天、戈德主编,中国国际广播出版社 1997 年版)收入王元骧人物事迹简介。

9月14—19 日,赴河南开封参加由中国社科院文学研究所与河南大学共同主办的"中国文学研究的世纪回眸"学术研讨会并发言。发言内容后经进一步整理,以《中国文学理论研究的世纪回眸》为题,发表于《文学评论》1998 年第 5 期。

> 据孙先科《百年文学研究的学术性反思——"中国文学研究的世纪回眸"学术研讨会综述》(《中州学刊》1997 年第 6 期):"王元骧教授从(一)关于文学的性质,(二)文学的个人性与社会性、阶级性,(三)思想与艺术、内容与形式,(四)文学的社会功能、文学与政治的关系等四个方面,对中国现代文学理论研究的历史发展进行回顾与反思,充分肯定成绩,同时指出中国现代文学理论研究存在的明显缺陷,即在对待其他的观点和传统时不能全面地、辩证地看问题,而是常常走向全盘肯定或全盘否定的极端。"

10月6日,赴北京参加"纪念《文学评论》创刊四十周年庆祝大会暨学术座谈会",并作学术发言。据《满怀信心迈向新世纪——〈文学评论〉创刊四十周年学术座谈会纪要》(《文学评论》

1998 年第 1 期）："王元骧发言主题为'寻求传统文学理论与西方文学理论的对话'。"此发言经整理后，以《文学理论建设刍议》为题发表于《高校理论建设》1998 年第 5 期。

10 月 15 日，在《社会科学战线》第 5 期发表长文《对于推进马克思主义文艺学在当代发展的思考》。该长文后被人大复印报刊资料《文艺理论》1997 年第 12 期转载，作为附录收入作者自己的论文集《审美反映与艺术创造》（杭州大学出版社 1998 年第 2 版），后还被收入《中国文学年鉴 1997—1998》（作家出版社 2002 年版）。2001 年 7 月 30 日—8 月 2 日，该文获中外文艺理论学会"新时期 20 年优秀文学理论论文奖"；2001 年 9 月 17 日，获浙江省第九届哲学社会科学优秀成果奖优秀奖。

论文从研究的逻辑起点、基本内容和研究方法三个方面对马克思主义文艺学的当代发展问题进行了深入研究。

关于马克思主义文艺学研究的逻辑起点，论文开宗明义，强调了"人的问题"的重要意义，然后从理论与现实两个方面对此进行了具体探讨。在理论方面，西方的文艺理论研究与我国、苏联的传统马克思主义文艺理论研究，在哲学基础上都深受知识论哲学的影响，把人看作抽象理性的化身，对文学关注其认识特性，不能客观地认识人的现实存在对作为感性活动的艺术的重要意义。在现实方面，西方现代文明作为科技物质文明所造成的人的物化、人性的分裂以及生态问题，在我国当代社会的发展中也都出现了。这些都需要重视对"人的问题"的研究，以应对西方马克思主义哲学和西方文艺理论研究的挑战，进而推动我国马克思主义文艺理论研究的当代发展。接下来，论文从哲学的高度具体探讨了马克思主义哲学的人学观点。论文指出，人的活动与活动的人,是人的认识的两个重要方面。从人的活动来看,它是以目的为中介而展开的认识与实践两者的一个双向可逆的动态流程;从活动的人来看,它是"处在一定社会历史关系中"的个别与一般相统一的实际存在的人。把以上两个角度的探讨统一起来,就是人的心理活动、意识活动与人生活动、社会活动这四个重要侧面所构成的"人的整体存在"。而在人的审美活动、文艺活动中,这四个重要侧面得到了全面展示;由此,马克思主义哲学的这一人学观点就为马克思主义文艺学研究提供了科学的理论基础和逻辑前提。随后,论文分别从人的活动(横向的、活动论的)与活动的人(纵向的、共时态的),也即从个体性与社会性的不同层次,对马克思主义文艺学的具体内容进行了概括性的揭示。从前者的角度看,文艺活动的全过程就是以作品为中介所构成的认识到实践的流程;同时,也是以作品为中介的作家与读者之间双向作用的"对话"与"交往"。从后者的角度看,文艺主体既是个人主体,同时也是社会主体。首先,文艺主体的审美情感活动是理性化的情感,不是生物性的情欲;其次,审美想象能够把文艺主体的个人经验与社会经验、直接经验与间接经验融合起来;最后,文艺主体都是通过一定的艺术规范和艺术语言来活动的,也即他们都是作为艺术文化的承担者来活动的。接下来,论文反思了长期以来马克思主义文艺理论研究中所存在的单极化倾向及其理论失误,从反面说明了多维度综合研究的重要意义。论文指出,从意识活动的角度,把艺术看作认识世界的一种知识性活动,看不到"社会生活是实践的",认识不到艺术活动中情感、意志和无意识心理等"非理性因素"的作用,不能客观地看待艺术个性对艺术活动的重要性；从个人心理活动的角度来认识艺术，无法理解人的心理与动物心理的本质区别，不能正确认识个人心理活动中社会的、文化的内涵；从人生活动的层面认识艺术，把实践与认识对立起来，将实践看作仅仅是一种基于个人内省和体验基础之上的自由选择的活动，一个在内心领域达到对个人生存危机的超越，否定了个体与群体的血肉联系，甚至把个人与社会对立起来；从社会活动的层面来看待艺术，强调艺术的功能在于批判和变革现在的社会现实，但没有科学地解决文艺实践性的内部机制，把社会解放的希望寄托于个体心理的解放，从而有关艺术在变革世界中的作用的相关认识完全流于空想。总之，只有把不同维度的认识综合起来，把分析与综合，把在综合前提下的分析与在分析基础上的综合结合起来，才能真正推动马克思主义文艺学研究的发展。再接下来，论文对马克思主义文艺学自改革开放以来的发展成就进行了反思。"审美反映论"与"艺术生产论"两派观点被作者认为是改革开放以来马克思主义文艺学的重要理论突破。关于审美反映论，论文在大体梳理其理论发展过程的基础上，扼要分析、总结了其理论得失。论文指出，审美反映论在文艺观念上受制于纯认识论文艺观，偏重从认识的角度进行理论建构，忽略了实践角度研究的意义；在探索文艺的审美特性时，推动马克思主义文艺学研究向文艺心理的微观领域突破有一定的理论成绩，但一定程度上忽视了与宏观研究的结合，使马克思主义文艺学研究心理学化了。关于艺术生产论，论文高度评价它突破苏联纯认识论文艺学模式的创新意义，简要地梳理了其在国内外的总体发展情况,指出其理论局限。一、把艺术生产与一般生产混同,把一般生产的理论套用到艺术生产中来有意无意地为文艺商品化制造了理论依据;二、把文艺活动纳入到社会生产的系统来进行研究时,不同程度地存在着把宏观研究与微观研究分割开来,脱离微观研究只向宏观研究去拓展的局限。总之,论文认为马克思主义文艺学研究自改开以来的发展所存在的主要问题就是在研究方法上没有把四个维度的研究综合起来,没有把分析与综合研究很好地协调起来。最后,论文对马克思主义文艺学的研究方法进行了深入探索。论文指出,对应着人与人的活动是认识与实践、个体与群体的统一,马克思主义文艺学对"作为人学的文学"的研究也应当根据知识与价值、个别与一般的互渗,把科学的方法与人文的方法综合起来。而长期以来,对人的活动与活动的人的分割,使研究方法上科学的方法与人文的方法的割裂一直存在,这造成了一系列的不良后果。论文要求在科学的与人文的这两种方法的统一中,来探寻马克思主义文艺学自己独特的研究方法,认为这对马克思主义文艺学的当代发展极为重要。

11月,在《文艺理论与批评》第6期发表《创作与体验》一文。

审美体验是艺术反映社会生活的中介,因此对审美体验的认识是探索艺术创作奥秘的核心环节。论文由浅入深,分别探索了体验对整个艺术创作过程的重要意义和深化作品内涵的核心价值。首先,根据伽达默尔、狄尔泰等人对体验的认识,论文强调了体验不同于认识的重要特点:亲历性、个体性和深刻性。以此为理论基础,论文认为体验对于艺术创作中生活向艺术的转化具有关键性意义,也一定程度上决定着作品的审美感染力。一、只有通过体验,艺术家才能收集创作素材,开辟自己的创作领地。二、通过体验才能激发艺术创作动机。三、体验维持了艺术想象的开展。四、体验决定着作品内容的厚度和艺术家风格的形成。然后,论文以德国浪漫派诗学的"体验观"为理论资源,探讨了体验对深化作品的实践性内涵,强化艺术家在创作中的主体能动作用的核心价值。德国浪漫派诗学把体验看作个人生命的基石,认为体验是对生命意义的体味与感悟,把体验与对人的生命意义和价值的追问与求索结合起来,不再仅仅强调人对世界的理性认识,这就推动了文艺理论对传统纯认识论文艺观念的突破和超越,充分认识了情感、意志等非理性因素对文艺的重要性。自然,德国浪漫派诗学把体验仅仅看作个体的生命现象,割裂了体验与外部客观现实世界的联系,使体验主观化、神秘化了;而艺术家的体验把"个体生命"与"普遍生命"、"个体与类"真正统一起来,而在体验内涵的深化中,艺术家个体也实现了对自己生命境界的开拓和提升,发挥了其主体能动性,深化了作品内涵。论文最后对体验的两种主要形态"匮乏的体验"与"满足的体验"进行了研究,认为前者的痛苦感对艺术创作具有更为重要的意义。特别是由痛苦而来的抗争性崇高对于激发人的实践意志具有的积极意义,深刻体现了艺术美对于人生的重要意义。

12月,生平事迹被收入《中华人物辞海·当代文化卷(1)》(昊天、戈德主编,中国国际广播出版社1997年版)。

1998 年（戊寅年）64 岁

3 月,在《文学评论》第 2 期发表《再谈艺术的实践性问题——兼与俞兆平先生商讨》一文。此前,俞兆平对王元骧发表于《文学评论》1995 年第 6 期的论文《艺术的实践本性》,提出了商榷意见。针对俞兆平的批评论文《马克思的实践观点有别于康德的实践理性》(载《文学评论》1997 年第 3 期)所涉及的几个重要的理论问题,王元骧发表此文回应。该文 1999 年 7 月获浙江大学董氏基金优秀成果奖三等奖。

论文开头,作者首先客观介绍了自己写作《艺术的实践本性》一文的想法和目的,他认为,康德的实践思想是西方文艺理论从古典向现代转化的关键;而康德的实践思想在推动西方文艺理论从认识论向实践论转化时,也启发着我们对文艺的本质和功能的认识走向深化。他写作《艺术的实践本性》一文目的有二:一是要引入实践概念,探讨文艺的实践本性以推动马克思主义文艺学研究的发展;二是要把康德的实践理性思想纳入马克思主义文艺学,深化马克思主义文艺学研究。接下来,他具体回应了俞兆平的批评意见。首先是认识与实践的关系问题。作者一直认为认识与实践是互相规定、互相渗透、互为前提的,但认识与实践毕竟是各自具有特定性质、目的和功能的相对独立的两个环节:前者属于客体向主体的运动,是观念化的活动;后者属于主体向客体的运动,是对象化的活动,这两者是以目的为中介而联结为一体的。其次,关于马克思与康德的实践观的区别的问题。康德侧重伦理学与价值论,联系个人的政治和道德行为、个体的生存活动来谈实践;马克思侧重社会历史科学,是从生产劳动的角度,联系人类的生存活动来谈的。作者则试图把康德的实践观与马克思的统一起来,从人学的角度、元哲学的角度,把实践理解为人通过自己的活动来改造对象达到主客观的统一的过程。再次,如何看待"扬弃康德的实践理性以纳入马克思主义美学体系"。马克思主义文艺学是一个开放的体系,我们不能只重视黑格尔,而忽视甚至是贬低康德;正确理解和有批判地吸取康德"实践理性"概念的合理成分,对马克思主义文艺学研究的发展完善非常必要。从认识与实践的统一来看"认识",来理解作为实践环节的目的性认识,"认识的成果不仅以知识的形式而且还以价值观念的形式而存在"。以此来看文艺:文艺就不只是知识的一种特殊的形式,仅仅服务于人们的认识;它作为人所创造的一种美,一种应是人生的图景,还应该帮助读者确立一种普遍而自由的行为原则,在服务于人生实践方面做出自己的贡献。最后,关于批评朱光潜的艺术实践观点。作者指出,朱光潜在正确地把实践引入美学和文艺理论研究时,对实践与认识的关系的理解确实存在不够辩证、全面的地方——朱光潜后期的美学思想不同程度上存在以实践来贬低认识的倾向,并不加分析地把"认识论"一概说成是"唯心主义美学所留下来的一个须经过重新审定的概论"。

5月,在《高校理论战线》第5期发表《文学理论建设刍议》一文。该文为去年10月参加"纪念《文学评论》创刊四十周年庆祝大会暨学术座谈会"时的发言,后被人大复印报刊资料《文艺理论》本年第8期全文转载。该文首次提及了人生论文学观念,值得注意。

论文首先对我国当时的文学理论建设进行了总体定位。从一门理论学科走向成熟的普遍规律,即一般需要经历积累材料、整理材料和掌握材料三个阶段出发,作者指出,我国当时的文学理论研究基本还处于积累材料的阶段,而要推动其进一步发展就必须确立反映时代要求、体现民族文化精神并有整合和同化已经积累起来的一切有价值的理论资源的文学观念。这是因为,观念的解放对于材料的积累与整理具有重要的引导作用;文学作为人学,人的社会性、民族性和整体存在性决定了文学观念应该具有社会历史性、民族文化性和整体复杂性。随后,论文聚焦文学观念问题,阐发了自己的观点。作者指出,西方传统哲学是知识论哲学,在其影响下人们把文学看作反映生活的特殊知识,只服务于人的认识;与西方不同,我国的传统文学观念则建立在"人生论"哲学的基础上,重视文学培养读者的文化人格以及塑造理想的文明社会的功能。"五四"以后,我国的现代文学理论是在移植、借鉴西方的知识论文艺观;而19世纪以来,西方的近现代文艺理论以德国的浪漫主义文论和现代人本主义文论为代表,都在反思西方传统的知识论文艺观,强调文学对人生意义和价值的探询和追问,其"人学"性质开始凸显。反思中西文论发展的客观规律,作者指出,我国当今的社会文化发展要求我们把对世界规律的认识与对人生意义和价值的探求有机结合,建构我们自己的哲学和文学观念。论文最后对文学理论的研究方法进行了思考。作者指出,文学观念与文学研究方法之间有本质联系,文学的知识与价值的统一性决定了其研究方法应该是科学与人文两种方法的有机结合。作者具体研究了两者有机结合的做法,指出两种研究方法的不同主要在于两点:1.科学的方法探寻的是知识,目的是服务于认识,人文的方法要求的是借助于"理解"和"解释"来做出判断;2.运用科学的方法所得到的知识具有普遍的有效性,人文的方法具有个别性和差异性。因此,要把两种方法进行有机结合就要立足于两者的不同,抓住"人既是个别的,同时又是社会的"这一"人学"的观点,把两者结合起来运用。

5月,在《马克思主义美学研究》总第 1 辑发表《审美自由与人的解放——兼论马克思对德国古典美学的继承与革新》。该文后被《高等学校文科学报文摘》1998 年第 6 期全文转载。

从"人是个体性与社会性的统一"这一"人学观念"出发,同时坚持马克思主义历史唯物主义和辩证唯物主义哲学思想,该文深入研究了马克思对德国古典美学的继承与革新问题。论文开篇就指出,把审美看作是达到个体与类的统一、实现人的自由解放的途径是德国古典美学的重要观点。马克思之前的美学家,如康德和席勒在主张通过审美使人实现个体与类的统一,达到自由解放时,忽视了审美作用的实践基础和前提,错误地以意识领域的问题取代现实问题,这就陷入唯心主义和政治空想主义。马克思继承了德国古典美学的这一观点,并超越了其理论局限。作者指出,马克思是通过人的活动,尤其是人的生产活动来认识审美所具有的解放人的功能的,这就超越了康德和席勒的唯心主义和空想主义局限。马克思把审美看作人与对象的关系在感觉领域所实现的解放,还从人的活动的有意识、自由特性出发探讨了人是如何利用理性摆脱自然、社会和人自身的束缚来实现的,这就解释清楚了审美解放人的功能机制。随后,论文又聚焦马克思美学对审美主体认识的深刻性和科学性,进一步阐发马克思对德国古典美学的继承、创新。作者指出,康德强调审美鉴赏判断的先验原理,来肯定审美活动中主体的能动性;马克思则从"人的感官"以及它的形成——从"物的尺度"的不断内化积淀形成"内在尺度",科学地探讨了审美主体的能动性是如何形成的。最后,论文又从马克思对"人的本质"的两个不同界定的关系——"人是一切社会关系的总和"与"人的类特性恰恰就是自由的有意识的活动"出发,进一步强调了应当从历史唯物主义的角度来认识审美及其解放人的功能。作者指出,这两个界定一个外在,一个内在,而外在的规定是根本,发挥着影响、决定作用。因此,是现实的异化的扬弃才真正实现了人与对象关系上的感觉解放。审美的自由也因此与人类"历史之谜"的解答,即扬弃私有制,实现共产主义统一了起来。

6月,在《社会科学战线》第3期发表《艺术实践本性论纲》,该文后被人大复印报刊资料《文艺理论》1998年第7期全文转载。

论文开宗明义:文艺理论研究只有引入"实践"的维度才能超越纯认识论文艺观的局限,真正把人当作"知情意"统一的完整存在,而不只是当作理性主体,从而客观、科学地认识文学的"人学"性质。而究竟应如何认识实践呢?结合中西哲学、文艺理论的实践观念发展史,论文阐发了应该如何科学地认识实践。作者要求科学地理解认识与实践之间相互渗透、相互依存的辩证统一性,以及实践的物质性与精神性、个人性与社会性的辩证统一关系。随后,论文对文艺的实践本性进行了全面揭示。从艺术创作的对象来看,艺术的实践本性可以从哲学和心理学两个不同的层面来认识。在哲学层面上,只有在主体加工、创造客体的实践活动中,客体与主体产生了实践联系,客体才能够成为主体的创作反映对象;而且主体是从一定的主体心理结构出发来选择客体、同化或者顺应客体的,主体的这种心理结构也是在实践活动中形成的。在心理学层面上,主体通过体验的媒介来反映客体,体验的个体亲历性、当下性和经由想象的自由创造性等实践性特征极为明显,而且体验的发生也离不开人生实践的根本性决定作用。艺术创作的过程可以分为构思和传达两个环节。两个环节都呈现明显的实践性特征。在艺术构思中,想象力的活动是从艺术家的审美理想出发的对创作对象的加工、创造;在艺术传达中,根据艺术媒介形式和艺术形式法则对艺术表现对象的加工是本质性的构成部分。在艺术的功能上,艺术欣赏通过强化实践的内部环节发挥了实践功能。在审美欣赏中,感性的审美愉悦具有客观普遍性,同时又间接地指向人的道德意志,且通过情感感染强化其现实实践的趋向,这就使艺术欣赏不再是简单的、纯粹的审美静观。

7月,《审美反映与艺术创造》第2版由杭州大学出版社出版。这一版补入一篇附录《对于推进马克思主义文艺学在当代发展的思考》,并增一篇再版后记。再版后记中,作者扼要介绍了自己的学术思想自本书初版出版后从"认识论"研究向"实践论"研究的进一步演进。

8月15日,在《杭州大学学报(哲学社会科学版)》第3期发表《审美自由与人的解放——兼论马克思对德国古典美学的继承与革新》一文。此文与发表于《马克思主义美学研究》总第1辑的同题论文是同一篇。

9月15日,杭州大学与浙江大学、浙江医科大学、浙江农业大学四校合并,王元骧继续执教于浙江大学人文学院中文系。

同日,在《文学评论》第5期发表长文《中国文学理论研究的世纪回眸》。该文原题《中国现代文学理论研究的世纪回眸》,本是提交给1997年9月在河南登封召开的"中国文学研究的世纪回眸"学术研讨会的会议论文,初稿于1997年暑假写成,1998年2月进一步整理定稿,发表时文题删去"现代"二字并有较大删节。该文后被人大复印报刊资料《文艺理论》1999年第1期全文转载,于1999年7月获浙江大学董氏基金优秀成果奖三等奖。

论文原稿在较长的前言中,把20世纪中国文学的主潮定为现实主义文学,并划分为五四新文化运动中的为人生、为社会的传统现实主义,以及五四新文化运动退潮后兴起的革命现实主义两个发展阶段。以文学创作的发展实践为基础,论文深入梳理、反思了我国现代文学理论的发展情况。

首先是关于文学性质的认识问题。论文指出,从"文学是生活的反映"这一观念出发,着眼于科学的观点,从客观性的方面来考察和认识文学的性质,是五四现实主义文学理论的主要观点。在后来的革命现实主义文学发展中,对文学性质的认识经历了复杂的论争,论文对此进行了深入的反思与总结。作者指出,我们的文学理论研究在走向21世纪时,应只取五四时期"人生论"文学观的合理因素,并以马克思主义思想为指导对它做出新的阐释。

随后,论文进一步聚焦文学的个体性与社会性、阶级性的关系问题,作品的思想与艺术、内容与形式的关系问题,文学的社会功能,以及文学与政治的关系问题等方面,深入总结了我国现实主义文学理论的发展经验。作者强调,文学的个体性与社会性、阶级性是辩证统一的;作品是以内容为中心的内容与形式的有机统一;文学客观的社会功能不能否定,在特定历史时期从客观的社会现实需要出发甚至可以对其强化,但这不是主张狭隘的功利主义文学观,应当正确地认识文学审美活动对读者的客观功能。

最后,在论文的结语部分,作者还特别剖析了我国现代文学理论发展中两个严重的错误倾向。1.在开展思想和理论斗争的时候,缺乏对对方观点全面而科学的研究分析,往往认为立场和方向错了就一切皆错,看不到吸取其中合理成分来弥补自身不足、完善自身认识的积极意义。2.在总结历史经验的时候,缺乏对历史传统的全面而科学的研究和分析,没有以批判继承的态度正确对待;因而使我们的理论发展过程往往从一个片面走向另一个片面,不能形成具有我们自己特色的理论传统。作者将这两个错误倾向归因于思想上的知性思维方法,提出我们应当树立唯物辩证的观点以对文学做全方位的整体研究。

10月5—7日,赴四川成都出席在四川大学召开的"西方文论与中国文论建设"学术研讨会并发言。

该研讨会由中国中外文艺理论学会和四川大学文学与新闻学院联合主办,四川大学中文系与汉语言文学研究所联合承办,来自全国各高校和科研机构的40余位专家学者出席。

据徐新建、阎嘉整理的《面对现实　融会中西——"西方文论与中国文论建设"学术讨论会综述》(《文学评论》1999年第1期):"引起较大回应的论题是王元骧教授(浙江大学中文系)的发言《我国现代文学理论研究的反思与浪漫主义理论价值的重估》。王的观点是:中国'五四'以来现代文学的理论资源主要来自欧洲及俄苏的现实主义理论。如今看来,存在明显的片面性和局限性。其中最主要的就是'在很大程度上带有纯认识论与唯科学主义的倾向','即把文学的性质与科学等同,并完全以科学的观点和标准来衡量文学作品';与此同时对同为西方资源的'浪漫主义'却给予完全不恰当的评价,其深刻而富有独创性的合理思想长期以来不但不为我们所理解和接受,反而被当作'消极的'甚至'反动的'来粗暴地进行批判和排斥。今天看来,'这样的认识显然是比较粗浅的'。面对当今因过分强调经济发展的务实性而在全世界普遍出现的精神危机(具体表现是物质生活上升,精神生活失落),王教授提出应重估浪漫主义的理想价值,尤其要呼唤浪漫精神的复归。四川大学的毛迅教授在评议时对王教授的发言给予很高的评价,认为文论应当关注现实,像浪漫主义这样的人文精神的确需要重新评估和整理。他举例说倘若现实生活中普遍地失却了'诗性',人生还有什么意义?"

12月21—23日,赴深圳大学参加由暨南大学和深圳大学共同主办的"全国文艺学及相关学科学位点建设研讨会"。

来自全国21个高校和科研单位的36位著名学者进行

了学术研讨。据王奎军整理的《全国文艺学及相关学科学位点建设研讨会综述》(《暨南大学学报(哲学社会科学)》1999年第3期):"浙江大学的王元骧教授说:'文学研究长期以来没有全面解释、总结文艺现象,而是在主观—客观的循环中绕圈子,我们应对文论进行整合。'他认为人是有意识地寻找自己的对象与客体的,人的活动是认识,它构成一个双向逆反的流程。"

1999年(己卯年) 65岁

年初,与吴熊和、陈村富和梁太济共同受聘《浙江大学学报(人文社会科学版)》顾问。

春季,指导朱首献、张青和葛炜完成硕士学位论文并通过答辩。三人论文的题目分别是《当代大众文化的人文批判》、《文艺活动的本质》和《对中国审美文化发展当代性的辨思》。

5月17—19日,赴江苏南京出席在南京师范大学召开的"1999世纪之交:文学、文化与社会"学术研讨会。

此次研讨会由中国中外文艺理论学会和南京师范大学文学院联合主办,来自全国各高校和科研机构的110多位专家学者与会。据郇因素整理《文学理论:留给二十一世纪的话题——1999世纪之交:文学、文化与社会学术研讨会》(《文学评论》1999年第4期):"浙江大学王元骧教授认为要还文学研究以本来面目,活动论方法则不失为一种切实有效的途径。活动作为人的一种自觉的有目的的行为,虽然以主客之分为前提,但是主客关系又不同于物我关系,它们既是二分对立,又是彼此互渗、互为前提的。这一认识可以把世界、作家、作品、读者纳入文学活动系统中，并通过对文学活动开展中主客体关系的换置过程的动态分析，而使这四种要素融会为一个有机的整体，并由此完成当代文学理论研究'从分析走向综合'的历史使命。"

7月，《中国文学理论研究的世纪回眸》（《文学评论》1998年第5期）与《再谈艺术的实践本性问题》（《文学评论》1998年第2期）两篇论文都获浙江大学董氏基金教师科研优秀成果奖三等奖。

8月28—29日，赴浙江温州参加浙江省文学会与温州市文联、温州师范学院联合举办，在温州师范学院召开的"新中国文学的回眸与展望——纪念中华人民共和国成立五十周年学术研讨会"，得以有机会重游阔别多年的温州，并在徐耘天、金城濠与徐海潮等昔日杭大学生们的陪同下畅游永嘉楠溪江风景区。

9月23日，由浙江作协、钱江晚报和浙江中天集团联合主办的"中天杯"迎国庆五十周年、浙江文坛50杰评选活动举行颁奖仪式，王先生成功入选浙江文坛50杰。

本月，担任浙江大学博士生导师，招收第一届博士研究生董绍春、徐法超。

10月15日，在《杭州教育学院学报》第5期发表《美育的功能》一文。该文写于9月下旬，原题《审美教育与人格塑造》。

论文从美育被列为国家的教育方针等证明美育受到党和国家领导人重视谈起，以"美育是情感教育"的美育观为理论出发点，先扼要梳理了美育在中西方的起源和发展。无论东西方，美育很早就受到人们的重视，但美育作为学科的真正形成是德国文学家、美学家席勒的贡献。20世纪初，梁启超、王国维和蔡元培把西方美育引入我国。随后，作者论述了自己的美育观念。他提出，按美的要求进行的情感教育是实现人的社会化的一条不可缺少的途径。在人社会化的过程中，人们往往重视知识教育和能力培养，相对忽视美育。其实，美的情感教育通过非功利自由情感的陶冶，通过改善人的情感结构，能够更自由地把人的自然需要、物质需要，转化为"属人"的社会需要、文化需要。马克思批判资本主义社会对人的异化，关注"私有财产"的扬弃，但并不否定美育的重要作用，因为美育在抵制人的物质欲望中具有重要的辅助功能。最后，论文还在人心理活动的知情意的统一中，阐述了美育对知识教育和道德教育的积极意义。知识教育中，感性知识的教育是基础，同时理性知识教育中直觉、灵感也具有突出重要的意义，而这些都是美育对知识教育所具有的重要辅助功能。除此之外，知识教育还需要高尚的求知欲为前提，而这正是美育所直接具有的重要功能。道德教育中，道德情感的陶冶发挥着极为重要的作用。而审美情感与道德情感在性质上有相似性，这决定了美育有助于道德情感的培养。另外，美育中还直接包含着德育的内容在内，因为"美"、"丑"与"善"、"恶"是不能截然分割的。

10月28—30日，赴安徽合肥参加"新中国文学理论五十年"学术研讨会，提交了会议论文《从分析走向综合——文学理论研究的回顾与展望》。该文后来发表于《文艺理论与批评》本年第6期。

本次研讨会由中国中外文学理论学会和安徽大学中文系联合主办，来自全国20余所高校和科研机构的60多位专家学者参会。据吴文薇《"新中国文学理论五十年"学术研讨会综述》(《文学评论》2000年第1期。)："王元骧对马克思主义文艺学的流派进行了梳理总结，认为主要形成了三派观点，都有待进一步深化：社会意识形态学论，即审美反映论、艺术生产论和艺术活动论。审美反映论研究还是心理学化的，有待深入。艺术生产论还没有充分认识到艺术生产的特殊性。艺术活动论还只是艺术动态论，没有充分揭示创作、作品和阅读欣赏的内在联系。三大派的观点可以互补，研究方法上可以把本体论、认识论和存在论结合起来。"

本月，事迹被载入《中国教育专家与教育人才Ⅰ》(黄浪华、夏善彬主编，中国文联出版社1999年出版)。

本月出版的《浙江省哲学社会科学志》在第三章的第一节、第六节中都介绍了王元骧的学术研究情况。前者评价王元骧的审美反映论研究是比较深入细致的，既把反映论哲学推进到文艺规律的层面上，又深入个体心理活动的层面进行认识；后者高度评价王元骧的论文《对阿Q典型研究中的一些问题的看法》对阿Q典型的研究深入文艺审美特性，产生了很大影响。

11月24日，在《文艺理论与批评》第6期发表《从分析走向综合——文学理论研究的回顾与展望》一文。

　　该文不局限于具体观点，而是结合研究方法，对中西近现代文学理论研究的发展进行了深度反思。论文指出，西方近现代文学理论受哲学和自然科学的影响，主要采取分析的研究方法,各流派都是着眼于文学活动中的某一个构成要素来进行分析认识。我国现代文学理论总体上主张现实主义文论,但就对现实主义的理解来看,茅盾、周扬强调客观,胡风与新时期以来的文学主体性理论重视主观,也是只重视某一个角度的知性认识研究。而理性具体的把握只有超越知性分析的认识方法,进行多角度的综合研究才能实现。接下来,论文肯定了艾布拉姆斯的文学四要素说在把握文学整体上的努力,但认为这种把握还只是停留在"四要素"的外部联系上,没有深入文学整体的构成逻辑。由此,作者提出了自己从"人的活动"的理论来把握文学整体的观点。人在活动中因为有意识、有目的,所以必然会有主客体的二分,而且主体的理性意识是不断丰富,实践目的是不断向着更加科学合理的方向演进的。因此文学活动中的主客体,因为情感体验和想象的作用是"既分又合",有其特别的性质。论文强调,把"文学四要素"纳入构成文学活动的主客体的系统中来,通过对文学活动过程中主客体之间地位和关系的"换置过程"的动态考察,去深入发现这些要素之间的内在联系,去把握这些要素在动态结构中的地位和作用,从而把它们融合成一个有机的整体,能够有效地推动理论认识的发展。最后,论文具体探讨了文学活动中,文学的各个要素是如何通过主客体关系的换置而联结为一个有机整体的。文学各要素在文学活动中的相互依存、互相渗透,决定了我们必须超越知性分析的认识方法,走向综合探讨以在理性认识中达到思维具体。论文指出,这是我们的文学理论研究走向21世纪后能够有所突破和推进的一条途径。

同月,论文《艺术的实践本性》(《文学评论》1995 年第 6 期)获浙江省第八届哲学社会科学优秀成果奖二等奖。

12 月 15 日,在《江苏社会科学》第 6 期发表《症结与出路——文学语言研究的新视野》,该文后被人大复印报刊资料《文艺理论》2000 年第 2 期全文转载。

　　论文首先从文学理论研究的角度高度评价了洪堡特"人文学"语言观的理论意义。作者指出,传统的形而上学语言观以西方的知识论哲学为思想基础,把语言看作思维的工具,一种概念系统,这对文学语言的研究是不合适的;而洪堡特从人类学的角度,联系人的精神生活和交往活动去研究语言,强调"语言是创造活动",对文学语言的研究具有重要的理论价值。但是,洪堡特的语言观并未受到充分重视,反而是索绪尔把语言与现实世界割裂的现代语言观在影响着文学理论研究。

　　接下来,论文就具体讨论了洪堡特人文学语言观的理论意义。首先,应当承认语言,包括文学语言的媒介意义。语言不是抽象的符号存在,作家创作在根本上也是用语言来反映生活,表达思想情感。其次,应该认识到语言是个人在日常交往活动中创造性地使用着的,应该联系人的活动,以及人的活动中所联系着的整个世界来认识语言。

　　最后,论文具体揭示了语言的人文学研究对文学语言研究的启示意义。一、"语境"理论。生活的感性整体性决定了文学语言认识上的"语境"性。二、"交往"的理论。创作中,作家与读者的对话;阅读中,读者从作品中读出自己的体会和理解。三、"个性化"涵义理论。语言的"意义"进入个体心理层面后就会变异为个人性的"涵义",而优秀作品的文学语言反过来又对语言的丰富具有突出的积极作用。总之,文学语言是整体的、开放的、创造的,是与生活世界紧密相关的语言,这才是文学语言研究应该遵循的正确思路。

同月,赴北京参加教育部召开的高校人文社会科学研究专家咨询委员会全体会议,对第三批跨世纪优秀人才评选中的入选者进行评议。

2000 年(庚辰年) 66 岁

1月,赴广州出席在暨南大学召开的"第三届全国文艺学及相关学科博士点建设研讨会"。

此次研讨会,来自全国 23 个文艺学及相关学科博士点的 43 名学者参加了学术研讨。据李耿晖整理的会议综述《对文艺学科的关怀与反思》(《文学前沿》2001 年第 1 期):"王元骧教授(浙江大学)指出,文艺学应该是一个学科而非科学。它有价值的层面,是人文的,因个体的不同而有差异,是个人对文艺的追求和提倡。在亚里士多德那里,他选择的是认识论的角度,把文学当作生活的反映;但是到了近代,康德把世界分为现象世界和本体世界,认识论是现象世界,但人的行动受本体世界支配,因此认识论有一个实践的问题。那么,他认为尽管文艺学科有这样或那样的不完美之处,但是关键是我们要把文艺学看成是一个活的对话,总在不断地交流之中。面对 21 世纪的文学理论研究,我们要体现民族精神,要综合各种有价值的理论资源。"

2月,在《外国文学评论》第 1 期发表《我国现代文学理论研究的反思与浪漫主义理论价值的重估》一文。该文是出席1998年在四川大学召开的"西方文论与中国文论建设"学术研讨会时所提交的会议论文,后被人大复印报刊资料《文艺理论》2000年第6期全文转载,收入《20世纪中国文艺思想史论 第1卷 历史·思潮》一书(葛红兵主编,上海大学出版社2006年版)。本年12月获浙江大学董氏基金优秀成果奖三等奖。

论文首先反思了我国现代文学理论和苏联文学理论发展的局限,即以现实主义文学理论为主体,带有鲜明的纯认识论与唯科学主义的倾向。西方马克思主义理论则不然,文学与人的紧密联系受到高度重视,并试图借助文学来抵制异化,克服人性的分裂,拯救人的灵魂,呈现出明显的浪漫主义文学倾向。作者认为,东西马文艺理论对待浪漫主义理论的不同,与双方对文学性质的理解存在分歧有关:前者持纯认识论文艺观,把文学的性质看成科学性的;后者是价值论的,把文学的性质理解为人文的。作者指出,文学作为审美意识形态,其性质应该是科学与人文的统一,当今时代未经规范的市场经济的繁荣需要我们反思浪漫主义理论的客观价值。

随后,论文扼要梳理、介绍了欧洲浪漫主义文学理论的兴起、范围、主要观点和理论优缺点。作者强调,欧洲浪漫主义文学理论的兴起是欧洲现代文化史上反对理性主义与科技文明对人的压制与奴役,肯定、提倡人文精神的思潮的产物。它主要指德国浪漫主义理论,但并不局限于耶拿浪漫派,而是包括着德国古典美学与"狂飚突进"运动文学思潮。诗被浪漫主义理论家看作对抗功利主义的重要武器,因为在他们看来:美是超验的,而诗就是美的体现。浪漫主义文学理论把文学看作对人生价值与理想的探询与追问，认为文学应该服务于实践，这对克服传统文学理论的纯认识论和唯科学主义的倾向，推进文学与实际人生的结合具有重要的理论意义。但是，浪漫主义理论在政治上的保守主义和思想上的唯心主义影响了人们对其理论价值的认识。

论文最后具体探讨了浪漫主义文学理论对我们当今文学理论建设的启示意义。作者指出，浪漫主义理论的支点是整体性思想，其理论价值主要有如下三个方面：首先，对艺术目的的理解上，突出了艺术在维护人自身的完整性方面的意义和价值；其次，在对创作活动的理解上，从有机性的思想出发，强调艺术是一种自然天才的自由创造；最后，在对艺术作品的理解上，要求把作品看作一个活的整体，强调读者必须通过自己的直觉和想象去进行把握。作者认为，要使文学理论研究在21世纪有新的开拓，在最根本的意义上必须从科学与人文的统一来进行全面而综合的研究，其中反思、借鉴浪漫主义文学理论的人文价值是一项应该充分重视和加强的工作。

春季，指导蔡艳山、朱鹏飞完成硕士学位论文并通过答辩。两人论文的题目分别是《康德的审美判断的目的论判断》、《美，作为感性与理性的桥梁——康德美论浅析》。

4月，在《马克思主义美学研究》总第3辑发表《我所理解的反映论文艺观——读朱立元先生〈对反映论文艺观的历史反思〉所引发的一些思考》。该文写于1999年五六月，是针对朱立元发表于《马克思主义美学研究》1998年第2期的《对反映论文艺观的历史反思》一文而作。

论文针对朱立元对反映论文艺观的评析,主要谈了自己的三点看法。首先是从反映论哲学的高度对反映论文艺观的辩护。作者认为,朱立元对反映论哲学的批评,没有区分古典的、旧唯物主义的反映论与现代的、马克思主义的反映论,实际上是以对古典的、旧唯物主义反映论的批评代替了对现代的、马克思主义反映论的批评。1.反映论并未排除非客观的主体因素——特别是情感因素介入主观意识——对客观外在世界的正确反映。作者指出,反映是通过主客体交互作用而做出的,不仅客体作用于主体,主体也会能动地反作用于客体;反映活动的成果也并不只限于事实的意识(知识),它还包括价值的意识(评价),即使是事实意识,当以社会客体为对象时,作为社会的人的认识主体也自觉不自觉地总是从一定的立场、观点出发来进行观察、分析和评判,因而在他的认识结论中必然会带有某些主观倾向的因素;反映有感性的、心理水平的与理性的、意识水平的两种形式,审美反映是两种反映形式的统一。2.反映论对认识过程的揭示,是不是主要着眼于从感性上升到理性,从个别上升到一般,从特殊上升到一般?作者认为,这主要是就认识活动和认识形式而言。反映的内容包括认识(狭义)、意志和情感三种形式,认识至多不过是反映的一种最主要、最基本的形式,不能以认识涵盖其他所有的反映形式。情感、意志对世界的掌握,都是从主体自身的需要出发,通过个别感性形式去把握现实世界的。3.反映论文艺观中,“反映”是不是无法解释文艺表达艺术家的思想情感这一方面?作者认为,把反映的对象仅仅局限于外部物质世界而把内部的精神世界排除在外是过于狭隘的,这不符合反映论的精神。

其次，针对朱立元所指出的反映论文艺观自身的两大内在矛盾，作者进行了专门研究：文艺的真实性与倾向性的矛盾；文艺的审美论与反映论的冲突。关于前者，作者认为这一矛盾的出现是由于人们认识和理解的简单、片面造成的，而不在理论自身的问题。作者强调，倾向性必须以作家对生活的真切的感受为基础，是作家发自内心的真实的思想情感；作品的倾向性尽管以作家个人的审美评价的形式表现出来，但它在不同程度上折射着时代的精神、社会的需求、群众的心理；作品的思想倾向体现在作品的客观描写中。以上这三点能够保证作品的真实性与倾向性得到统一。关于后者，作者从唯物辩证法的思维方法强调一般、特殊和个别的统一出发，认为反映性是文艺活动的一般性质，审美性是文艺反映生活的特殊性质，两者并不矛盾。因此，作者认为朱立元对反映论文艺观的批评并未抓住问题的症结。

最后，作者介绍了自己在创新、发展传统反映论文艺观方面的体会。作者指出，20世纪80年代以来的审美反映论帮助人们完善了对文艺性质的认识，即不再局限于认识论，而是从价值论的角度认识文艺的审美性质；但从"体用统一、性质与功能统一"的角度，即把创作与阅读统一起来，以求得对文艺的性质有一个较为确切而完整的把握，尚待进一步发展。问题的关键在于能不能科学地把握认识与实践的辩证统一关系。仅仅把对价值的阐释局限于认识论的思想框架内，只看作一种认识（反映）中的价值评价活动是不够的，拓展到对文艺实践本性的认识，把读者的阅读和作品的功能也当作整个文艺活动过程的有机构成部分,在认识与实践的辩证统一中才能科学地认识文艺的特性。

本月,赖大仁在《社会科学战线》2000年第3期发表了论文《关于文艺本质特性问题的思考——读王元骧先生几篇近作有感》。以"人学"研究为理论基石,从认识与实践的统一中研究文艺特性,王元骧的几篇近作对以往偏重纯认识论的反映论文艺观进行了反思,并尝试性地开展理论突破。赖文认为这值得关注,但似乎可以再认识。王元骧的这种理论探索启发赖大仁提出了"实践—认识—再实践—再认识"的理论设想,并形成了自己对文艺本质特性的新认识。

6月24日,赴上海参加由复旦大学、上海市社会科学联合会、上海市作家协会等单位联合举办的"蒋孔阳美学思想与新世纪美学研讨会"。此次研讨会有来自全国各地的百余位专家学者参加,王元骧提交会议论文《蒋孔阳美学思想的现代意义》。该文后发表于《美学与艺术评论》第6集(复旦大学文艺学美学研究中心编,复旦大学出版社2002年版)。

7月,在《浙江学刊》第4期发表论文《论中西文论的对话与融合》。

该文主张在深入把握中西哲学文化精神传统的根本差别的基础上,开展中西对话,推动中西文论的融合发展。作者指出,在不同的经济、政治和文化背景下,中西哲学在理论内容、社会功能和思维方式上存在明显不同。首先,西方哲学注重自然,中国哲学注重人伦;其次,从社会功能来看,西方哲学重认识而我国哲学重实践;最后,从思维方式来看,西方哲学重知性分析而中国哲学重直觉感悟。作者将中西哲学的这些不同，概括为科学传统与人文传统的不同，认为西方传统的知识论哲学在推动现代科技文明发展的同时，也使哲学与人生分离，助长了科技文明对人的压制和奴役，而我国传统的人生论哲学在近代受西方哲学影响和启发，在向知识论哲学转化。

作者指出，中西哲学文化传统的不同集中反映在中西人学观的区别上，推动文学理论发展的关键就在于聚焦人学观以开展中西文学理论的对话和融合。而从"人学观"来看，中西文学理论主要有以下三个方面的重要不同：首先，"个人本位"的人学观与"社会本位"人学观的不同。其次，在对文学性质和功能的理解上，西方把文学看作是对生活的摹仿，满足人的求知需要；中国人生哲学影响下的文学功能主要是感发人的情志，作用于人的行为。最后，从文学研究的方法上看，西方传统知识论哲学以及近代认识论哲学的影响下，文艺作品被当作知识客体，文学的方法与科学的方法完全等同，文学研究主要是进行知性分解，直到德国浪漫派开始用有机整体的思想进行反抗才有所改变；我国传统文论则在"天人合一"思想的影响下，坚持整体思维的方法。最后，作者要求应当克服中西人学观的局限性，确立感性与理性、个体与群体、科学性与人文性辩证统一的科学人学观以进行中西文论的对话和融合。首先，作者要求继承和发扬民族文学理论的优良传统。他认为中国传统的人生论文论具有西方文论无法企及的独特优点，可以吸取、借鉴西方传统哲学和文论的科学精神，对我国传统文论重视践履精神、注重社会责任和社会义务的思想加以改造，使之在新的社会历史条件和思想基础上得以发扬光大。其次，作者主张中西文论对话应该克服不同层面上的错位,在正确合理的语境下开展交流而走向融合。如马克思主义文艺社会学的研究,不能把政治上反对个人主义和自由主义,与艺术上的个人趣味、个人创造和个人自由混淆起来;存在主义哲学的"此在之思"不能从生存论、价值论来把握,而应从审美论、艺术论的角度去理解。最后,作者主张应当辩证地处理分析和综合的关系,把中西文论传统的方法当作从"感性具体"上升为"理性具体"过程中的一个环节来批判地吸取。中国古代文论重视直觉和感悟,可以吸取西方传统文论重视知性分析的方法,推进认识走向"理性具体",这对我们文艺理论研究的发展是有积极意义的。

7月23—26日,赴广西桂林出席在广西师范大学召开的"马克思主义美学的现状与未来"国际学术研讨会。

此次研讨会由中华美学学会、中外文艺理论学会等联合主办,广西师范大学中文系承办,国内外各高校与科研单位的50余位专家学者参加。据韦苏陈整理的《"马克思主义美学的现状与未来"国际学术研讨会综述》(《文艺研究》2000年第6期):"王元骧(浙江大学)对马克思主义的艺术活动论进行了具体深刻的论述,他认为艺术活动论可以弥补反映论和生产论文艺观的某些不足,具有重要的理论意义。"

10月,论文集《探寻综合创造之路》作为钱中文、童庆炳主编的"新时期文艺学建设丛书"第二辑的第一部,由陕西师范大学出版社出版。全书收入王先生17篇代表性论文。此书出版后,莫运平在《浙江大学学报(人文社会科学版)》2001年第3期发表补白《读王元骧的〈探寻综合创造之路〉》,给予高度评价。2001年7月,该书获浙江大学2000—2001年度董氏基金教师优秀科研成果奖二等奖。

本年,受聘为中国人民大学复印报刊资料《文艺理论》分册编委。

本年,应邀参加在杭州之江饭店举行的《历代咏竹诗选》初稿专家讨论会。该书由谢双成、洪亮主编,浙江省安吉县政协文史委员会编,2001年由百家出版社出版。

2001 年(辛巳年) 67 岁

1月15日,在《嘉兴学院学报》第1期发表《艺术真实的系统考察》一文,后又在《江海学刊》2003年第1期再次发表。此文由1994年3月中旬的旧稿进一步修改加工而成,完成于2000年八九月之交。

> 论文首先对"艺术真实"范畴进行了文论概念史的梳理、反思。艺术真实起源于西方文论"摹仿说",最早出现于西方古典主义文学。忽视作家思想情感的真实性在艺术真实中的作用是其明显的理论弊端,18、19世纪的浪漫主义文论重视艺术家情感在文学活动中的重要性,把情感真诚看作艺术真实的构成部分,初步完善了古典主义的艺术真实观;但浪漫主义文论对情感的认识存在偏于主观性的缺陷,直接影响到后来的表现主义艺术观,后者把主观与客观、感性与理性对立起来,观点更为偏颇。因此,作者指出,艺术真实的研究应该首先树立起艺术整体的观念。既要看到艺术作品是不同要素构成的整体,也要认识到作品与读者之

间也是一个整体。从这种艺术整体出发,而不是只抓住一个要素来认识艺术真实。随后,着眼于作品整体,作者强调了作品内容中的"事理之真"(通过文学形象揭示生活的特殊本质)与"情意之真"的统一,作品形式中切合内容表现的表达形式及其传统的规范作用。着眼于作品与读者阅读的整体,作者强调了读者的客观真实感对艺术真实的促进作用。作者指出,读者的真实感源自作品内容与读者生活经验、思想认识的契合程度,作品的形式、风格与读者的欣赏习惯和能力的契合程度。

1月29日,在《文史哲》第1期发表《艺术活动论评析》一文。该文后被人大复印报刊资料《文艺理论》2002年第4期全文转载。

  论文把艺术(文艺)活动论看作与审美反映论、艺术生产论并列的新时期马克思主义文艺理论研究三大派别之一,对其进行了全面的反思和考察。作者认为,文艺活动论是把马克思主义创始人关于"人的活动"学说引入文学理论研究所提出的一种文学观念,因此把马克思的"人的活动论"看作文艺活动论研究的理论基础。论文首先系统梳理了文艺活动论研究的发展情况。作者认为,最早是苏联的心理学家和美学家进行了马克思主义"人的活动"学说的运用和探索。20世纪20年代,苏联的"文化历史学派"最早把马克思的"人的活动"理论引入心理学研究,然后是卡冈用系统的方法研究审美活动和艺术活动。在我国,20世纪80年代,彭富春、扬子江最早进行了文艺活动论的倡导,随后是蒋培坤、童庆炳和杜书瀛等人继续进行理论深化。作者指出,文艺活动论研究主要有以下理论贡献:首先是把艺术活动看作人生存的一种特殊方式,进而把文艺活动与人的本质联系起来认识艺术及其相关问题。其次,把"需要"引入了文艺理论。最后,把生活、作家、作品、读者这四个要素联结起来,当作一个主客体之间的置换、互动的过程来进行分析;不仅提高了阅读活动在整个艺术活动中的地位,而且也对文艺性质进行了全新的阐释和把握。反思艺术活动论研究的不足,作者指出了以下三点:首先是自由、自觉的关系问题;其次是对艺术活动中生活、创作、作品、阅读这一动态流程的认识,尚未深入这一流程的内部结构;最后是人的活动与艺术活动关系的问题。关于影响艺术活动论研究深入发展的关键,作者也指出了三个要点:首先是对意志活动的认识,特别是对它的自觉性和目的性在认识上存在不足。其次是意志活动中,目的只有通过一定的手段才能转化为现实。以往的研究对这一点有所忽视。最后,从艺术活动的角度来看,艺术的性质主要是一种"实践理性"。这一点还未被充分认识到。

春季,招收第二届博士生金雅、王苏君。

4月23—27日,赴江苏扬州参加在扬州大学召开的"全球化语境中的文学理论研究与教学"学术研讨会,提交了会议论文《实践的思想与马克思主义文艺理论研究的变革》,后发表于《江苏社会科学》2002年第1期。

这次研讨会由中国社会科学院文学研究所《文学评论》编辑部、文学理论研究室与扬州大学联合主办,来全国各高校和科研机构的50多位专家学者参加。据佴荣本、李学广整理的《开创文学理论研究和教学的新格局——"全球化语境中的文学理论研究与教学"学术研讨会综述》(《文学评论》2001年第5期):"王元骧教授(浙江大学)从实践论文艺观论述了丰富、发展马克思主义文艺理论的意义和价值。"

5月10—11日,赴山东济南参加教育部人文社会科学重点研究基地山东大学文艺美学研究中心揭牌仪式暨"文艺美学学科建设与发展"研讨会,被聘为该中心专家委员会委员,在研讨会上做了学术发言,并提交会议论文《"文艺美学"之我见》,后发表于《河南师范大学学报(哲学社会科学版)》今年第4期。

来自全国高校和科研机构的40余位专家学者出席了活动,据程相占《文艺美学学科的历史与未来——"文艺美学学科建设与发展"研讨会综述》(《文艺美学研究》第1辑,山东大学出版社2002年版):"浙江大学王元骧认为建设文艺美学之必要在于传统的哲学美学是在德国古典美学内部发展起来、分化出来的,它们研究美学的动机和出发不是为了解决实际问题,而是为了建构它们的哲学体系,使它们的哲学体系得以完整,因此在方法上也是思辨的、演绎的、自上而下的,它们对美的研究虽然做出了巨大贡献,但与艺术实践毕竟有一定距离。文艺美学的提出就是为了把对美的问题的哲学研究与艺术实践结合起来,使美学更能在艺术实践中发挥作用。因此,文艺美学应该是介于美学与艺术学之间的一门学科,是传统的哲学美学的一个分支和子系统。"

春末夏初,指导梅笑冰、赵中华和王秋云完成各自的硕士学位论文《弗莱神话原型批评理论述评》、《艺术—游戏—理解:伽达默尔艺术理论辨析》等并通过答辩。

7月,在《河南师范大学学报(哲学社会科学版)》第4期发表《"文艺美学"之我见》。该文后被人大复印报刊资料《文艺理论》2001年第11期全文转载,又收入《中国文学年鉴2002》(杨义主编,中国文学年鉴社2003年版)与《学科定位与理论建构:文艺美学论文选》(曾繁仁、谭好哲主编,齐鲁出版社2004年版)。

> 长期以来,学术界对"文艺美学"这一学科的认识并不明确、清晰。针对现状,王先生著文阐述了自己的相关认识。他指出,西方传统美学研究是"哲学美学",其研究方法是思辨的;文艺美学这一学科则处于哲学美学与艺术理论之间,其研究方法应该是哲学思辨与经验归纳的结合与统一。从谢林、黑格尔到苏联的文艺美学研究,都启示我们把哲学思辨与经验归纳相结合的重要性。关于建设文艺美学学科的意义,作者指出主要有以下三点:首先,也是最重要的,有利于美学研究与艺术实践的结合。其次,有利于与我国传统美学思想展开对话。我国古代没有西方式的哲学美学,不少美学思想都是艺术实践经验的反思和升华,文艺美学能够与之很好地融合。最后,有利于从平等的语境,开展国际文化交流。文艺美学的提出和建构有利于我们的美学研究走民族化的道路,进而在全球化的当今开展国际交流。

本月,《探寻综合创造之路》(陕西师范大学出版社2000年版)获浙江大学2000—2001年度董氏基金教师优秀科研成果奖二等奖。

7月30日—8月2日,参加中国中外文艺理论学会和辽宁大学文化传播学院联合举办的"创造的多样性:21世纪中国文论建设"国际学术讨论会。王元骧发表于《社会科学战线》1997年第5期的《对于推进马克思主义文艺学在当代发展的思考》一文在学术讨论会上荣获"新时期20年优秀文学理论论文奖"。中外文艺理论学会为国家一级学会,此次优秀文学理论论文奖的评选范围为1979年至1999年20年内所发表的文学理论论文,最后共评选出40篇优秀论文。

8月,在《浙江大学学报(人文社会科学版)》第4期发表《文学理论研究三题议》一文。该文原是为研究生上课而写的讲稿《文艺理论基本问题导论》,所论主要是文学理论研究的基础性问题,如文学理论学科的性质、文学观念和方法等。

关于文学理论学科的性质,作者首先肯定文学理论学科的科学性,同意它主要是研究文学的性质、特征及文学存在和发展规律的科学,但同时也强调文学理论有经验的和思辨的两种不同形态,我国相对比较忽视思辨的文学理论研究。作者指出,就思辨的文学理论研究来说,文学观念的变化是推动其发展的关键;因此,文学理论研究首先要确立一个既能体现文学的历史经验和前进方向,又能反映我们时代要求的文学观念。而文学观念不同于科学观念,它不仅具有知识的成分,还必然具有价值的成分,这就决定了文学理论研究不仅是科学性的,同时还是一门学说。文学理论研究的观点、主张反映着研究者的文学价值理想,与其人生观、价值观和审美观密切相关。

关于制约着文学理论研究发展的文学观念和方法问题,作者以文学理论史上影响最大的"再现论"为例,阐明了其研究方法上的综合性特点:既以动态的观点,从事物的结构与功能的统一来进行把握;又从纵向的、层次论的分析来进行认识。作者认为，只有以艺术形象为文学研究的出发点和集合点，进行纵横交叉的综合系统研究，才能全面而完整地认识文学的性质和特征。

最后，论文还探讨了文学理论研究实践必须高度重视的一个关键点：问题意识。作者强调，问题是一切理论的核心，要抓住有意义的问题应该从以下三个方面进行努力。首先，要研究历史。理论史的梳理、与既往理论观点的对话是文学理论研究不可缺少的参照和可供借鉴的资源。其次，是研究现状。抓住人的生存状态，以历史发展的眼光去关注人的生存状态，去关注历史发展中的老问题，是文学理论研究的重心。最后，要有一定的相关学科知识。文学的整体性决定了研究者需要具备多种学科知识的学术素养。

秋季，招收博士研究生朱鹏飞。

9月17日，论文《关于推进马克思主义文艺学在当代发展的思考》获浙江省第九届哲学社会科学优秀成果奖优秀奖。

10月10—13日，赴厦门参加"新理性精神与文学研究方法论"全国学术研讨会并发言，提交会议论文《文学研究与新理性精神——"新理性精神"之我见》，后发表于《东南学术》2002年第2期。

此次研讨会由厦门大学中文系、中外文艺理论学会和《文学评论》编辑部联合主办，来自全国各高校和科研机构的50余位专家学者参会。据高波整理的《"新理性精神与文学研究方法论全国学术研讨会"综述》(《文学评论》2002年第1期)："王元骧(浙江大学中文系)对理性精神历史过程的梳理，有助于人们理解这一问题。灵肉彼此分离、对立的古希腊思维方式，导致了理性感性二分的西方思辨传统。张扬灵性的倾向，又使得以往的理性具有纯知识论和形而上学的特征，重工具理性而轻辩证理性，重社会历史必然性而轻个人主体性。现代非理性思潮的兴起，在反拨旧理性弊端的同时自身又陷入了偏执一端的片面性。消弥以往灵肉分离、感性理性二分的对立。寻求人与自然、个体与社会、实践理性和经验原则的和谐统一，就成为新理性精神的当然选择。从这个意义上说，新理性精神的倡导不仅有着重要的现实意义，也有不可低估的学理意义。"

2002 年(壬午年) 68 岁

1 月，在《江苏社会科学》第 1 期发表《实践的思想与马克思主义文艺理论研究的变革》一文。该文为王元骧先生参加去年 4 月在扬州大学召开的"全球化语境中的文学理论研究与教学"学术研讨会时所提交的会议论文。6 月，该文被收入《文艺美学研究》第 1 辑(山东大学出版社 2002 年版)，后又被人大复印报刊资料《文艺理论文摘卡》2003 年第 3 期转摘。

该文首先反思了我国马克思主义文艺理论研究长期以来的理论失误：自 20 世纪 30 年代形成以来，半个世纪的时间内流行的都是认识论文艺理论。而西方自康德美学之后，特别是自 18 世纪末 19 世纪初的德国浪漫主义文艺理论研究以来，现代许多美学家和文艺理论家就超越了认识论文艺观，认为文艺是一种对人的生存的终极关怀，一种对人生目的、意义和价值的探询。不过，与康德把认识与实践割裂相似，现代西方哲学和文艺理论对实践的理解也存在把实践主观化、心理化、个人化和非理性化的局限。

随后,论文初步探讨了实践论文艺观的理论价值。1.它所侧重强调的是以人为本、以人为目的;它不只是从本原的意义上把文艺看作是对现实生活的反映,而更强调文艺是艺术家按自己的愿望所创造出来的一个"第二自然"、一个"超验事实"、一个理想世界,其价值就是维护人性、拯救人性,以求使人身上一切美好的东西在物欲主义和功利主义的侵蚀下不至于走向沉沦和衰朽。2.它重视感性、个别性和偶然性,不再把文艺只看作对生活本质、规律的一种反映,同时也是艺术家的一种生存方式;强调作品与作家生存活动和生存状态的紧密联系。总之,它要求文艺回归生活。3.实践论文艺观张扬和提升了文艺的价值,强调文艺对人、对社会的批判功能、补偿功能、立法功能、拯救功能、变革功能,强调文艺就是一种政治实践。4.实践论文艺观在研究方法上要求联系文学的阅读,把创作和阅读作为一个整体,把文学阅读看作完成创作目的、实现文学功能的一个不可缺少的环节,指向动态研究。

最后,论文深入探讨了马克思主义哲学实践观的内涵及其对文艺理论研究的启示意义。作者指出,马克思主义的实践观与西方现代人本主义哲学的实践观不同,它同时涵盖本体论、认识论和价值论三方面的内容。这种实践观对马克思主义文艺理论研究具有如下启示:1.就艺术对象来看,艺术创作的对象和材料无不得自艺术家个人的生活实践,带有鲜明的艺术家人生经历的印记,而且整个过程也都离不开艺术家的个人活动,并总是由艺术家个人去承担、进行和完成。2.就艺术创作来看,创作不仅以艺术家的生活实践为基础,而且它本身就是艺术家人生实践的具体内容,是艺术家人生实践在艺术活动层面上的延伸和展现。自然,这种实践是在艺术家的意识层面上进行的,是经过一系列对象化的环节,通过艺术形象的创造,通过运用艺术媒介的加工、制作才得以真正展开的。3.就艺术功能来看,作品的完成仅仅是艺术家与艺术欣赏者建立联系的一个中介,并非创作的最终目的;只有经由艺术欣赏,通过与艺术欣赏者在思想上开展交流,并对艺术欣赏者的思想、人格乃至行为发生了一定的影响之后,艺术家的创作目的才算最终实现。

3月,《美学与艺术评论》第6集收入《蒋孔阳美学思想的现代意义》一文。此文为王元骧在2000年6月24日参加"蒋孔阳美学思想暨新世纪美学研讨会"时所提交的会议论文。

论文把蒋孔阳美学研究成就的取得归功于他始终坚持马克思主义思想的指导,认为把马克思主义唯物辩证法作为科学认识的理论指导,对蒋先生的美学研究意义重大。论文从三个方面对此进行了论证。首先,把实践活动看作美学研究的逻辑起点。以实践活动为基础,把审美实践所形成的审美关系看作美学研究的起点,蒋孔阳立足于马克思主义哲学,真正划清了现代美学与传统美学的界线,推动我国美学研究走向了现代和科学。其次,强调美在创造中。美的本质是一种"恒新恒异的创造"。一方面,从宏观的、社会的层面上来说,美作为一种"关系的客体",它的性质是由审美关系所决定的。而审美关系是从实用关系中产生的,生产劳动所决定的实用关系是永远发展变化的,这就决定了作为审美关系的客体的美,它的本质也必然是社会的、历史的。另一方面,从微观的、审美的层面上来说,即个体在审美活动中的创造方面来说,美是"多层累突创"的结果。最后,美与美感"相互循环"。美从根本上来说是实践活动的产物,是人的本质力量对象化的成果;同时美感在审美关系形成过程中也具有能动作用,是创造美的主观原因。

春季,指导博士后邹广胜完成出站报告《对话与转换》并通过答辩,指导张瑜、高艳萍分别完成硕士学位论文《审美反映论评述》、《非同一性的美学——对阿多诺美学理论的一种透视》并通过答辩。

4月,在《东南学术》第2期发表《文学研究与新理性精神——"新理性精神"之我见》。该文是去年10月参加在厦门召开的"新理性精神与文学研究方法论"全国学术研讨会时提交的会议论文,后被人大复印资料《文艺理论》2002年第9期全文转载,又被收入《多元对话时代的文艺学建设——新理性精神与钱中文文艺理论研究》(金元浦编,军事谊文出版社2002年版)。

论文首先明确肯定了钱中文、许明所提出的"新理性精神"这一文艺理论研究新口号的现实意义,然后着重指出应从现实需要和理论发展的必然性这两个方面来认识"新理性精神"。

在学理分析方面,论文通过探讨西方哲学中"理性"内涵的发展变化,揭示了提倡"新理性精神"的必要性。作者认为,理性是西方传统哲学的基本精神,从柏拉图把理性看作纯知识和形而上学的开始,直到近代的笛卡尔、黑格尔将之发展到极端,理性就是与人生价值要素无关的"知识理性"、"工具理性"和"技术理性"。其中,17、18世纪法国的启蒙主义思想家们所持的就是这样一种与自然科学结合到一起,最为典型的"旧理性"。而这直接引发了19世纪西方非理性主义哲学的反叛。意志哲学、生命哲学和存在主义哲学推崇"非理性",就是了为对抗西方近代启蒙哲学的纯知识和形而上学理性。20世纪的两次世界大战更是让文化领域中的"非理性"思潮泛滥。在这种情况下,文艺活动肯定和宣扬本能、肉欲、享受、颓废,否定价值、理想,就是必然的了。在这种文化背景下,"新理性"要求把事实与价值、感性与理性辩证统一起来,有其不容否定的客观的理论意义。

接下来,论文正式从历史与逻辑的统一对新理性精神进行了分析认识。作者指出,"理性"本来应该是理论理性与实践理性的统一,但从亚里士多德开始,实践理性就被看作低于理论理性;直到近代,理论理性因自然科学所具有的重要社会影响而被启蒙思想家高度肯定。西方传统哲学长期以来"重知轻行"的传统,对应着的是社会现实中自近代以来的人性异化、分裂以及社会腐化现象。康德正是针对这一点,在哲学中重新肯定和重视实践理性。而我国当今市场经济的发展所带来的负面效应,如拜金主义、享乐主义、个人主义等,说明我们正面临着与近代欧洲的人性异化、分裂相似的一些现象,这是新理性精神在学界引发共鸣的重要原因。

论文的最后,作者针对康德对实践理性的看法,论述了我们应该如何认识"新理性精神"的问题。康德所理解的实践理性只是听从抽象的绝对命令实现意志的"自我立法",这说明他在力图纠正只重视理论理性的偏颇时,并没有把经验与理性、个别与一般、经验原则与理性原则统一起来。作者认为，新理性精神就应该认真发掘实践理性的价值，同时通过实践理性整合各种有价值的内容来进行把握。

8月15日，刘康富在《阜阳师范学院学报（社会科学版）》第4期发表《批判性的反思与超越——王元骧文艺本质观综述》，从审美反映论和"认识—实践"双向逆反互动两个方面论述了王先生对文艺本质特征的研究状况。论文认为，王元骧文艺理论观念的发展历程与新时期文艺理论的发展是紧密相联的，他的文艺思想大致代表了新时期马克思主义理论研究的深度和水平。

8月22—26日，赴山东青岛参加"审美与艺术教育国际学术研讨会"。研讨会由山东大学文艺美学研究中心主办，青岛市教育局、崂山风景区管理委员会协办，有来自荷、芬、美、日、韩与我国的130多位海内外专家学者参加。

9月22—26日，赴江西南昌参加"全球化语境下的中国当代文学理论建设与创新"学术研讨会。

此次研讨会由北京师范大学文艺学重点学科、中国人民大学文艺学重点学科、山东大学文艺学重点学科和江西师范大学文艺学省级重点学科联合主办，江西师范大学人文学院承办，来自全国各高校、科研机构的专家学者以及《文艺报》的记者、编辑共30余人参加。据詹艾斌《"全球化语境下的中国当代文学理论建设与创新"学术研讨会综述》（《江西师范大学学报（哲学社会科学版）》2002年第4期）："王元骧（浙江大学）在会上就加强马克思主义的意识形态理论研究问题做了专题发言。"

10月，散文《我们当年学语文》被收入《我们怎样学语文》（王丽主编,作家出版社 2002 年版)。该文又被收入《过去的教师》(商友敬主编,教育科学出版社 2007 年版)、《名家谈语文学习》(王丽主编,华东师范大学出版社 2007 年版)与《我们的语文课》(王丽主编,上海教育出版社 2018 年版)。

该文回忆了王元骧读小学时语文教师戴汉节先生的语文教学情况。戴先生与著名美术史论家、画家王伯敏是同学,他多才多艺,文学修养极高,擅长语文教学。据作者回忆,是戴先生的语文教学培养了他浓厚的文学兴趣。散文特别记叙了以下几件典型事例。戴先生的第一节语文课,并不按教材的课文顺序讲课,而是从许地山的《落花生》讲起,把语文教学与始业教育结合起来,非常重视语文教学的思想引导和人格陶冶功能。戴先生的课文朗读极富艺术性,有强大的艺术魅力。他教语文并不局限于教材讲授,还挑选报刊上的好文章油印出来,让学生阅读,开阔学生的文学视野。

11 月,在《忻州师范学院学报》第 5 期发表《浅谈文学语言的双重功能》一文。该文后被人大复印报刊资料《文艺理论文摘卡》2003 年第 1 期转摘。

该文开头就指明了推进文学语言研究的症结在于语言学观念的转变与突破。作者强调,文学的形象性与语言符号概念性的矛盾源于在语言学观念上受制于逻辑语言的束缚,只有区分语言与言语(话语),立足于语用学才能更科学地认识文学语言。这就是要把文学语言的符号性与语用性、反映对象与接受主体结合起来。一方面联系文学作品的反映对象,主要关注文学语言的描述功能;一方面联系文学作品的接受主体,主要关注文学语言的交往功能。文学语言的描述功能强调文学形象的鲜明生动,交往功能关注文学语言的对话性。描述功能与交往功能的统一,意味着文学形象的刻画、塑造是作家与读者双方共同完成的,这决定了文学语言的三个重要特点:情境性、创造性和非语义因素的语义性。情境性,是指文学语言要放在作品整体的具体语境中,由作品和读者共同决定文学语言的涵义。创造性,是指文学语言的意义是在作家和读者的个体心理上产生了变异才形成其具体涵义,这是具有高度创造性的。非语义因素的语义性,是指文学语言的涵义不只是由其词、句的客观意义决定,语音、语法等非语义因素也都具有丰富的表意功能。

11月,论文集《文学理论与当今时代》一书由浙江大学出版社出版。该书出版后,王杰在《文学评论》2003年第6期发表书评《努力发展当代形态的马克思主义文学理论——评王元骧〈文学理论与当今时代〉》,李弢在《中国图书评论》2004年第6期发表书评《从实践的观点看——读王元骧的〈文学理论与当今时代〉》。2008年11月14日,在马列文论学会第25届年会上该书获"全国马列文艺论著研究会首届优秀论著成果奖"(为庆祝学会成立30周年,学会举行首届优秀论著成果奖评选,共有30部专著、6部译著、25篇论文和3种教材获奖)。

书末后记详细介绍了本书的收文、出版情况,并特别介绍了自己文学理论观念的发展变化,即从认识论视角向实践论视角研究的推进:一方面,作者对意识形态的性质有了更为客观的认识,即认为它的认识功能与实践功能是统一的,而且认为只有以此为前提才能真正推动文学理论研究的发展;另一方面,作者还开展了文学本体论视角的研究,认识到只有把认识论、价值论和本体论这三个视角结合起来考察和研究文学问题,才能对文学做出真正全面、完整、深入、准确的把握。此外,还扼要地介绍了自己的文学理论研究风格:独立性强,具有超功利性,即纯从学术兴趣出发,不为名利计较。

需要说明的是:一、本论文集收文,除收入 1994—2001 年间公开发表的部分论文外,还包括一篇未曾发表的《艺术生产论研究中值得展开的两个问题》。二、本论文集是 1995 年获批国家社科基金项目"文艺的实践本性研究"(95BZW001)的结题成果。三、本书出版获 2000—2001 年度(第九届)浙江大学"董氏文史哲研究基金"资助。

12 月,《文学原理》修订版由广西师范大学出版社出版。书末后记对此次修订的缘起、重点等有比较详细的介绍。本书出版后,刘阳在《文艺报》(2003 年 4 月 26 日)发表书评《体用统一的开拓之作》,还在《博览群书》2003 年第 5 期发表《心性价值走向与学术场景估计——与〈文学原理〉修订版商榷》,进行学术争鸣。张艺声在《台州学院学报》2004 年第 2 期发表《新马克思主义文艺学:反映论的新探索——王元骧文学原理的哲学思考之一》,对作者的理论突破也进行了介绍和研究。2004 年 6 月 8 日,本教材获浙江大学 2003—2004 年度董氏基金优秀成果奖二等奖。2006 年 8 月 8 日,《文学原理》入选普通高等教育"十一五"国家级规划教材。

12 月,参加浙江省美学学会第四届学术年会。卸任学会副会长,被推选为名誉会长。

本年,被聘为河南大学、聊城大学兼职教授。

2003 年(癸未年) 69 岁

2月,在《江海学刊》第1期发表《文学真实的系统考察》。此文初刊于《嘉兴学院学报》2001年第1期,在《江海学刊》再次发表时,被列为该刊"关于生活(历史)真实与艺术真实问题的讨论"专题论文中的第一篇。该文发表后引发了一定的学术反响。刘毅青在《云梦学刊》2005年第3期发表了论文《艺术真实的存在论阐释——兼论王元骧对艺术真实的系统考察》,评价此文:"长期以来文艺理论界对艺术真实的研究并不令人满意,就我所见,王元骧的《艺术真实的系统考察》是目前艺术理论界对此一问题研究最为深入的,也是最为全面的。"

春季,指导博士后张江南完成出站报告《审美活动中的作者与读者——主体间性视角下的美学理论》并通过答辩。

4月26日,刘阳在《文艺报》发表《体用统一的开拓之作》,对去年底出版的《文学原理》修订版给予高度评价。刘阳一方面肯定该教材在理论观点上突破了单一的认识论视角,把对价值应如何的把握看作审美反映的内涵;另一方面认为该教材把作品创作与阅读统一起来,从体用一体中认识文学活动的整体性,有一定的理论突破。

5月,《经之老师印象》一文收入《美的追寻——胡经之学术生涯》(深圳大学文学院编,北京大学出版社2003年版)一书。为庆祝深圳大学建校20周年,祝贺胡经之教授70岁诞辰和从教50年,深圳大学文学院编了此书,王元骧特著此文表示对胡经之先生的祝贺。

本月，刘阳在《博览群书》第5期发表《心性价值走向与学术场景估计——与〈文学原理〉修订版商榷》。

  该文借鉴王岳川在《中国镜像》一书中提出的"心性价值走向"这一概念（用来把握学者从事学术研究设定的文化价值创造目标），对王先生《文学原理》修订版的"不趋时"学术追求进行商榷。其主旨在于批评王先生的个别文艺理论观点脱离了文学创作实际，比如王先生强调作家创作的社会责任与当代文学中王朔的创作、网络文学的不顾及社会责任等文学事实脱节。更进一步，刘阳指出理论的逻辑严谨明确与指向社会现实的开放包容之间存在一定冲突，认为王先生的《文学原理》一定程度上缺少预言文学发展未来趋势的包容性。

春末夏初，指导徐法超、董绍春和朱鹏飞完成博士学位论文并通过答辩，三人的论文题目分别是《想象的真理——对萨特想象理论的研究》、《艺术与游戏》、《柏格森生命哲学美学思想研究》。指导王万征、袁立本和刘海燕完成硕士学位论文并通过答辩，他们的论文题目分别是《关于文学主体论的争议——从主体性到主体间性》、《儒家乐教与现代美育》等。

  7月19日，在《文艺报》发表对话体论文《理论偏见是怎样形成的》。该文后以《在解决现实问题中求得理论自身的发展——关于文艺理论创新的对话》为题，收入个人论文集《审美超越与艺术精神》（浙江大学出版社2006年出版）。

  该文以虚构人物赵建逊采访王元骧先生的问答对话方式，对文艺理论研究中的系列问题，尤其是应避免理论偏见、真正开展理论的创新这一问题，进行了分析探讨。对话以对自己文艺理论思想的介绍开始，作者扼要介绍了自己从"反映论"研究的"是什么"与"应如何"两种反映方式的区分，逐步推进到采用"实践视角"和动态研究方法的研究的发展过程。"应如何"的反映不仅要判别真假，还要区分善恶、美丑，它的目的在于帮助人的意志做出选择、行为确立法则，因而从性质上看它属于"实践的意识"。也因此，文艺活动对社会现实的审美反映，直接具有对读者实践意志的影响作用。总之，文艺活动从性质上看是认识与实践的统一，也只有通过动态的研究方法才能全面地认识其从创作到阅读的整个活动过程。作者指出，自己这种认识上的发展是由社会现实的物质丰盈与精神滑坡、文化失范的矛盾所引发的，同时又接受了康德的伦理哲学和德国浪漫主义诗论的影响。这种理论认识既揭示了文艺与人生的本质关联，同时也为与我们民族的传统文论进行对话奠定了理论基础。总结自己的治学经验，评价我国当前文艺理论研究的现状，作者强调了问题意识对文艺理论研究的重要性。他指出，从现实、从当今的文艺实践、从社会向文艺提出的要求出发，针对理论研究中的疑点、难点、争论的焦点，应该突破的关节点等等，发现真正的问题，是推动文艺理论研究发展的关键。这就要求理论研究者对现状有深入研究和长期的知识积累，要求理论研究者有责任意识和人文情怀，要求理论研究者针对现实问题，立足于前人研究基础上踏实研究。另外，作者还期待学术界形成一种对话、商讨和批评的风气。他指出，这要求研究者应当拥有学者的胸怀，展现出真正的学者风范，其中最为关键的是学者应努力提高自己的学养和学术水平，避免因观点不同而形成的偏见。没有研究，只凭一种先入为主的观点来妄加评判，这就是偏见，这是影响文艺理论健康发展的重要问题。作者以不少学者对马克思主义文艺理论的偏见，对后现代主义的片面推崇为例，阐发了马克思主义的唯物主义思想、辩证法观念和实践观点的科学性。最后，作者还介绍了自己在文艺理论研究"综合创新"方面的最新进展，这就是对文艺本体论研究的探索。他主张应立足于文艺与人生实践的互动关系来探讨文艺的性质。

8月，《写作大辞典》新版（庄涛等编著，汉语大辞典出版社2003年版）收录1989年初版《文学原理》，在"中外文论"之"中国近、现、当代文论名篇名著"中立目介绍此书。

9月13—14日，赴上海参加"全球化视野中的中国文艺学美学学术研讨会——纪念蒋孔阳先生80周年诞辰纪念会"。研讨会由复旦大学中文系主办，《文艺研究》杂志社、《学术研究》杂志社与中南大学文学院、山西师大文学院、苏州大学文学院共同协办，来自全国各地的100余位专家学者参加。研讨会在上海天益宾馆隆重召开，上海作协主席王安忆也出席了会议。

9月，在《文学评论》第5期发表《评我国新时期的"文艺本体论"研究》一文。该文后被人大复印资料《文艺理论》2004年第1期全文转载，又收入《中国文学理论批评文选2003卷》（中国作家协会理论批评委员会编，作家出版社2004年版）及《中国文学年鉴2004》（杨义主编，中国文学年鉴社2004年版）。

论文首先辨析了文艺本体论的内涵，大致梳理了中西文艺本体论研究的发展情况。作者认为凡是主张在文艺之外有一个"本原"世界，并联系和立足于这个"本原"世界来探讨文艺性质的研究就是"文艺本体论"研究。古希腊时代的文艺本体论,受古希腊"自然本体论"哲学的影响,或从外在目的论的角度,把文艺看作诗人按照理念世界或自然对象所创造的"第二自然";或按内在目的论的观点,从有机整体的观念来认识文艺作品。康德把古希腊的自然本体论改造成了道德本体论,通向了人类本体论。康德的本体论思想虽然抽象,但直接影响、启发了叔本华的意志哲学,以及其后的生命哲学、存在主义哲学及精神分析哲学。把人具体的生命活动、生存活动当作哲学认识的本体对象,认为文艺是人的生存状态的一种显现,认为只有联系人的生命活动、生存活动才能使文艺的性质得到最终的解释,这就是文艺生命本体论、文艺生存本体论的核心观点。20世纪80年代中期我国当代文艺研究中,也出现了文艺生命本体论、文艺生存本体论的观点。彭富春、扬子江发表于《当代文艺思潮》1987年第1期的《文艺本体与人类本体》一文是我国最早、最为全面系统阐发文艺生命本体论的论文。这一理论先后得到了杜书瀛、王岳川、林兴宅等许多学者的响应和支持,是文学主体性理论之后又一深刻影响我国文艺理论研究的观点。随后,论文深入探讨了新时期以来文艺本论研究的理论价值和意义。1.克服了传统认识论文艺观把文艺看作一种知识形式的局限,使我们对文艺性质的理解真正有了最终的理论根据。作家的人生实践、生存活动对于文艺作品来说是具有本体论意义的,文品与人品、文艺与人生总是互相阐释的。2.避免了文艺理论研究中的科学主义的倾向,使文艺人文性的内容得到应有的体现。3.把时间性的问题引入文艺理论,开拓了文艺研究的历史的维度。文艺本体论不仅从微观方面为我们描述了具体文艺作品存在状态的结构，而且从宏观方面向我们阐明了一种新的文艺史观，表明文艺作为人的一种精神生命的存在方式，不论就作家创作还是读者阅读而言，都是处在现在与过去的"对话"之中。论文最后集中探讨了文艺本体论研究中存在理论分歧的三个原则性问题。1.在理论上，对"人类本体"这个概念的理解存在比较大的区别。把"生命"概念生物学化、原始化影响了人们对"人类本体"的正确认识；只有注意到人有对生命意义的明确意识，存在精神生命的侧重，才可以更科学的认识"人类本体"，并更理性的认识文艺活动。2.关于文艺本体论研究与认识论研究的关系问题。作者反对文艺本体论研究对认识论文艺观的偏激否定，正确地指出，反映论哲学作为辩证唯物主义认识论，不只把握主客体关系中的客体，还反映客体所处的主客体关系；艺术活动中的审美情感有选择和调节作用，审美情感不仅反映着艺术客体，同时也反映着艺术主体对艺术客体的需要、愿望。因此，艺术对人生的反映不是只通过直觉和体验来实现的，艺术与人生的统一不是本源性的统一，而是过程性的、动态的合一；作家的思想意识和人格在艺术反映活动中发挥着极为重要的作用。2.关于文艺本体论和文艺超验性的关系问题。一些生命本体论、生存本体论哲学思想在把人的生命生物化、原始化时，生命的价值、意义等生命的超越性因素都被取消了。其实，生命的终极意义所决定的"生命的超验性"在根本上决定着人生永远的超越性追求，文艺本体论就是在这一点上来看待文艺对人生的价值、意义的——文艺以其艺术魅力激励着人的生命自觉意识，引导人们不断走向自我超越。

10 月,访谈《像落花生一样》收入《世纪印象:百名学者论中国文化》一书(朱竞编,华龄出版社 2003 年版)。该文写于 2001 年 6 月 30 日,后又以《答〈文艺争鸣〉杂志社朱竞同志问》为题收入《文艺学的守正与创新——王元骧教授八十寿辰暨从教五十五周年纪念文集》(浙江大学文艺学研究所编,浙江大学出版社 2014 年版)。

11 月 15 日,在《文艺报》第 2 版发表《用"美的艺术"提升品格》,署名王元骧、赵建逊。

> 该文把美的艺术看作伟大的艺术,认为这种艺术有追求、企盼和梦想。针对当前社会商品经济的繁荣所造成的人的异化这一现实,王先生坚持美的本质是塑造人的。他认为,从人的生存和发展出发,提升人的精神,完善人的人格是美、艺术的根本性质。美感也一样,它不同于欲望满足的快感,而是非功利的精神愉悦。西方后现代社会中,人的异化更为突出,艺术、美的堕落更为严重,这需要我们更为强调美、艺术的人性拯救功能,而不是认同社会现实的把艺术变成消费文化。所以,王先生坚持把美的艺术看成人生的宗教、世俗的宗教,重视其超验的、形而上的性质。

同日,王杰在《文学评论》第 6 期发表书评《努力发展当代形态的马克思主义文学理论——评王元骧〈文学理论与当今时代〉》,高度评价王元骧先生的理论探索对发展当代形态马克思主义文学理论的重要意义。

> 王杰认为,王元骧先生八年来的研究代表着中国马克思主义美学和文艺理论研究从传统形态向现代形态的转

变。王先生要求文艺对社会实践的介入和推动,重视文艺的审美意识形态性质,推动中国马克思主义文艺理论研究从审美反映论向审美意识形态论的转变,有其学理依据和现实基础。这种转变是中国社会自旧民主义社会向新民主义社会转型之后的第二次转型,即市场经济社会建立的结果。

12月1日,赴深圳参加深圳大学文学院主办的"胡经之教授学术生涯五十年座谈会"并发言,提交会议论文《"文化美学"随想》。该文后发表于《深圳大学学报(人文社会科学版)》2004年第1期。为庆祝胡经之教授从教50年,同时庆祝深圳大学建校20年,深圳大学文学院举办了此次座谈会。国内知名学者如钱中文、张炯、曾繁仁、陆贵山、童庆炳、饶芃子等参加座谈会,研讨胡经之教授的文艺美学思想等。

12月3—4日,赴暨南大学参加"第四届全国文艺学及相关学科建设研讨会"并发言,发言内容后来以短论的形式分别发表于《学术研究》2004年第3期和《暨南学报(人文科学与社会科学版)》2004年第2期。

此次研讨会,文艺学及相关学科的专家学者共有70余人参加。针对当时文艺学发展面临的严峻现实,研讨会重点探讨了"文艺学学科的拓展与边界"这一中心议题及文艺学与其他学科的互动、高学位点人才的培养和教育等问题。据李亚萍、杨铜所写《文艺学:危机与突破——第四届全国文艺学及相关学科建设研讨会综述》(《暨南学报(人文科学与社会科学版)》2004年第4期):"浙江大学王元骧教授提出,文艺学博士生,首先必须具有强烈的人文关怀意识;其次要有问题意识;三要有艺术品鉴能力"。

本月,《美源于人自身生存的需求》一文发表于《文艺美学研究》第3辑(山东大学出版社2003年版)。

该文采用对话体。它以作者王元骧与虚构人物赵建逊对话的方式探讨了美、艺术及其价值意义的认识问题。作者坚持美的价值客观性。着眼于真正的人的培养和塑造,作者认为,美和美的艺术对人的意志和情感的陶冶具有比知识、技能教育更为重要的意义。这是因为,当今经济社会对知识和技能的高度重视也会造成人的异化,而美和美的艺术则具有培养真正的人,以对抗异化的重要作用。美作为审美价值,它所引发的主要是一种纯粹情感活动,而借助这种情感活动,审美能够培养人的"移情能力",进而培养人的美德。美和美的艺术因此也具有对人极为重要的道德和政治价值。只不过,在当今消费社会的文化发展中,人们的审美观念和艺术观念都发生了极为重要的变化。新兴的泛审美活动中,艺术活动与商业活动已经没有严格的界线,甚至艺术、审美活动都已经沦为商业销售的媒介,具有明显的"商品意识形态"内涵。对审美文化的这种变化,作者在肯定其推动美和艺术融入生活、走向大众的客观意义这一前提下,表达了自己对美的泛化甚至是异化的担忧:美、美感的泛化、异化,事实上消解了美的意义和价值,后现代美学理论对美的性质进行解构,只是对于审美文化现状的谄媚,没有学理上的依据。总之,作者仍然坚持对于美和艺术的传统认识,强调审美的超验性质和形而上学性质。根据作者的认识,这种认识上的保守是针对现实问题所做的思考,并不是与现实相脱节。其给人以脱节的印象,是理论本质上的反思性所导致的,即真正的理论始终与现实之间保持着一种必要的张力,唯有如此才能真正发挥理论对现实的批判和实践作用。

2004 年(甲申年) 70 岁

1月,在《江苏社会科学》第1期发表长文《论艺术研究的实践论视界》。

论文首先界定了艺术的实践性的内涵。作者认为,应从伦理学的意义上,根据"人是目的"的理念,认识艺术使人在精神上获得提升和完善,实现人的生存价值,使人拥有真正意义上的人的生活这一客观价值。而长期以来,这并不是文艺理论发展的主流观点。从柏拉图主要从艺术创制的角度来认识艺术的实践性开始,技艺性实践就是艺术实践性认识中的主要观点。从伦理实践的角度来认识艺术实践性,在西方比较典型的是德国浪漫派诗学。理论家们主张艺术、美本质上具有形而上学性,是以自身为目的的。人是以自身为目的的,与人有着本质关联的美与艺术的"以自身为目的"就是以人为目的。在精神上拯救人,使人拥有人性,就是艺术、审美的最高价值,也是其实践特性的内涵。

肯定艺术的实践性,与坚持文艺审美反映论并不矛盾,因为艺术对生活的审美反映是对生活"应如何"的追问,是一种不同于揭示"是什么"的价值反映。价值作为人努力追求的对象所具有直接导向活动的实践性,决定了艺术的审美价值同样具有实践性内涵。艺术家对审美价值的艺术创造与读者对艺术家人生理想的响应、接受共同形成了艺术的实践性特质。强调艺术的实践性与坚持"文学是人学"的文学观念也紧密相关。文艺实践性研究吸收德国浪漫主义诗学观点的客观价值,积极探讨文艺对人及其生存的形而上学意义,真正把人当作文艺活动的目的,发现了文艺在现实生活中对人的精神定向功能。

艺术的实践性研究与艺术的本体论、认识论和价值论研究都有密切的理论关联,论文对此也进行了深入的分析。这种紧密的理论联系,决定了艺术研究三种不同视界的统一性。人的实践原本就是人的本体存在的构成部分,是人的"应是"反映活动的根本推动力,是人的价值活动的源泉。艺术实践性指艺术对人的精神拯救价值,它直接关注人的本体存在,追问人生"应是"的状态,探求人存在的终极价值意义,这就把艺术研究的本体论、认识论和价值论视界统一了起来。

最后,论文还分析了艺术的实践性研究对艺术研究方法的影响制约作用。作者强调,从艺术研究的实践论视界来看,艺术是人类为实现自己的人生理想、生命价值而进行的活动,与人类的一切实践活动一样,都是一个由需要—动机—目的—手段—结果所构成的动态流程。这一动态流程所决定的艺术研究思维历程,就是运用动态的研究方法去把握艺术家、作品、艺术欣赏者和世界这四个要素及其之间的相互关系。

2月,在《深圳大学学报(人文社会科学版)》第1期发表《"文化美学"随想》一文。此文原是王元骧先生 2003 年提交"胡经之教授学术生涯五十年座谈会"的会议论文。座谈会后,《深圳大学学报(人文社会科学版)》专设"学术心路与审美人生(笔谈)"栏目,选摘发表研讨会的部分论文,该文被选中发表。

　　"文化美学"是胡经之先生在"文艺美学"研究的基础上提出的美学新见。王元骧的论文结合自己对"文化美学"这一概念的认识和理解,对自己在《美源于人自身生存的需要》一文中所提出的审美观和"美的艺术"观进行了新的阐释。论文首先对胡经之先生的这一观点表示赞同,认为它是对文艺美学研究领域的进一步拓展。王先生强调,胡经之倡导"文化美学"的观点,与当今审美文化的发展状态密切相关,但"文化美学"不同于文化批评以流行文化、消费文化和商业文化来取代和消解审美文化,仍然坚持美是以人为目的的美学观念。他认为,随着生活的发展,美的领域在扩大,人们的审美观念也在变化,但美以人为目的的根本性质不会变,而且经济的发展所造成的人的异化,特别需要审美的净化和拯救。

张艺声在《绍兴文理学院学报(哲学社会科学版)》第 2 期发表《新马文艺学:实践论的新思辨——王元骧文学原理的哲学思考之二》一文。该文对王元骧文学理论研究的实践论哲学基础进行了客观评述。

3 月 20 日,在《学术研究》第 3 期发表短文《文艺学强调艺术本性的研究》。

　　该文主要探讨了文艺学的学科建设问题。作者提出,应以对文艺本性的研究为基础划定文艺学的边界。他认为,在后现代主义的消极影响下,人们不再重视对文艺本质的研究,但"反本质主义"不是拒绝对本质的研究。列宁在《哲学研究》中所提出的"本质是多重的、流动的和抽象的"这一观点仍具有其科学性和深刻性。另外,作者还强调了文艺理论研究的超验性和批判性特性。他指出,艺术的本性是超验性的美。由此,文艺理论研究应保持与现实之间必要的张力,具有一定的超越性和批判性特征。

3月22日,在《暨南学报(人文科学与社会科学版)》第2期发表短文《文艺学不应回避艺术本性的研究》。

此文除了阐述对文艺学学科建设的意见外,还包括作者对博士生学习所提出的要求。1.人文情怀。学术研究应该关注社会现实。2.问题意识。要清楚研究课题的学术意义和现实意义,要在占有前人研究成果的基础上,抓住问题的关键进行研究。3.文学本位。理论研究不能脱离文学鉴赏。

春季,指导金雅、王苏君完成博士论文并通过答辩,两人论文的题目分别是《梁启超美学思想述评》《走向审美体验》。

4月23—26日,出席在杭州召开的"美育当代性问题"学术研讨会,提交会议论文《审美:现代人的自我拯救之道——对于美育现代意义的哲学思考》。该文后发表于《湖南社会科学》2005年第4期,并被收入会议论文集《当代中国美育问题》(杜卫主编,山东文艺出版社2008年版)。

研讨会由浙江师范大学人文学院和山东大学文艺美学研究中心联合主办,来自全国高校和科研机构的30多位专家学者参加。围绕着美育与当代社会生活、美育与当代教育变革、美育理论与美育实践三个主要议题,与会专家学者深入探讨了"美育的当代性"问题。据程镇海、赖勤芳《"美育当代性问题"研讨会综述》(《学习与探索》2004 年第 4 期):"王元骧认为,美育是现代人的拯救之道。尽管自古以来人们就发现了美在塑造人的美好心灵方面具有重要意义,但是比较起来,美从没有像在现代社会中这样显示出它对于人的生存和发展的独特的重大的价值。"

本月,张艺声在《台州学院学报》第 2 期发表《新马克思主义文艺学:反映论的新探索——王元骧文学原理的哲学思考之一》一文。该文对王元骧文艺理论研究中的审美反映论建构进行了认识介绍。

春末夏初,指导陈吉猛、郑玉明分别完成博士学位论文《文学的存在方式研究》、《试论黑格尔艺术认识范畴的实践性内涵》并通过答辩,指导毛良斌、刘康富分别完成硕士学位论文《论文艺是否有助于提升人的德性》、《从生命个体的自由通达审美自律的生命本体论》并通过答辩。

5月,在《学术月刊》第 5 期发表《对文艺研究中"主客二分"思维模式的批判性考察》一文。该文后被《花溪》2013 年第 1 期全文转载。

> 论文立足于马克思主义哲学和文艺的特点,对文艺研究中的"主客二分"思维模式进行了客观、辩证的认识。论文开头,首先客观地承认文艺研究中的主客二分思维模式有其不可避免的理论局限,亦有其不可或缺的认识价值。马克思主义创始人认为主客体既是二分对立的,又是互相渗透的,这种对立统一的辩证认识有其不容否定的重要价

值。随后，论文从存在论和认识论两个不同的维度，对马克思辩证的"主客二分"思维模式进行了探讨，并揭示了它对文艺理论研究的启示意义。根据这种主客二分的观点来审视文艺，那么文艺的对象就不是独立于作家而存在的外在世界，它本身就是作家人生实践的产物，带有作家思想人格、人生经历的鲜明的印记。而文艺创作也不只是作家对于现实生活的简单记录，他总是以自己的全身心，亦即以知、意、情统一的人投入到对反映对象的把握和加工之中。最后，论文又在特殊性的层面上，具体比较了理智关系和情感关系中主客体关系的异同，说明了情感活动中主客体关系的特点。总之，作者强调，对于文艺活动中的主客体关系，不能满足于哲学层面上的"二分"与"合一"的辩证统一关系的抽象认识，而应该深入到心理学层面上把哲学的演绎与心理学的研究有机地结合起来，具体地认识其特点。

6月8日，《文学原理》修订版（广西师范大学出版社2002年版）获浙江大学2003—2004年度董氏基金教师优秀科研成果奖二等奖。

6月9—11日，赴京参加由中外文艺理论学会与中国人民大学人文学院中文系共同主办，清华大学比较文学与文化研究中心、社会科学报社、中山大学中文系等单位协办，在中国人民大学召开的"多元对话语境中的文学理论建构国际研讨会暨中外文艺理论学会第三届代表大会"。会上，浙江大学当选学会第三届理事单位，王元骧、徐亮当选本届理事。

6月25日，在《东疆学刊》第2期发表了《从"人类本体"论到"文艺活动"论》一文。该文文末附有比较详细的作者介绍，后收入《20世纪中国文艺思想史论 第2卷 原理·范畴》（葛红兵主编,上海大学出版社 2006 年版)。

论文对新时期以来"文艺活动论"研究的发展进行了深入的反思。首先是"文艺活动论"的理论起源。作者指出,李泽厚的"人类本体论"哲学是文艺理论"人类本体论"或者说"文艺活动论"的理论基础。彭富春、扬子江《文艺本体与人类本体》一文,最早以李泽厚的哲学思想为基础提出了"文艺人类本体论"。随后,是杜书瀛对"人类本体论"艺术观的认识。作者认为,杜书瀛的认识更为清楚地暴露了"人类本体论"艺术观把生命体验与认识活动割裂开来的非理性倾向。再次,是蒋培坤、童庆炳的艺术活动论研究。蒋培坤的艺术活动论与杜书瀛等的研究有同样的理论来源,但他关注的是由"人类本体论"引申出来的艺术活动论。童庆炳的艺术活动论研究与蒋培坤相比有极大的理论突破。只不过,童庆炳的认识只是初步揭示了艺术创作和欣赏之间的外部转换联系,而没有认识到创作与欣赏的内在联系。最后,作者具体分析了艺术活动由生活—艺术家—作品—欣赏四要素所构成的活动链,认为它本质上是艺术家实现自己的创作目的,追求"艺术与人生合一"的一个过程。

6 月 24 日,苏宏斌在《高校理论战线》第 6 期发表《与时俱进综合创新——王元骧先生学术思想简述》一文。该文后被收入《无言的风景:中国高校知名社科学者学术思想巡礼》一书(高校理论战线编辑部编,高等教育出版社 2006 年版);又被收入《中国新时期文艺理论家研究》(刘文斌主编,中央民族大学出版社2012 年版),作为研究介绍王元骧文艺理论观点的一章。

该文对王元骧 1986 年以来的文艺理论研究发展情况

进行了简述。紧紧抓住王元骧对文学本质和文学观念的理论探讨，论文将王元骧1986年以来的文艺理论研究划分为三个阶段：1986—1994为第一阶段，主要进行审美反映论的理论建构；1994—2000主要进行艺术实践论的探讨；2000年以后的第三阶段主要从事艺术本体论的研究。最后，论文还对王元骧文艺学研究的研究方法和治学特色进行了概括：基础性、综合性和现实性。

6月30日，李弢、徐冬香在《中国图书评论》2004年第6期发表书评《从实践的观点看——读王元骧的〈文学理论与当今时代〉》。从王元骧书中的文艺理论实践观出发，作者从问题意识、批判的历史观感和创新的当代视野三个方面对该书的学术特色进行了扼要评析。该书评后收入《走出独乐审美的生境》一书（李弢著，上海书店2016年版）。

7月，在《文学评论》第4期首篇发表《关于艺术形而上学性的思考》一文。该文被人大复印报刊资料《文艺理论》2004年第10期全文转载，后收入《中国文学理论批评文选2004卷》（作家出版社2005年版），又收入《中国美学年鉴2004》（汝信、曾繁仁主编，河南人民出版社2007年版）。该文2005年4月6日获浙江大学2004—2005年度董氏基金教师优秀科研成果奖论文奖

> 论文首先强调当今时代的社会文化状况决定了对艺术形而上学性的思考有其必要性。作者指出，当市场经济把艺术变为文化商品，文艺创作走向粗鄙化、浅俗化，艺术的审美本质被消解，这就需要人们重新思考艺术超越于经验生活之上的精神意义。随后，论文结合着西方美学、文艺思想中艺术形而上学性思想的演化，揭示了重视艺术形而上

性的价值和意义,即反思科技工具理性导致的人的物化和异化,实现对人的精神拯救。最后,论文试图突破学术界把艺术的形而上学性仅仅看作由艺术主体的审美体验所产生的特性这一认识局限,联系人的生存活动来全面深入地探讨艺术的形而上学性产生的原因。

10月,在《汕头大学学报(人文社会科学版)》第5期发表《文艺理论的现状与未来之我见》一文。该文后被人大复印资料《文艺理论》2005年第2期全文转载。

　　论文批评当今文艺理论的现状是"跟风赶潮"、"追新逐异",认为这与学界普遍存在的浮躁心理有关,与文艺理论研究者正确价值观的缺失有关,与西方"后现代主义"思潮的冲击有关。由此,论文强调了文学观念问题在文艺理论研究中的重要性,认为西方"后现代主义"思潮的"反本质主义"主张,影响了我们集中研究"文学观念"这类文艺理论研究中的基础性重大问题,使我们的文艺理论研究丧失了思想依据和理论前提,应当首先予以批判。作者强调,回到文艺基础理论研究,关注文学观念等重大理论问题有如下意义:使我们在批判吸取理论资源时有自己的理论依据;使我们建构自己的理论有一个理论上的支点;使我们在研究中自觉形成一种有效的方法。最后,论文批判了前几年流行过的"纯文学"观念和近几年盛行的"日常生活审美化",认为这些都未经科学而严格的论证而没有上升到理论。"纯文学"观念放弃了文学的人生和社会功能,"日常生活审美化"为消费文化、休闲文化张目。它们在学理上存在问题。作者认为,美是从人的生存根基里产生的,与人的生存活动本质上密切相关,而不是文化消费主义的产物。从理论研究的批判性、超越性出发,我们也不能简单地认同文化消费主义逻辑。总之,作者要求我们应该认真地坚持以下原则来研究文学观念问题:反映我们时代的要求,体现我们民族文化的精神,具有整合和同化一切有价值的理论资源的能力。

浙江大学文艺学研究所举办王元骧教授七十寿辰座谈会。会后出版《在浙之滨:王元骧教授七十寿庆暨浙江大学文艺学研究所成立五周年纪念文集》(徐岱主编,广西师范大学出版社2004年版)。

该书第一辑《王元骧先生的文艺学道路》,收入王先生本人的两篇作品与弟子、同事研究其文艺思想的四篇论文。王先生本人的第一篇文章《七十感怀——兼谈我的学术生涯》为本年初新写,提供了不少了解其生平经历和学术发展道路的第一手材料,值得特别关注。苏宏斌的《艺术的实践本性与文艺学的方法变革——为王元骧先生的文艺学观点一辨》、邹广胜的《现实与可能之间——谈王元骧先生对浪漫主义理论价值的重新评估》、朱首献的《人学本体与理性思辨——王元骧先生文艺理论思想研究》和李咏吟的《从审美认知到实践反思——评王元骧先生的审美反映论与艺术实践论》四篇论文,各自从不同角度进行探讨,呈现了王先生文艺理论思想的丰富内容,彰显了其观点的启示意义。

10月30—31日,赴上海参加在复旦大学召开的"全球化语境下的文艺学应对策略"学术研讨会。此次研讨会由《文学评论》编辑部与复旦大学中文系共同主办,来自全国各高校和科研机构的专家学者参加了研讨会。研讨会围绕着"全球化语境下文艺学研究的危机与挑战"、"全球化语境下中外文论的焦虑与选择"和"全球化语境下中外文论的会通与互动"三个议题进行了学术研讨。王元骧提交会议论文《强化文艺理论研究中的独立自主的意识——浅议"全球化"语境下文艺学的应对策略》并发言。该文后发表于《河南师范大学学报(哲学社会科学版)》2005年第5期。

本月,张艺声在《枣庄师范专科学校学报》第5期发表论文《新马文艺学:反映论的新探索——王元骧文学原理的哲学思考之一》,对王元骧先生文艺审美反映论的理论建构进行了分析、介绍。该文与发表于《台州师范学院学报》2004年第2期的《新马克思主义文艺学:反映论的新探索——王元骧文学原理的哲学思考之一》是同一篇论文。

11月5—8日,赴苏州大学出席"中国文学史百年研究国际学术研讨会"并做学术发言。此次研讨会由北京大学中文系与苏州大学文学院共同主办,我国及日本、韩国的专家学者近150人参会。

11月20日,在《浙江大学报》发表散文《深切怀念原浙师和杭大的两位老领导》,深切怀念浙江师范学院党委书记焦梦晓和杭州大学副校长林淡秋。该文发表后在退休教师中引发强烈反响,后收入《文艺学的守正与创新——王元骧教授八十寿辰暨从教五十五周年纪念文集》。文中怀念林淡秋的部分,于2006年5月18日"陈学昭、黄源、林淡秋诞辰100周年纪念座谈会"翌日,在《浙江日报》、浙江在线新闻网站再次发表,并以《这样的好领导让我终身感到幸福》为题收入《林淡秋百年纪念集》(浙江省文学艺术界联合会编,浙江文艺出版社2006年版)。

本月，在《中国美学》2004年第2辑（汝信、王德胜主编，商务印书馆2004年版）发表《"美是道德的象征"——康德美学思想辨正》一文。

　　该文对康德美学长期被视为"形式主义"美学的观念进行了辨析。在指出康德美学遭受长期误解和曲解的事实后，作者梳理了误解和曲解的起源发展。国外是奥·施莱格尔的片面理解和法国唯美主义文艺思潮的代表戈蒂耶的误解；国内是我国现代美学家朱光潜、宗白华对康德美学的错误看法。随后，论文全面客观地分析了康德美学的主要内容。根据康德进行美学研究的动机、康德对鉴赏判断和目的论判断力具体的批判认识，紧紧抓住康德把审美看作沟通感性与理性、经验与超验的中介这一中心看法，作者重点分析了康德对审美与道德的本质联系的认识。最后，论文对康德的"美是道德的象征"这一观点进行了深入探讨，揭示了康德美学的理论贡献与时代意义。作者认为，后代美学家都一定程度上忽视了康德美学所强调的审美的精神性、超验性因素。而对现代社会日趋物化和异化的人来说，康德意义上的审美无疑是一种拯救方案，这也是我们当今时代应该重新发掘和高度重视的内容。

12月，张艺声、王建华出版专著《比较与超越：世纪之交中西文论之比较研究》（中国社会科学出版社2004年版），设专章（第五章）研究王元骧的文艺理论思想。

　　该章分为三节：反映论的新探索、实践论的新思辨和本体论的新拓展，介绍了王先生的文艺理论主张。该章第一、二节的内容已分别发表于《台州学院学报》2004年第2期

（《枣庄师范专科学校学报》2004年第5期），《绍兴文理学院学报（哲学社会科学版）》2004年第2期。

12月21—23日，赴南昌出席在江西师范大学召开的"中央实施马克思主义理论研究和建设工程"文学组第一次全国学术研讨会。

文学课题组全体成员、全国文艺学界的著名专家学者代表共50余人参加此次研讨会。研讨会讨论了北京师范大学、复旦大学、华中师范大学和江西师范大学提交的四个专题报告，重点讨论了由华北组、华东组、中南组和西南组以及各地邓小平理论研究中心提交的12个新编文学理论教材编写提纲，听取了几个课题小组有关提纲编写情况的说明。通过此次研讨会，学者们在一些重要理论问题上取得了一定共识。

2005年（乙酉年）71岁

2月16日，为金雅的专著《梁启超美学思想研究》（商务印书馆2005年版）写序。序言高度评价了金雅著作的学术价值，同时也着重阐述了自己对梁启超趣味美学思想、趣味人生精神的认识和评价。

3月，在《文史哲》第3期发表《应该怎样理解审美的"无利害性"？》一文。该文后被节选收入《中国美学年鉴2005》（汝信、曾繁仁主编，河南人民出版社2007年版）。

该文反思了对康德美学审美"无利害性"观点的认识问题，充分揭示了这一观点所包含的"以人为目的"的深层"人学"意蕴，为文艺理论研究对"审美"概念的运用奠定了理论基础。论文首先联系康德美学审美"无利害性"观点在西方文论史上的正反两方面理论影响,初步揭示了正确理解这一观点的必要性。法国唯美主义文学家戈蒂耶的极为偏激的非实用、唯美主义文学观念,源于对康德观点的误解,而席勒美学、奥·施雷格尔的浪漫主义诗论则正确理解了康德美学的审美"无利害性"的真义——它实际上反映其哲学的"人是目的"观念,即通过审美的非功利性,康德哲学所追求的人以自身为目的的超验自由性观念才体现出来。随后,论文正面揭示了康德美学中审美的"无功利性"观点所包含的"人是目的"的人学意蕴。康德美学"美是道德的象征"的观点,更是具有鲜明的人学意蕴。论文最后直接剖析了康德美学的抽象性、神秘性理论局限,揭示了其人学意蕴的抽象性。作者指出,康德通过强调审美的"无功利性"来肯定审美的精神超越功能,最终所能够实现的"人的目的"不过只是实现了抽象的人性自由。作者认为,人在现实中通过对现实的认识和评价来进行理性选择,从而实现对经验现实的超越,对理想自我的建构,才是真正的现实解放。审美之所以对道德人格的经验建构具有重要的意义,是因为在审美的"非功利性"中,审美自然地就具有发展人的社会交往能力的功能,这恰恰是道德人格的特性。而这正是康德美学的审美"非功利性"观点在当今时代的现实思想价值所在。

春季,指导莫运平、王进进完成博士学位论文并通过答辩,两人论文的题目分别为《诗学形而上学的建构与解构》、《宗白华美学思想述评》。

4月6日,发表于《文学评论》2004年第4期的《关于艺术形而上学性的思考》一文获浙江大学 2004—2005 年度董氏基金教师优秀科研成果奖论文奖。

本月，在《文艺研究》第 4 期发表《文艺理论中的"文化主义"与"审美主义"》一文。该文后被人大复印报刊资料《文艺理论》2005 年第 7 期全文转载，收入《中国文学理论批评文选 2005 卷》（作家出版社 2006 年版）。又以《评文艺理论研究中的"文化主义"与"审美主义"》为题，收入《中国文学年鉴 2006》（杨义主编，中国文学年鉴社 2007 年版）。

该文反对把坚持"文化主义"的"文化研究"当作文艺理论研究的当代形态，主张在文艺观念上坚持"审美主义"，认为美不是感官和欲望的对象，审美作为人的精神超越活动，能够使人摆脱单纯受欲望支配的状态，去实现感性与理性的统一。论文首先在梳理"文化研究"发展的基础上，剖析了其存在的理论问题，即它所关注的大众文化与通俗文化完全不同，实质上是一种消费文化。作者指出，"文化研究"在上世纪 80 年代以后，随后现代主义思潮的发展，因消费主义文化的繁荣而与消费主义合流，我国当代不少中青年学者热炒的"文化研究"，其对象主要也是消费文化。而消费文化取消了审美的精神超越性，把美当作单纯的感官和欲望对象，这与传统的通俗文化有着本质区别。作者认为"文化研究"倡导消费文化，否定"审美主义文艺"完全不符合我国国情，而且有为以美国文化为代表的西方资本主义商业文化大规模进入我国制造理论依据的嫌疑。接下来，论文通过与"文化主义"的正反比较，深入探讨了"审美主义"文艺对人所具有的积极意义。从对"审美"概念的辨析出发，作者强调"审美主义"与"文化主义"的本质不同就在于充分肯定审美的精神超越功能。这是由审美活动的精神超越功能对人之为人的积极意义所决定的。

5月,在《河南师范大学学报(哲学社会科学版)》第5期发表《强化文艺理论研究中的独立自主的意识——浅议"全球化"语境下文艺学的应对策略》一文。该文是王元骧提交给"全球化语境下的文艺学应对策略"学术研讨会的会议论文,后被《中国社会科学文摘》2005年第6期、人大复印报刊资料《文艺理论》2005年第10期全文转载。

> 论文对"全球化"语境下文艺学的应对策略进行探讨,是从对"全球化"的认识开始的。作者认同"全球化"是后现代时期资本主义全球扩张的产物,除西方经济、政治的强势扩张外,西方文化的强势输出以进行思想控制也是全球化的重要构成部分。面对这一现状,希望利用中西文化的互动来取长补短以共同繁荣是不现实的,因为西方文化的强势扩张注定了它不能与我们的文化平等交流。在这种情况下,我们既不能封闭,也不能毫无保留地全面接受西方文化,而应该从我国的实际出发,根据现实需要,对西方文化进行有选择地吸收借鉴。文艺理论研究中,强化独立自主意识,确立我们自己的观念和视界,建构自己的文论话语是客观形势所决定的科学策略。强化文艺理论研究的独立自主意识,也是由文艺理论研究的民族性和实践性品格所决定的。所谓文艺理论研究的民族性是指它产生于特定的民族文化传统,属于民族文化的核心内容,有鲜明的民族特征。文艺理论研究既是科学,同时又有价值性的内容,而价值性内容是具有民族性的。作者以对艺术美的认识为例,

指出对于我国具有鲜明的民族性色彩的艺术美理论,如果在当今的全球化时代,我们只是片面地接受西方的消费主义文化,那么只能将之消解了事,而这无疑是极为荒唐的。因此,强化文艺理论研究的独立意识,维护文艺理论的民族性品格构成了对以西方为中心的"全球化"思潮的强力抵制,是当前文艺理论研究所必需的。所谓文艺理论研究的实践性是指文艺理论对现实问题的回答与解决。文学是人学,文艺理论研究要面对的现实问题,首先是对当今社会人的生存状态的正确认识。具体地说,当今经济发展中所存在的贫富分化以及经济发达地区的人的物质欲望的无限膨胀是比较突出现实问题,这是文艺理论研究必须面对的客观现实。正确地认识、解决人的"物化"这一现实问题应该是我们学习借鉴西方文艺理论的出发点和视界。总之,立足于我国社会现实,强化文艺理论研究的自主意识,而不是对欧美理论的跟风赶潮、追新逐后,才是我们文艺理论研究的正确方向和目标。

本月,刘毅青在《云梦学刊》2005年第3期发表《艺术真实的存在论阐释——兼论王元骧对艺术真实的系统考察》一文。论文对王元骧论文《艺术真实的系统考察》进行了基于现象学美学和存在主义美学视角的进一步思考,一定程度上对王元骧艺术真实观的深刻性有所发明。

6月30日,学校人事处通知退休,人文学院延聘5年,继续招收硕士、博士研究生至2010年6月30日。

夏季,指导朱首献、李胜清和李弢完成博士学位论文并通过答辩,三人论文的题目分别是《人学文学论》、《文艺意识形态性的实践论研究》、《非总体的星丛——阿多诺〈美学理论〉的文本学解读》。

7月，在《湖南社会科学》第 4 期发表《审美：现代人的自我拯救之道——对于美育现代意义的哲学思考》一文。该文原为提交给"美育当代性问题"学术研讨会的会议论文，后被人大复印资料《美学》2005 年第 11 期全文转载，收入《当代中国美育问题》一书（杜卫主编，山东文艺出版社 2008 年版）。

> 论文主要探究审美对于现代人的功能、意义问题。作者首先梳理了西方美学思想发展中审美功能观的演化。从古希腊时期柏拉图对审美陶冶人的情操，培养人的美好灵魂的意义的认识开始，到现代社会审美陶冶人性功能的充分实现，作者进行了认真的梳理。现代社会中，人与物关系的异化是最为突出的社会现实，而审美的功能恰恰在于恢复人面对物时的能动自由。在审美的作用下，人主动而不是被动、自由愉快而不是被迫厌倦、整体而不是分裂地面对物，审美的这一强大功能受到思想家的高度重视。马克思、莫里斯和罗丹等人批判异化劳动的罪恶，主张从主观的心理的角度使人摆脱劳动的被强制性，重建人的工作兴趣，都求助于审美的功能。局限于主观的、心理的角度使人恢复劳动的兴趣和意愿，虽然并不能取代通过社会制度的改造在根本上解决劳动的异化问题，但它对现代人所具有的客观精神意义和价值是不能否定的，而这正是美的重要功能。论文最后就以康德美学为例对审美的功能进行了深入的认识分析。康德美学是现代美学的发端。在康德美学中，美在相对于真、善的独立性中具有"以人为目的"的本质特性，这恰恰决定了审美的非功利性能中的最大功利性——审美境界等同于最高的人生境界，完成人的本体建构。审美使

人的活动建立于兴趣和爱好之上,能有利地对抗现代社会中人与物的关系的异化。

8月1日,在《求是》第15期发表《论文艺的意识形态性》一文。该文后收入《2005年马克思主义理论研究和建设工程参考资料选编》(中共中央宣传部理论局编,学习出版社2006年版),又收入《文学审美意识形态论》(北京师范大学文艺学研究中心编,中国社会科学出版社2008年版)一书。

论文主要对我国新时期以来淡化和消解文艺意识形态性的思潮进行了剖析和批判。作者首先分析了这种思潮出现的主要原因。一、受西方"意识形态终结论"的影响。二、我们在认识和理解"意识形态"这一概念时也存在一些理论失误,主要有两个方面:一方面是纯科学的倾向,没有充分重视意识形态的价值属性和实践内涵;另一方面是纯理论化的倾向,没有充分把握它与社会心理、个人心理和日常意识的本质联系。随后,论文分别深入剖析了这两方面的错误。关于前者,论文在简单梳理其理论发展情况后指出,纯科学倾向的错误在于不仅不能准确地把握意识形态的丰富内容,还错误地理解了文艺的特性——文艺的特性是审美,而不是认识。关于对文艺意识形态的"纯理论化"认识这一偏颇,作者强调意识形态与社会心理以及社会心理在日常意识、个人意识和个人无意识中的表现领域的密切联系。作者指出,意识形态与社会心理是社会意识的两个不同层次,意识形态形成于对社会心理的理论加工,意识形态要反作用于社会存在,也需要经过社会心理的中介。总之,由拉布里奥拉和普列汉诺夫在历史唯物主义哲学中所提出和强调的"社会心理"概念被作者高度重视，用来认识文艺意识形态性质的复杂性。因为文艺是以作家的审美情感为中介来反映社会现实的，因此它直接与社会心理有着复杂的联系。由此，作者既批评了对文艺意识形态的"纯理论化"认识的偏颇，也批判了否定大众文化的意识形态性质的错误，要求在发展文化产业的过程中必须坚持社会主义的文艺方向。

8月15日，在《马克思主义美学研究》第8辑发表《艺术意识形态性辨析》一文。该文后收入《艺术美学经典导读》一书（许佳、巴胜超著，科学出版社2015年版）。

该文与发表于《求是》2005年第15期的《论文艺的意识形态性》一文一样，也是从对"文艺是一种社会意识形态"命题的辩护起手。不过，作者认为对"意识形态"这一概念的认识影响着人们对文艺的意识形态性质的理解。因此，他首先梳理了这一概念在马克思主义理论发展中其内涵的复杂演化，然后指出了我国马克思主义理论研究对这一概念在认识上的片面和不足之处。我国的马克思主义理论研究受苏联的影响比较大，主要也是在中立的、描述性的意义上理解意识形态。而这种认识明显存在忽视意识形态的价值属性的理论不足，即存在纯科学的和纯理论的倾向。随后，论文对马克思主义理论研究中突破了"纯科学的和纯理论的"错误倾向的观点进行了正面梳理。作者指出，他们为科学地认识意识形态的性质及其存在状态提供了有益的理论借鉴。最后，论文从意识形态与社会心理、日常意识的紧密相关出发，具体阐发了文艺的意识形态性质。作者指出，文艺以审美情感为中介来反映社会现实,这决定了它鲜明的意识形态属性。这首先是因为作家对社会现实的审美反映,也是从审美理想出发来对社会现实进行选择和评价的活动,而作家的审美理想必然是在一定的社会基础上形成的,它具有社会性和时代性,因此作家的创作也一定能够感染、影响他人。这就决定了文艺创作不只是认识性的,同时还是实践性的,它一定程度上能够介入社会时代的发展变革。其次,作家对社会现实的审美情感反映又是凭借个人的感受和体验而发生的。作家从自己的人生体验中所形成的人生理想,是其对社会现实进行审美反映的出发点,而这种人生理想也同时反映着社会时代的发展要求,具有社会性特征。这是文艺创作在性质上是感性和理性的统一的重要原因。文艺的感性、情感性特征决定了它对读者的影响是直接影响其意志,体现到读者的人生实践中去的。最后,艺术的情感特性以及它与个人和社会心理紧密联系的特征决定了文艺意识形态对人的影响是直接感发人们自愿去展开实践活动,这决定了文艺意识形态不同于其他意识形态的独特价值。相比较而言,政治、道德和宗教都不能很好的解决它们对人的影响中自律与他律、内在规定和外在约束的统一问题。文艺审美反映活动的情感机制,使得文艺对读者的影响是"化他律为自律"、"变外在约束为内在规定"的。从而,文艺意识形态的现实作用效果相比较而言是更为持久和有效的。

8月17—20日,出席复旦大学中文系与山东师范大学文学院在山东威海共同主办的"21世纪文学理论走向"国际学术研讨会,提交会议论文《文艺本体论研究的当代意义》并发言。会议论文后发表于《东方丛刊》2006年第1辑(《审美超越与艺术精神》一书误记为2005年第4期)。

　　据谭少茹、杨黎红、李辉共同整理的《"21世纪文学理论走向"国际学术研讨会综述》:"王元骧(浙江大学)提出要重视文艺本体论研究,呼唤真正有根的文艺学。"(《东方丛刊》2006年第1辑)

8月19—21日,赴山东青岛出席"人与自然:当代生态文明视野中的美学与文学国际学术研讨会"。这次研讨会由山东大学文艺美学中心、山东大学东方文化研究院、崂山康成书院、山东理工大学生态文化与科学发展研究中心、山东大学文学与新闻传播学院共同主办,来自英国、芬兰、荷兰、挪威、韩国、日本等国以及国内的共170多位专家学者共同参加。研讨会上,不少学者在生态美学、生态文学及相关理论问题上有了认识突破。

12月,在《湖南师范大学社会科学学报》第6期发表《论美的艺术》一文。该文实际上后被人大复印报刊资料《美学》2006年第3期全文转载。

　　论文分上下篇,对"美的艺术观"进行了深入认识。上篇,作者主要梳理了东西方从美的角度认识艺术这一观念的发展概况。在中国古代,从文品与人品的统一出发认为人品的高洁与否决定了艺术品格的高下,作者认为这一源远流长的观点与美的艺术观约略类似。在西方,再现论、表现论和形式论分别从艺术客体、艺术主体和作品的媒介形式来认识艺术的美,存在不够全面辩证、缺乏整体性审视的局限。作者指出,把三者统一起来才能更好的认识艺术的美。下篇,论文就对"艺术的美"进行了深入的分析认识。

抓住美及美的艺术的价值属性,即它形成于人的评价,具有感性与理性的统一性的特征,作者首先在内容方面强调美的艺术本质上是艺术家对社会人生评价性反映的成果。审美评价不单纯是主观的评判,它形成于艺术家对社会人生局限的洞察,对理想社会人生的向往和追求。由此,作者正确地指明了社会人生在时间性上的过去、现在与未来的统一性,以及在性质上的物质与精神、经验与超验的统一性,从而深刻揭示了美的艺术经过审美体验的中介而与社会人生的本质关联。在此基础上,作者还进一步剖析了美的艺术与"丑"的构成因素的辩证统一关系,指明了美的艺术的价值功能。"丑"因为能够从反面激起对美的追求,因而可以作为审美因素而存在;只有"令人作呕的现象"因为无法唤起人的价值意识,使人从价值论的角度去评判它,这才导致审美愉快、艺术美的毁灭。美的艺术对"丑"的摆脱、超越,直接激励、鼓舞着人对美好人生理想的向往和追求,它的功能不是工具性的而是本身就作为目的而存在。当今时代,市场经济的繁荣让人习惯于以工具性意义来看待美的艺术的价值,完全忽视了美的艺术的目的性意义,这存在巨大的思想局限。接下来,作者又通过美的艺术中有机形式与内容的辩证统一性,以及艺术创作过程中艺术语言和形式的本质性意义,深入论证了形式对艺术的根本性意义。由此,美的艺术就在内容美与形式美的统一中,得到了整体性的全面认识。

2006年(丙戌年) 72岁

1月,在《浙江学刊》第1期发表《康德美学的宗教精神与道德精神》一文。该文后被人大复印报刊资料《美学》2006年第4期全文转载。

论文对康德美学的宗教精神与道德精神进行了深入认识，客观揭示了其理论来源、具体内涵和理论贡献。论文先对康德美学的核心思想给予精当概括：康德美学致力于感性与理性的统一，综合前人的见解，把审美看作以人的超验提升为目的的中介活动，推动了理论发展。从源头上看，康德美学深受基督教和中世纪神学美学的影响。作者认为，以基督教和中世纪神学美学为间接来源，康德在直接接受卢梭、伏尔泰的道德信仰化思想与夏夫兹博里、哈奇生的道德情感化思想影响的基础上，使信仰以道德情感为中介落实到人的内心，并与审美结合起来，实现了宗教的道德化、审美化，这就形成了康德美学的宗教精神和道德精神。康德不只把夏夫兹博里、哈奇生的道德审美化做了系统的论证、阐释和发挥，还通过对德性与幸福关系的辨析，进一步明确了道德与审美的区别与联系，深化了人们对审美功能的认识。康德强调道德与幸福的区别，要求道德行为应当出于纯粹的善的动机，但又认为人作为道德主体存在本身就是最高的幸福，即"洪福"，这种洪福虽然不能当下即时享受，但却激励着人永远去追求作为道德主体而存在。康德所说的洪福与美感既有本质不同，又有明显的类似性，因为康德把美看作沟通经验与超验的中介环节，认为审美能够使人获得感召和启示，实现灵魂的净化。审美、艺术被看作世俗的宗教，就是基于这种认识。因此，在康德美学中，审美一方面促进宗教、道德，另一方面，宗教、道德又走向审美。宗教精神、道德精神与审美精神三者既有区别，又有机联系，这就极大地深化了美学研究的思想深度。

2月25日，赴上海参加由复旦大学中文系、文艺学美学中心共同举办的"马克思主义文艺理论中国化"学术研讨会并发言，提交会议论文《论"马克思主义文艺理论中国化"的思想前提》。该文后发表于《高校理论战线》本年度第5期。研讨会在复旦正大管理发展中心举行，全国十多所高校和科研单位的50余名专家、学者出席会议。

2月，张艺声在《枣庄学院学报》第1期，发表《新马克思主义文艺学：本体论的新拓展——王元骧文学原理的哲学思考之三》一文。

> 该文与发表于《文艺美学研究》第4辑（河南人民出版社2007年版）的《"新马"文论：本体论的新拓展——王元骧文学原理的哲学思考之三》为同一篇论文。论文强调，王元骧摆脱形式主义文论"形式本体"的纠缠，着眼于文艺之外的"本原"世界来探讨文艺特质，阐释文艺对于人生的根本意义，是王元骧文艺本体论研究的根本目的。

3月，在《东方丛刊》第1辑发表《文艺本体论研究的当代意义》。该文原为王元骧参加"21世纪文学理论走向"国际学术研讨会（2005年8月17—20日，山东威海）时所提交的会议论文。

> 论文首先梳理了新时期以来文艺理论研究进展到文艺本体论研究的必然性。作者认为，五四以来我国的文艺理论就深受认识论哲学和科学主义倾向的影响，新时期以来的审美反映论和文艺价值论一定程度上实现了纯认识论和唯科学主义文艺观念的突破。但是，文艺价值论视阈中的文学活动论存在一个难解的理论难题：在当今价值多元化

和消费主义文化泛滥的时代,价值相对主义和价值虚无主义的问题应如何应对? 作者认为,唯一的出路在于凭借理论思维去寻找一个评判人生价值与文艺价值的终极依据,而这就是文艺本体论的研究内容了。

论文接下来就追根溯源,深入探讨了本体论研究的内涵及其当代意义,力图为文艺本体论研究提供思想基础和理论依据。面对西方近代哲学以来的本体论研究发展状况,作者仍然认同、肯定康德的做法。康德否定把本体实体化的做法,而把本体作为一种反思原则保留下来;不把作为世界本体的"最高的善"当作"逻辑的确实",而是当作"道德的确实"保留下来,这对人的生存需要来说是极为必要的。人作为具有自我意识的生命存在,能够对自己的生存活动进行反思、认识和评价。由此,生存意义的终极追问这一问题就成为人的生命存在不可或缺的重要维度。在当今的消费文化时代,本体论研究为抵抗价值相对主义和虚无主义提供了理论依据,为文艺价值论研究提供了必要的理论资源。

论文最后具体探讨了当代文艺本体论的建构问题。作者紧紧抓住"文学是人学"这一基本观点,认为通过对人生意义和价值的探索与追问超越当下有限的生存状态,这种人生的超越性特性为思考和确定文艺的价值奠定了理论基础和研究的出发点。作者认为,只有紧紧抓住人的这种超越性的本质特点,才能更好地理解文艺的本质和功能。文艺的特性和价值就反映在人的实践超越特性中。通过文艺家的创作,人的自我超越性展现在艺术形象的创造中。因此,审美、艺术与人生在根本上是统一的。而文艺与科学的区别也在于此：科学是为满足人的物质需要而存在的，其本身没有独立的意义和价值；而文艺是直接面对人的精神需要的，其意义是为人生提供精神支撑和慰藉，其存在就是以自身为目的的。由此，作者将建立在人的超越性基础上的生存本体论作为文艺本体论研究的理论依据，确立了文艺本体论研究的当代形态。

3月15日，在《文学评论》第2期发表《关于文学评价中的"人性"标准》一文。该文后被《新华文摘》2006年第11期全文转载，又被《高等学校文科学术文摘》2006年第3期转载，收入《文学史理论》（党圣元主编，党圣元、夏静选编，中国社会科学出版社2011年版），又收入《学术中国1984—2014人文学科卷——〈高等学校文科学术文摘〉创刊30周年文选》（姚申主编，上海人民出版社2015年版）。2008年3月，该文荣获浙江省第14届哲学社会科学优秀成果奖基础理论研究类一等奖。

论文对当代文学研究和文学批评中的"人性论"倾向进行了反思和批判。排除对文学作品进行社会历史评价，以抽象的人性标准和尺度来衡量文学作品的价值，或者解释文学魅力的永恒性是这种人性论倾向的主要做法。以章培恒的观点为主，兼及黄修己在中国现代文学史研究中的实践与邓晓芒的理论阐述，论文首先对这一人性论倾向进行了评述。作者指出，章培恒把人性理解为"人的自然本性"是对马克思"人的一般本性"的错误认识。马克思针对资本主义社会中人的异化，所提出的"人的一般本性"是人的全面自由发展所代表的自由人性，而不是回归动物性的个人欲望的解放。邓晓芒把人性理解成"人的永恒而共同的人性"，认为这是艺术作品永恒性的根源。这一看法是抽象的。因为理想人性的观念总是相对于人在特定社会历史发展阶段的具体状态，基于对人类历史发展规律的科学认识而提出的；它必然具有具体的社会性内涵而不是抽象的。黄修己从中国现代文学研究的价值观这一角度来认识人性，力求用全人类性的人性观念来评价中国现代文学作品和文学现象。这一看法也不切实际。因为黄修己本人也承认"当今世界上，还存在着价值观的相互矛盾、冲突"，要形成"全人类性的价值底线"，还"要有非常长的历史过程"，而中国20世纪又"是一个阶级矛盾、民族矛盾空前激化的年代"，这就决定了全人类性的人性观念是抽象的。

接下来，论文对应如何认识人性直接进行辩证分析。一方面，在长期的人类历史发展中，人对维护人类自身生存最起码的价值观和伦理观等会有一定共识；另一方面，人类生活具体的现实关系会制约对自身的认识和评价。只有把人类学与社会学的认识结合起来，在两方面的辩证统一中，在具体的历史发展中，才能更为科学地把握人性。排除社会历史内容的抽象人性论，会造成文学研究、文学批评中的一些严重偏颇：一、把人性抽象化、自然化会导致对文学社会内容、思想意义的贬损和否定；二、把人性与社会性隔绝开来，会导致文学评价标准的迷乱和价值导向的失误。

最后，作者正面阐述了自己批判"人性论"倾向的目的。通过区分普世价值和普世情怀，否定以永恒人性的现实存在为思想依据的普世价值，而肯定以对理想人性的向往和追求为内容的普世情怀，作者表明了自己对作家在描写现实苦难时憧憬理想人性的支持，认为这本质上是对社会现实的抗争。作家憧憬理想人性与资产阶级人道主义情怀之间有着严格的界限，这就是同情人民大众的苦难，抗议社会不公，并努力唤醒人民群众的斗争精神，激励其去争取理想人性成为现实，与空洞的讴歌理想人性，一般性地反对斗争的本质区别。对于艺术魅力的永恒性，论文既不同意以往局限于作品的认识价值的看法，也不赞同归结于永恒人性的观点。作者认为，归结为永恒人性的认同，这其实是把艺术欣赏与艺术接受降格为感性认同的做法。审美欣赏实际上是让读者在感性认同中最终能够实现精神上的提升和超越，所以作家的高洁人格对读者的理性感召与文学接受中的感性认同相统一，才是决定艺术永恒魅力的主要依据。

3月20日，在《学术月刊》第3期发表《美育并非只是"美"的教育》一文。该文后收入《〈学术月刊〉六十年选集 文学卷》（上海人民出版社2017年版）。

该文对人们的美育观进行了反思。论文开头就指出了人们对美育认识的不足：一、很少从理论的、人学的角度对美育进行探讨，对美育在超验层面上的价值有所忽视，因此对美育重要性的认识程度不够；二、一般把美育等同于"美"（优美）的教育，并只重视艺术教育，因而对其他审美形态，特别是崇高在美育中的地位和作用缺乏足够的认识，而且把美育等同于艺术教育，忽视了大量现实生活中的情感体验所具有的审美价值，这就把美育的内容狭隘化和浅俗化了。作者认为，这种认识缺陷源于古希腊把美等同于优美的思想传统。受古希腊美学传统的影响，人们在认识康德的美学思想时，忽视甚至无视"崇高的分析"在康德美学思想中的重要地位，康德的审美功能理论也遭到轻视。而这又直接影响了人们对于席勒美育理论的全面深入认识。席勒认为美育就是情感教育，以及由情感教育所间接引发的人格境界陶冶、提升活动。这是因为，美感是非功利的自由愉快感，所以审美有助于情感的陶冶，并能够作用于人格的陶养。在康德美学中，优美和崇高虽然形态不一，相差很大，但它们都能够引发审美情感；在推动人的情感陶冶上，优美在形式上优于崇高，崇高在内容上胜过优美，两者共同完成理想人格的建构。席勒认同康德的思想，认为美育应该包含"融合性的美"与"振奋性的美"，即优美和崇高。但无论是对康德美学还是席勒美学中崇高的情感陶冶功能，人们都长期忽视。

随后，论文具体分析了优美感与崇高感的人格陶冶作用。先是优美感。首先，对优美的欣赏是对利欲关系的超越，从而陶冶升华人格；其次，优美的欣赏能够把形式的和谐、协调这一美的法则化为人的行为动力定型，从而陶冶人格；最后，优美感能够体现人与人之间情感的互动和沟通，进而有利于与别人建立起协调和统一，这正是道德情感和道德行为的前提条件。与优美感相比，崇高感在陶冶人格方面的作用更为突出。因为无论是数量还是力量上的崇高，都能通过对人的情感震撼，直接把人从感性的束缚中解放出来，使其成为"道德的人"。

论文最后就主要以康德美学对崇高的认识为依据，具体探讨了崇高美育的特点。客体上，崇高美或是形式的不规则庞大，或是力量的巨大；主体上，审美者人格力量高尚和道德使命崇高。这决定了经由崇高进行的美育能够实现社会风气和人格培养的补偏救弊，以及突破狭隘的艺术教育，走向自然美育和社会美育。总之，美育如果忽视了崇高的作用，则认识上不够全面，实践上无法满足当今金钱社会的美育需要。

3月25日，在《社会科学战线》第2期同时发表《何谓"审美"？——兼论对康德美学思想的理解和评价问题》和《探寻文艺学的综合创新之路》两文。同期刊载王元骧先生系列照片，对其进行了重点介绍。后文被人大复印报刊资料《文艺理论文摘卡》第4期转摘，又收入《为学与为道：中国学人的学术之路》（上）（邴正、邵汉明主编，人民出版社2006年版）。

前文以康德的非功利审美观为中心，主要探讨了美学和文艺理论研究中的审美观问题。作者在介绍康德的审美无利害性观念后，以叔本华和戈蒂耶对审美无利害性的不同理解为依据，把非功利审美观划分为两派。叔本华在生存论上，着重从人生苦难的解脱来理解审美的无利害性，认为审美静观中人能够摆脱生存意志的驱使，超越个体存在，去把握事物的理念而不是其具体个别存在。叔本华对审美的看法既深受康德的影响，又与康德的观点有很大的差别。戈蒂耶则主要是在纯形式论的无实用性上理解审美的非功利性，与康德的观点有更大的区别。叔本华的非理性主义哲学思想对后来的西方哲学和美学产生了很大的影响，但他的无功利性"审美解脱"思想则影响不大；戈蒂耶的形式主义审美无利害性思想对后来的西方艺术理论特别是20世纪的形式主义艺术理论影响极大。就对我国现当代美学和文艺学的影响来说，叔本华对王国维以及朱光潜有一定的重要影响，戈蒂耶的思想则是在新时期以后的文艺发展中才有了不小的反响。作者认为，我国学界所理解的"审美"已经远离康德的审美观，所沿袭的主要是叔本华和戈蒂耶的思想路线，因此我们应该回到对康德非功利审美观念的客观认识。

论文接下来就客观地探讨了康德的非功利审美观。不同于一般人主要着眼于质、量、关系和情态四个方面来认识审美鉴赏判断的特点而不及其余，作者从更为宏观的康德对"判断力"的认识入手，抓住审美鉴赏判断的经验与超验、感性与理性的统一性，来理解康德的非功利性审美观。而且通过联系康德对卢梭思想的继承发展，论文指明了康德强调审美的无功利性的目的在于通过美感与道德感的相似性，把审美看作人实现自我本体建构的中介，从而回答如何突破启蒙主义思潮所造成的科技理性与经济理性对人的奴役和支配这一问题。

最后，论文对康德的非功利审美观的理论得失进行了进一步阐发。作者不同意学界一般对康德美学的批评，即人们通常认为康德把现象世界与本体世界、经验原则与超验原则对立起来，没有真正辩证地解决。作者认为现象现界与本体世界、经验原则与超验原则的机械对立在伦理学中是存在的，而在美学和人学中并不如此。论文指出，康德哲学存在的问题主要是哲学观念上对纯粹理性的推崇所造成的理论自身的抽象思辨性与研究方法上的思辨性。而这些思辨性的探讨在当今时代却具有重要的现实理论意义。因为后现代主义美学和文艺理论否定美的精神超越性，把美和艺术降格为刺激感官、满足欲望的东西，恰恰彰显了康德非功利审美观的积极意义。

后文通过回顾、总结自己的文艺学研究之路，对文艺学的研究创新提出了自己的看法。论文一开头就指出，自己的文艺学研究非常重视"问题意识"。理论自身的，自己在教学中遇到的疑难，以及现实中由自己的人生体验所发现的问题，特别是美好东西的逝去，共同形成了自己文艺学研究中的问题意识。通过破解理论疑难问题，来介入社会现实与阐述自己的人生理想，是作者对自己文艺学研究性质的深度认识。

随后，作者具体回顾了自己的文艺理论研究的发展情况。论文强调，自20世纪80年代中期以后，自己批判性地接受"文艺主体性"大讨论的理论成果，主要是借用审美反映论对文艺反映论进行理论创新。后来，自己逐渐认识到不能仅仅从反映一维，从认识论的视角去研究文艺，而应进一步从意志、实践一维，亦即从价值论和实践论的视角来进行研究，把体与用、实体与功能结合起来完整地认识文艺的性质。再后来，面对当今时代价值多元化的社会现实，直接面对价值相对主义的挑战，推动自己认识到文艺本体论的重要性。根据西方本体论哲学发展的经验教训，自己主要致力于抓住人的问题重建文艺本体论研究的哲学基础。作者强调，人具有理性意识使其生活世界有了经验世界和超验世界的划分，而努力从经验世界向超验世界超越的生存自觉成为人的本质性规定。在空间上，人努力提升自己的人格境界，充分认识到自己对他人、社会甚至是人类历史的义务和责任；在时间上，人努力对整个人类的历史发展有所贡献。人在时空这两个方面的统一，就是作者所确立的文艺本体论研究的哲学基础。这一哲学基础决定了美和美的文艺的特性就是超越性;文艺反映人生,其目的就是唤醒和激发人的生存自觉,使其不断地追求超越。

在回顾自己认识发展的基础上,作者总结出了文艺研究走向科学全面认识的道路——综合研究创新。作者指出,纵向上展开层次论的研究,把文艺的意识形态性(一般)、审美性(特殊)和艺术符号媒介(个别)三个层面的认识辩证统一起来;横向上进行文艺活动论研究,把创作与接受辩证统一起来。文艺研究,只有通过这种纵横交错的全方位、多层次、多视角的综合研究,理论才能有所建树。论文的最后,作者还进一步强调了文艺理论基础研究中,抓住文艺观念问题进行探讨的极端重要性。作者指出,超越理论描述,上升到理论反思的高度,对文艺的特性进行"实然"与"应然"相统一的研究,不受西方后现代"反基础主义"、"反本质主义"的迷惑,才能在国际文艺理论研究中真正发出自己的声音。

春季,指导李茂叶、刘毅青和蔡欢江完成博士学位论文并通过答辩,三人的论文题目分别是《人文语言视阈下的文学语言研究》、《徐复观解释学思想研究》、《人文科学视野中的文学史书写》。指导傅明、唐亮完成硕士学位论文并通过答辩,两人的题目为《从叔本华看西方艺术本体化之路》、《从特殊中显示一般——论歌德"特征说"的本质内涵》。

4月7—8日,赴北京参加"文艺意识形态学说"学术研讨会并做学术发言,提交会议论文《我对"审美意识形态论"的理解》。该文后发表于《文艺研究》本年第8期,并被收入会议论文集《文艺意识形态学说论争集》(李志宏主编,吉林大学出版社2006年版）。会议由北京大学中文系、吉林大学中国当代马克思主义文艺学研究中心、中国艺术研究院马克思主义文艺理论研究所、全国马列文论研究会共同主办，在北京大学英杰交流中心举办，来自全国高校和科研机构的专家学者 40 余人出席。

4 月 14—16 日，赴深圳参加"第五届全国文艺学及相关学科博士点建设研讨会"，并做学术发言。此次研讨会由暨南大学与深圳大学联合主办，来自全国各高校和科研机构的 60 余位专家学者参加了学术研讨。

> 据傅莹所著《第五届全国文艺学及相关学科博士点建设会议评述》（《文学评论》2006 年第 4 期）："浙江大学王元骧教授作了题为《有关中国文学理论的民族特色问题》的报告，认为'五四'至 1985 年，是认识论再现论的文学理论观，文学的本质是真；1985 年之后，科学主义、人本主义、个人主观非理性的等多元因素共存，文艺学经历了知识论、存在论和文化主义几个阶段。中国现当代文论唯西方马首是瞻，无自己的观点，且丧失了传统。文艺学应该从观念和方法论两个层面进行反思清理，激活传统文论，构建具有民族特色的当代文学理论体系。"

5 月 18 日，出席在杭州举办的"陈学昭、黄源、林淡秋诞辰 100 周年纪念座谈会"并发言。19 日，在《浙江日报》发表《这样的好领导让我终身感到幸福——怀念林淡秋同志》（该文由发表在 2004 年 11 月 20 日《浙江大学报》的《深切怀念原浙师和杭大的两位老领导》一文中怀念杭州大学副校长林淡秋同志的部分改写）。该文后收入《林淡秋百年纪念集》（浙江省文学艺术界联合会编，浙江文艺出版社 2006 年版）。

5月24日，在《高校理论战线》第5期发表《论"马克思主义文艺理论中国化"的思想前提》一文。该文原是提交今年2月25日在复旦大学召开的"马克思主义文艺理论中国化"学术研讨会的会议论文。

论文首先明确了"马克思主义中国化"的内涵就是把马克思主义与中国实际相结合，马克思主义文艺理论的中国化也同样如此；然后概括分析了马克思主义文艺理论中国化存在的问题。作者认为，它主要有两个方面的问题：一是社会实践层面上，马克思主义文艺理论与中国实际的结合；二是文化精神层面上与中国实际的结合。前者是指以马克思主义为指导，解决我国革命和建设年代现实向文艺提出的要求，并在解决这些实际问题过程中丰富和发展马克思主义文艺理论。在这一方面，我国以往取得了很大的认识成绩，但时代的发展总在提出新的需要解决的问题，比如对人的意义和价值，特别是对作为社会历史创造者的人民大众在社会历史中的地位和作用问题进行正确的理论解释，以坚持和维护我们文艺为人民服务的正确方向，就是当今市场经济时代，马克思主义文艺理论在社会实践层面上与我国实际相结合的一个重要课题。关于后者，作者认为马克思主义文艺理论与中国实际在文化精神层面上的结合做得还不够。这是因为，自五四新文化运动迄今，人们在西方文化与民族文化之间做非此即彼的选择，没有做好两者的融合统一。

接下来，论文就深入探讨了在文化精神上两者的结合应如何展开的问题。作者指出，精神文化的核心是价值观念和思维方式，集中反映在对人、人生的意义的领悟和认识上,因此应由对人的理解入手来解决这一问题。一方面,马克思主义哲学是实践哲学,而实践的主体是具体的人,其目的也是为了人;另一方面,我国传统哲学文化中,人以及人生践履处于中心地位。这就决定了可以通过对马克思主义哲学、马克思主义文艺理论与中国传统哲学文化——特别是儒家哲学文化——两方面的人学观念的比较研究,来探讨马克思主义文艺理论与中国实际相结合的路径和方法。在具体的比较研究中,作者指出了两者对人的认识有以下三点是相同的:首先,两者对人的理解都是从现实出发的;其次,两者对人的理解都不是以个人为本位的;最后,从"广义的实践"来说,两者都比较重视实践。作者也深入剖析了两者的不同:首先,马克思主义哲学和文艺理论是从社会的、宏观的方面来研究人,我国传统哲学是从人生、伦理的角度,立足于家族的微观视角来研究人;其次,马克思主义强调人的社会性特性,在阶级社会中重视人的阶级性特性,关注阶级斗争对社会发展的积极作用,我国传统哲学主要是人生哲学和伦理哲学,强调统治者拥有高尚的品德,以行"仁政"维护社会的和谐稳定;最后,马克思主义吸收了近代资产阶级社会学和伦理学中关于个性解放的思想,强调人的个性与社会性的统一,我国传统哲学中的个人相比较而言缺少个人的自我意识。

总之,马克思主义文艺理论的中国化在文化精神层面上,就应当抓住马克思主义哲学和我国传统哲学对人的理解上的相通之处,以马克思主义的立场、观点、方法来对传统哲学的人学观进行批判性借鉴,进而展开理论创新。论文最后对此进行了集中探讨。作者指出,立足于历史唯物主义哲学的理论基础,马克思主义文艺理论的中国化应该重视以下三个方面的探讨:首先,在文艺的社会性问题上,马克思主义文艺理论的文艺反映论和文艺意识形态论观点,可以与我国古代文艺理论立足于作家和读者的个体活动的具体分析结合起来;其次,在文艺的社会功能问题上,马克思主义文艺理论所强调的文艺实践性是指文艺陶冶人的情操,激励人的意志,提升人的精神,塑造人的灵魂的积极作用,我国传统的哲学文化和文艺理论在这一方面有丰富的理论资源可供借鉴、吸收;最后,从文艺理论的民族性来看,我国古代文艺理论对世界文艺理论的独特贡献,更是马克思主义文艺理论中国化所必须主动吸收的理论资源。

5月28日,在《湖南大学学报(社会科学版)》第3期发表《袭故而弥新 沿浊而更清——评赵炎秋先生的〈形象诗学〉》(第二作者文浩)。

《形象诗学》是知名学者赵炎秋的个人专著,2004年12月由中国社会科学出版社出版。此文是王元骧先生为赵著所写的书评。作者借用陆机《文赋》中的"袭故而弥新"、"沿浊而更清"两语,来评价赵炎秋在文化批评和文化研究盛行的当今,坚持对"文学形象"这一文学理论基本问题的研究而取得的重要成果。在准确把握赵著所建构的形象诗学体系的基础上,作者首先高度称赞赵炎秋立足于作品分析展开理论研究,对文学形象研究中作品形式与内容的机械二分观点进行理论批判,最终在文学形象研究中实现了作品内容与形式的辩证统一这一理论成绩。作者认为,赵著以文学形象的研究为重心,深刻地认识了文学与现实生活既有区别又有联系的辩证统一性，还弥补了传统形象论在文学创作把生活转化为形象问题的认识上的不足，并提出了有关文学形象认识的系列创见。其次，作者还肯定了赵著的问题意识。对该书着力探索解决文学理论研究中的一个基础性重大理论问题——"语言的抽象概念性与文学形象的感性具体性之间的矛盾冲突"，作者给予高度赞扬。他指出，传统语言学理论与现代语言学理论都具有明显的形而上学性：前者强调语言的工具符号性，后者夸大语言的自足性，都无法很好地解决语言与文学形象之间的矛盾。而德国的洪堡特很早就反对科学主义的语言学研究。作者认为，赵著就是沿着洪堡特语言学研究的人文思路来解决语言和形象的矛盾的。它所提出的文学语言的"构象性"特性，以及由此入手分层次对语言和形象矛盾的解决，为解决语言和形象的矛盾这一基础性重大理论问题提供了一个很好的途径和视角。最后，作者赞扬赵炎秋《形象诗学》在多个方面的理论探索成绩。以赵著从发生学的角度肯定"文学形象的意义产生于形象和读者的相互作用"为例，作者认为，这是对解释学理论的经典发挥。现代解释学的视阈融合观点，被赵著用来分析读者对文学形象的创造性理解，是比较重要的理论创新。

6月，《文学原理》第二次修订版被教育部列入"普通高等教育'十一五'国家级教材规划选题"。

7月22日，在《文艺报》第81期发表学术散文《学术境界与人生境界》。

该文提出在当前的学术评估机制下，研究者能否不完全适就于环境，自己主动争取一点学术自主和自由的问题。作者认为，自主是学术自由的前提和条件。因为只有自主、自愿的活动，人才会有兴趣，才有主动性、积极性和创造性。自主是自我选择的结果。治学是比较寂寞的活动，人文社会科学和基础理论的研究更是如此。既然我们选择了治学的道路，就应该心无旁骛，把自己全身心托付给学术，努力去培养自己对学问的那种忠诚而虔敬的心情，甘愿为它有所奉献，做出牺牲。作者认为学问与人品、学术境界与人生境界是统一的，学术的进步和繁荣有赖于学者对学术研究的忠诚和虔敬。

8月，在《文艺研究》第8期发表《我对"审美意识形态论"的理解》一文。该文为提交"文艺意识形态学说"学术研讨会（本年4月7—8日，北京）的会议论文，后收入该会的论文集《文艺意识形态学说论争集》（李志宏主编，吉林大学出版社2006年版），又收入《文学审美意识形态论》一书（北京师范大学文艺学研究中心编，中国社会科学出版社2008年版）。

论文指出，审美意识形态论是当代文艺理论学人根据时代要求所进行的理论创新，但它面临着两方面的激烈批评。一方面是文化批评的支持者们所谓的审美自律会导致脱离现实的批评，要求审美意识形态论应该转向对日常生活中的文化现象的研究；另一方面是坚持马克思主义思想对文艺理论研究的指导意义的研究者们所谓的"去政治化、忽视文艺领域的政治斗争"的指责。对于前者，作者一直认为，文化批评的支持者站在新富人的立场进行文艺理论研究，并不是真正为人民，其主张是虚伪的；对于后者，作者并不认同。论文的核心内容就是对后一方面的辩护。作者特别强调，自己作为审美意识形态论的理论代表，有义务对此进行辩护。

论文首先阐述了自己的一贯主张，即肯定意识形态性是文学的基本属性。作者认为，社会意识有两种形式，即纯知识的和具有价值导向性的，前者是通常所说的社会意识形式，后者才是社会意识形态，简称意识形态。意识形态不仅有知识成分，还有价值成分，其核心是价值观的问题，其功能在于凝聚社会成员的力量，动员社会成员为实现一定社会的共同目标去奋斗。艺术（包括文学）是意识形态下属的具体形式，是意识形态中的"特殊类别"，它本身不仅包含着技巧的、工艺的、不属于思想意识的成分，而且也不像其他意识形态形式那样以系统的、理论的形态出现，而只不过是在具体的形象描绘和情感表述中体现了某种思想观点和倾向。因此，作者主张可以用"意识形态性"来界定整个艺术（包括文学）的本质属性。对于作为审美意识形态的文学艺术，作者主张，既承认其在意识形态总体中的独立性，又不否定政治与道德对它的影响；并认为正确地认识政治与文学艺术的关系是正确理解文学艺术意识形态性的关键。更进一步，作者认为，探讨文学艺术的意识形态性的重要目的就是维护我国文学艺术的社会主义性质和方向。社会主义文学本质上不同于私人化、个人化，或者所谓"纯美的"文学，而是自觉地维护社会主义制度、有鲜明的立场和宗旨的文学，不能以任何方式来消解文学的意识形态性。

随后，论文又对"审美意识形态论"以审美来进一步界定意识形态的必要性进行说明。作者强调，只有在一般、特殊和个别三个不同认识层次的辩证统一中,通过"特殊到一般,再由一般到特殊"的认识发展才能真正认识事物。具体到对文学艺术的认识来说,通过文学艺术与科学的比较,通过对审美主客体的分析,确定以"审美"来界定文学的意识形态性是完全必要的。作者指出,以"审美"具体界定文艺的意识形态性,丝毫没有否定文学艺术的意识形态性;而确定文学艺术的审美特性,对于更好地认识文学艺术作为意识形态形式的特性及其功能都极为必要。

最后,论文又对"审美"概念的理解问题进行了辨析。作者指出,康德虽然强调审美的非功利性,但却是要通过无利害性来肯定经由审美而实现的精神超越、人的本体建构。从而,美与真、善的联系,康德不仅没有否定,反而是给予科学性的肯定。从准确理解的康德的审美概念来看,以审美来界定文学艺术的意识形态性,是批判吸取康德美学的审美目的论,亦即以人为目的的思想,把文学艺术看作通过陶冶人的情操,开拓人的胸襟,提升人的境界,来达到人们培育社会主义的人生观、价值观、道德观和审美观这一根本目的的有效途径。

秋季,指导刘广新完成博士学位论文并通过答辩,题目为《李泽厚美学思想述评》。

10月,在《中国图书评论》第10期,发表《一份不该被遗忘的美学遗产——读〈美是上帝的名字——中世纪神学美学〉》。

该文是对阎国忠所著《美是上帝的名字——中世纪神学美学》一书(上海社会科学出版社2003年版)的书评。作者从中世纪神学美学在西方美学思想发展中的重要性出发,客观评价了阎著的学术价值。作者在美学观念上,紧紧抓住美在人生活动中的本体论意义,即沟通经验和超验,把人们不断引向自我超越,实现自己的本体建构的重要作用,认为古希腊的知识本体论一定程度上忽视了美对人的意义和价值,而中世纪神学美学在神学面纱的掩盖下,对此做出了自己独特而重大的贡献。阎著客观地揭示了中世纪神学美学是如何以神学的方式来促进西方美学在古希腊之后的发展的。中世纪神学按照基督教的上帝创世说来解释美,认为世界的和谐与秩序都是上帝精心设计的结果,是上帝的美与善的体现,因此人只有皈依上帝才能在尘世中观照到美与善。这样就把握到美的超验性质,认识到美对人所具有的超越性功能。阎著把中世纪神学美学思想的特点概括为创造意识、象征意识、静观意识和回归意识,并对之进行了准确分析。以之为前提,阎著还客观评价了中世纪神学美学对德国古典美学的启示和影响。另外,书评还指出中世纪神学美学思想在当今时代的思想意义。当今金钱社会中,美成为抵制"去圣化"的一道重要防线,具有捍卫人性的重要功能。

本月,《审美超越与艺术精神》一书,由浙江大学出版社出版。该书出版后,《文艺研究》2007年第2期发表了书讯《审美超越与艺术精神》,进行宣传介绍。又被《中国文学年鉴2007》(杨义编,中国文学年鉴社2008年版)的"论著评介"栏目推介。

该书收入了作者2003年至2006年所发所写的各类论文22篇及《校后记》1篇。《校后记》对这几年来的工作、科研情况进行了介绍,其中对自己学术观念演进的自述——

集中研究文艺本体论和文艺形而上学性的问题,值得重视。书中22篇论文包括1篇作为本书序言的《我的学术道路》、2篇书评,2篇对话体论文都在各类报刊发表过;在收入本书时,这些发表过的文字有的经过了部分修改。比如代序言的《我的学术道路》一文,在《社会科学战线》2006年第2期发表时,原题为《探寻文艺学的综合创新之路》;《关于文艺意识形态性的思考》一文,书中文后注明原载《求是》2005年第15期,发表时有删节,未删节版后发表在《马克思主义美学研究》2006年第1期。

11月,在《浙江学刊》第6期发表《王阳明与康德美学思想的比较研究》一文。该文后被《高等学校文科学术文摘》2007年第1期、人大复印资料《美学》2007年第1期全文转载。

这篇中西美学思想比较研究的论文中,作者首先探讨的是比较的可比性问题。从美学观念和审美观念出发,作者成功地解决了这一问题。美学虽然是鲍姆加通所创立,但美学产生之前,或者没有美学学科意识的哲学家,照样可以有自己对美的认识和看法,也就是美学思想。因此没有美学学科意识的王阳明,他的美学思想是可以与康德的美学思想进行比较的。从审美观念上看,美可以分为偏重超验性与侧重经验性的两类。康德美学重视美的形式性,但同样强调审美与人的意志自由的联系,因此他的美学思想实质上倾向于超验性、精神性。王明的美学思想属于中国传统人生论美学,他倾向于直觉、体悟的超验性,把人生境界与审美境界相联系,具有不亚于康德美学思想的内容丰富性。两人在中西哲学史上的学术地位类似,美学思想观念都以人为本,把美与善紧密联系,与认识相通,从而对两者进行比较是完全可行的。

具体到两者美学思想的相同之处,他们都是从培养道德人格的目的来认识审美,并把审美看作建构道德人格的有效途径,观点一致。这主要体现在以下三方面。首先,肯定内在性原则。王阳明的良知说把伦理道德内化,强调情感陶冶对建构道德人格的重要意义;康德在认识人的实践理性时,重视人对先天道德律令的自我认同和遵守,主张美是道德的象征,与王阳明的观点相似。其次,坚持非功利原则。王阳明反对功利之毒,推崇心的本体之乐,提倡至善与至美相统一的人生境界;这与康德主张审美的非功利性,以肯定人以自身为目的道德自律相近。最后是倡导人本性的原则。王在知行合一的提倡中,关注人的修身成己,把道德人格与审美人格相统一;这与康德美学以"人是目的"为出发点,以人的自觉自愿的道德自律为目标是类似的。

王阳明与康德美学思想上的相似性,无法掩盖两者因源自不同的文化背景,采用不同的思维方式而形成的明显区别。这主要也有三点:首先,王阳明继承了孟子的性善论,康德接受基督教的原罪论,也即性恶论;其次,王阳明的哲学思想中认识论与本体论是统一的,康德的哲学则存在着认识论与本体论一定程度上的分裂性;最后,王阳明的美学思想是人伦的、社会本位的,康德的美学思想具有宗教性,是以个人为本位的。

论文在比较王阳明和康德美学思想的异同后,进一步概括了这种比较所提供的认识启示。首先,王阳明和康德分别以不同的民族文化眼光,从不同的角度对理想人生和和谐社会的探索，形成相通的看法，这些看法作为人类共同的精神财富，值得后人重视。其次，王阳明和康德的美学思想是在各自民族文化的背景下形成的，它们反映着不同民族独特的生存智慧，共同构成整个人类的美学思想财富，同时也各自不可避免地带有自己民族文化的局限和不足，不能简单地以高低、优劣来评判。美学研究立足于自己民族的社会现实，根据自己民族社会发展的需要，来借鉴其他民族美学思想的优点和长处，不能片面地移植、全面接受其他民族美学的观点，放弃独立的美学思想创新发展。最后，从学术思想和学科自身的发展来看，任何真理都是相对的，没有绝对真理。对王阳明和康德的美学思想，我们应该重视他们所提出的问题。根据我们当今社会现实的发展需要，学习前人美学思想探索的方法，同时融化、综合、进行创新、才能创造有我们自己民族和时代特色的美学理论。

12月，在《马克思主义美学研究》第1期发表《关于文艺意识形态性的思考》一文。该文为作者发表于《求是》2005年第15期的《论文艺的意识形态性》一文的未删节版。后被收入《主义与学术：马克思主义文艺学双年论文选（2005—2006）》（余虹、马元龙主编，中国文联出版社2006年版）一书。

2007年（丁亥年）73岁

1月，在《云梦学刊》第1期发表《开掘推进梁启超美学思想的研究——评〈梁启超美学思想研究〉》一文。

　　该文是王元骧为自己学生所出专著撰写的书评。《梁启超美学思想研究》的作者是金雅，2004年毕业于浙江大学,取得博士学位。此书就是在王先生指导下写成的博士论文,2005年由商务印书馆出版。书评在扼要概括、评价金著核心观点的同时,也阐发了自己对梁启超美学思想及其研究的看法。作者指出,该书把梁启超前后期的美学思想作为一个整体来研究,发掘了其内在的思想脉络和逻辑联系,对相关重要成果有深入的认识、独到的发现。具体来说,在中国近现代美学思想史上,梁启超是可以与王国维比肩的大家,但对梁启超的研究并不充分。梁启超后期的趣味思想是其最重要和最有建树的理论创新——梁启超把趣味看作生活的原动力,提倡趣味人生,要求人生活的责任心和主动性、积极性,变生活为艺术;把人生与艺术统一起来,把艺术看作进行情感和趣味教育的利器,追求趣味的高尚。作者强调,梁启超吸取中西哲学美学理论资源中的合理成份,把中国古代哲学"乐生"的思想、康德美学"游戏"的思想,乃至柏格森生命"创化"的思想等融会起来,才形成、提出了趣味美学思想。这一思想对后来的宗白华、朱光潜等都有一定的深刻影响。梁启超的这一思想虽然带有一定的"审美救世主义"倾向,在中国20世纪早期的社会发展中显得高蹈虚幻,但他重视国民精神的创构对民族的意义却有重要的创见。在当今时代,人民物质生活的相对丰盈与精神生活的衰微,梁启超提倡的趣味美学思想有了更为重要的理论意义。

2月27日,参加徐朔方教授遗体告别仪式。

3月29日,为朱首献的专著《文学的人学维度》(浙江大学出版社2007年版)撰写序言。

朱首献原是王元骧的硕士研究生,硕士毕业后留校任教,后考取王先生的博士生。《文学的人学维度》原是在王先生指导下写成的博士论文,整理润色后出版。序言高度肯定了本书的选题意义及主要内容。王先生认为,还可以从人不断追求超越的动态生命活动中,抓住人生的张力结构,来研究文学的相关问题;在研究方法上也可以从静态走向动态,从而进一步把全书的内容统一起来。

5月,《文学原理》第2次修订版由广西师范大学出版社出版。

书后附《第二次修订版后记》,介绍了这次修订的大体情况,并特别阐述了研究、学习文学理论的意义和价值问题,即文学基础理论关注文学的观念问题,重视文学的审美特性对人生的重要意义,研究和学习文学理论促使文学朝着真、善、美发展,最终能够引导文学活动有益于世道人心,我们必须高度警惕后现代主义反本质主义理论的消极性,警惕消费主义文化对人生价值和意义的消解问题。

6月15日,刘广新、胡友峰在《北京科技大学学报(社会科学版)》第2期发表《对文学理论教科书的理性反思》。该文可以看作对王元骧《文学原理》2002年第1次修订版的书评。

作者们认为,王元骧的《文学原理》不同于一般文学概论教材的集体编写,为个人独立写作的教材。它集中于对文学本性的深入思考,富于人文情怀;聚焦于文学经典,是从文学本位出发的教材编写成果。另外,该教材以实践论为中心,坚持审美反映论,在文学观念上有独到的思考认识;在研究方法上运用了辩证综合思维。这些决定了这部教材在当今看似高度繁荣,实则陈陈相因、缺乏创新的文学概论教材编写大潮中独树一帜、富有创见。

6月23—25日,赴武汉参加在华中师范大学召开的"文学理论三十年:从新时期到新世纪"国际学术研讨会暨中国中外文艺理论学会第四届代表大会,提交会议论文《当今文学理论研究中值得认真思考的三个问题》(后以《当代文学理论研究中的三个问题》为题发表于《文学评论》2008年第1期)。研讨会由中国中外文艺理论学会和华中师范大学文学院联合主办,三峡大学、湖北师范学院、黄冈师范学院和深圳维卡科技有限公司等单位协办,来自国内外的240多位学者出席,共收到130多篇学术论文。

> 据孙文宪《文学理论三十年:从新时期到新世纪国际学术研讨会综述》(《文学评论》2007年第6期),王元骧在研讨会上强调,当前理论研究需进一步思考文学理论的性质问题,应重视理论的反思性和批判性,认为理论研究需要通过综合、动态的方式对文学问题做出全面的把握。

6月29日—7月2日,赴上海复旦大学参加"马克思主义文艺理论的当代发展:中国与西方"国际学术研讨会。研讨会由复旦大学中文系、上海师范大学人文学院联合主办,来自海内外的100多位代表参加了会议。王元骧先生提交了会议论文《论马克思主义文艺学在当代的发展和意义》。该文后发表于《东方丛刊》2007年第4辑、《文艺研究》2008年第1期。

8月18—19日,赴南京出席南京大学中文系文艺学学科主办的"马克思主义美学与现代中国"国际学术研讨会。此次研讨会共有来自国内外高校和科研机构的近70位专家学者参加。

尹庆红《"马克思主义美学与现代中国"国际学术研讨会综述》(《文艺研究》2007年第12期):"王元骧教授认为探讨中国马克思主义文艺学美学在当代的发展,应该把学理上探讨与捍卫马克思主义的反思和批判精神结合起来,把马克思主义作为认识、反思、评判现状的思想武器,从现实中发现和提出值得我们思考和解决的问题,以求我们的文艺沿着社会主义和人民大众的方向健康地发展。"

　　另据周计武、周欣展整理的《马克思主义美学与现代中国国际学术研讨会综述》(《文学评论》2007年第6期):"由于研究方法和侧重点的不同,中国马克思主义美学在自己的理论发展中已经产生了实践美学、文艺美学和人类学美学等具有中国特色的理论模式。刘纲纪、王元骧(浙江大学)、周来祥(山东大学)、陆贵山(中国人民大学)和朱立元(复旦大学)等先生重新审视了马克思主义美学,突出了实践论对于建构中国马克思主义美学的意义,主张直面现实,反思社会,把艺术的审美性和社会性有机地结合起来。"

9月4日,在《文艺报》第3版"理论与争鸣"发表学术对话《论文艺的审美超越性》。这篇对话是针对彭江虹发表于3月27日《文艺报》第3版的《精神家园的建构与审美超越论》一文而写的。

　　彭文肯定王元骧先生站在底层民众的立场上对消费文化的批评,但对王先生主张审美超越以建立人的精神家园,并不认同。他批评王先生从人类的某个绝对完美的状态出发批判当下现实的局限,是在坚持一种彻底否定现实的虚无存在观,认为这反映出王先生坚持的是英雄史观,即只承认个别英雄人物推动历史发展的作用,否定人民群众在历史发展中的作用的唯心史观。

王先生在对话中强调,审美超越是审美反映的题中之义,即审美反映的价值评价这一反映方式本身就包含着对人生应如何的探讨,把审美超越定义为艺术的精神,是在强调文学艺术对于抵制人的物化,甚至是异化的精神价值。所以,主张审美超越并不是从人类的某个绝对完美的状态出发,而恰恰是从社会现实出发的。关于超越性的内涵,王先生强调,应该从"人学"出发来理解超越性。人的理性意识决定了人的生命存在是具有反思性的,这进一步决定了人对人生意义和价值的追问。而这恰恰就是"超越性"的内涵:人一方面能够超越个体自我,实现对社会性的、与他人统一的崇高人格培养;一方面能够超越当下,进入历史传统,去传承文化意义。把超越性界定为艺术的精神,就是承认审美、艺术对培养道德人格的意义和价值,而不是主张虚无存在观。

9月10日,在《浙江大学学报(人文社会科学版)》第5期主持"文艺本体论新论"专题栏目,邀请朱立元、王岳川、彭富春、苏宏斌一起参与,共发表5篇论文。王文题为《文艺本体论的现实意义与理论价值》,后被人大复印报刊资料《文艺理论》2007年第11期全文转载。

王元骧撰写主持人语,扼要介绍文艺本体论研究的发展情况和研究意义,并对5篇论文进行了简单点评。他不同意文化批评主张反本质主义、否定体系化的基础理论研究的做法,认为本体论总是探讨具有普遍和终极意义的问题,所解决的是人们生存的根基和价值问题,在任何时代都不应该也不可能过时。

作为"文艺本体论新论"栏目主持人,王元骧在《文艺本体论的现实意义与理论价值》一文中深入阐述了自己对文艺本体论的认识,特别对文艺本体论研究的意义和价值问题进行了重点分析。

作者指出,从本体论就是对存在的终极依据的研究来看,文艺本体论研究就是对文艺的终极依据的思考,而这需要对"人的存在论"先进行探讨。因为"文学(可以扩展到文艺)是人学",文学不仅是人写的,也是写人的、服务于人的;由此文艺本体论的研究,需要以"人的存在论"为前提,两者是密不可分的。就对人的存在论的研究来说,康德突破了亚里士多德的本体论观念,排除知识本体论,关注道德本体论。因为亚里士多德认为本体论研究属于理论哲学,不以随时变化的经验实践行为为研究对象,而康德所关注的恰恰是人的行为的"至善"。道德"至善"是可期待但无法实现的信念,是超验性的。由此,超验与经验、信仰与知识的矛盾成为一个理论上难以克服的难题。论文从人因理性自觉而有了人生价值意义的追问,从而不断努力追求,去实现更理想的人生目标,有望把超验与经验统一起来出发,强调人的本体论与活动论的结合、统一。论文指出,康德的思辨哲学不从人的经验生活出发,抽象地认识人对超验的道德至善的追求,远不如中国传统人生论哲学从人生现实出发,主张在有限中追求无限,把形而上与形而下统一起来更为合理。从信仰与知识的关系来看,西方传统认识论哲学深受自然科学影响，而超验的、形而上学的内容根本无法通过科学认识来把握，因此只能把知识形而上学否弃，而仅仅保留道德形而上学。我国传统人生论哲学，因为承认认识方式上的"体知"，肯定知识中的"德性之知"，因而"道德确信"是可以通过体验、感悟而被把握的。康德的思辨哲学虽然具有理论上的抽象性局限，但他的美学思想把"美看作道德的象征"，肯定审美、艺术对统一感性与理性、经验与超验的矛盾具有重要的中介作用，这是合理的。总之，人的存在论与文艺本体论具有理论上的统一性。文艺本体论的研究对文艺性质的认识，确定文艺在生活中的功能和地位具有重要的理论意义。但是长期以来，文艺本体论是被忽视的。重视文艺本体论的研究，探讨人的存在论，可以排除长期以来文艺理解的主观性和随意性，为科学的文艺观念的确立奠定理论前提。另外，现实的文艺评价有时会面临价值多元化的困扰，文艺本体论的研究能够为文艺评价提供真理性的保证。

9月15日，《云梦学刊》第5期发表了宗志平、熊元义的论文《论王元骧的审美超越论》。该文后被收入余三定主编的《当代学术史研究》（人民出版社2009年版）。

该文肯定王元骧先生同当前中国文艺界一些恶劣思想倾向进行的坚决斗争，认为这表现出一位真正的文艺理论家的勇气和锋芒，王先生的文艺批评是必要的政治批评和深入的理论批评的有机结合；但认为王先生在克服粗鄙存在观的过程中提出的审美超越论却是从人类的某个绝对完美的状态出发的，这种审美超越论实际是一种虚无存在观。

9月28日,在《厦门大学学报(哲学社会科学版)》第5期发表《我看20世纪中国美学及其发展趋势》一文,后被人大复印报刊资料《文艺理论文摘卡》2008年第1期转摘。

该文对20世纪中国美学的总体发展进行反思,试图总结中国美学的发展规律,探讨其发展趋势。作者以1950年代为界把20世纪中国美学的发展划分为两个阶段。作者认为,20世纪前50年中国美学的发展主要是介绍西方美学,而且是抱着借助美学改善人生的强烈愿望来介绍西方美学,因此这一时期的美学研究不是纯粹的美学学科研究。只有1940年代的蔡仪是个例外,他的认识论美学研究和《新美学》著作属于比较纯粹的美学研究和建设。总体而言,这一时期人们重视康德美学的无功利审美思想,但主要是受叔本华借审美静观来解脱人生痛苦的间接误导,力图通过个体人生的改善来解决社会问题。作者认为,审美救世主义是存在理论失误的。它实际上不仅无助于社会的革命改造,还有维护旧制度统治的嫌疑,但强调审美对人生的影响有其合理性。对1950年代及其后的中国美学发展,作者肯定这一时期的美学研究开始走向学理研究和学科建设,是一大进步。特别是李泽厚的实践派美学所确立的美学研究的"实践"前提,为美的性质的认识奠定了历史唯物主义的理论基础。论文强调,审美的个性、感性和超越性必须联系着"实践"才能认识清楚,后实践美学对实践美学的认识和评价并不准确、客观。反思20世纪中国美学的整体发展,论文指出分离美与现实人生,使美学走向艺术哲学的倾向是狭隘的,应该引起警惕。强化美与人生的紧密联系,通过美学研究努力促进人生艺术化,不仅是现实的、人的生存的需要,也是中西美学思想传统的理论精华。西方美学推崇"内省的美"的传统,重视美的超验性,有其重要的理论价值,但割裂经验与超验的联系,决定了它不如中国美学传统;后者重视审美对象的"品",肯定审美主体的"乐",把美与人生相联系,视审美境界为人生境界的思想更为合理,更有价值。从当今时代拜金主义造成的人生卑俗化现状来看,审美抵制人的物化、异化,捍卫人的人格独立这一功能更值得肯定。总之,作者认为,把美、艺术和人生紧密联系起来,既是促进人的全面发展、社会的全面进步的需要,也是中西美学传统和20世纪中国美学发展的功过得失所昭示的真理,这预示着今后美学的发展趋势。

秋季,指导博士研究生李妍妍完成学位论文《卢梭美学思想研究》并通过答辩。

10月,《文学教育(下)》第10期发表乔东义对王元骧的访谈《艺术:使人成为人——王元骧教授访谈录》。

该访谈的中心论题是文学阅读和艺术鉴赏对人的意义。王元骧先生结合自己的切身体会,认为文学艺术的阅读和欣赏可以使人变得善良,能够激发人学习和工作的心理能量和精神动力,使人以审美的、超脱的态度去化解生活中的一些烦恼,使一些乏味的琐事也变得意趣盎然。更为重要的是,人是经过社会和文化的塑造,才真正成为合格的社会主体的。文学艺术对人的塑造是社会和文化塑造人时极为重要的媒介。文学艺术的阅读和欣赏能够使人得到全面发展,使人的人格变得高尚,生活变得美好,使人拥有真正意义上的文明人的生活。当今时代,人们所推崇的文艺能够释放人的情绪,缓解人的心理压力,让人放松的功能,确实也是文艺的功能之一;但这是把文学艺术当成手段、工具来理解时的看法,并不是文学艺术的本体功能。这种文艺功能观,实际上是随人的异化而出现的文学艺术异化的产物。关于文学艺术的本体功能,王先生强调,应该联系人的生存来进行认识——人本身处于感性与理性的张力冲突中,即人一方面是物质的、肉体的和欲望的存在物,一方面又时刻在追求着精神、超越。人身上的这两个方面处于动态的平衡中。文学艺术的意义就在于使人在这种张力中保持协调和平衡:一方面,它把理性的化为感性的,让人在感性体验中接受理性规范;另一方面,它让人在感性生活中不忘理性的召唤,具有形上情怀。这就是人在生存中永远离不开文学艺术的根本原因。消费时代也无法否定美的文学艺术对人的精神价值。在消费文化泛滥的时代背景下,这种理论观点看起来高蹈抽象,但王元骧先生要求坚持文艺理论的反思性和批判性,不能简单地满足于描述性、说明性的理论。关于文学教育问题,王先生肯定语文课应有训练语文能力和进行思想教育的任务,但审美教育是文学教育更为重要的目标。陶冶人格、提升人生境界,是文学艺术的阅读和欣赏更为核心的功能,这是语文教育必须高度重视的内容。关于文学阅读,王元骧先生介绍说自己对19世纪俄罗斯文学情有独钟,因为它们大多有一种强烈的社会责任感和人文情怀。

11月,在《文艺争鸣》第11期发表《论人、文学、文学理论的内在张力》一文,后被人大复印报刊资料《文艺理论》2008年第4期全文转载。又收入《跨文化的诗学探寻——庆祝饶芃子教授从教五十周年论文特辑》(蒋述卓主编,暨南大学出版社2007年版)——王并未参加12月12日召开的"饶芃子教授从教五十周年庆祝会",但寄去了会议论文以示祝贺。又收入《中国文学理论批评文选(2006—2007)》下卷(作家出版社2008年版)。

该文抓住"文学是人学"这个文学的根本问题,通过对人、文学和文学理论的深度思考,深化了对文学理论基本问题的研究。对于"人是什么"的研究,论文抓住"灵肉一体"的存在中感性与理性两者的矛盾统一性,通过反思中外理论关于这一问题的认识的发展,准确地把握了我国改革开放以来,人的感性要求的膨胀和畸形发展所造成的一系列问题。作者认为,片面地强调感性欲望,不仅在理论上不能成立,实践中也只会使人走向沉沦。商业文学和消费文学的繁荣使"美的文学"衰败凋零,必须进行纠正。不过,这不是要简单地回归理性,而是要在感性与理性的关系的动态变化中,着眼于两者的张力,来科学地认识人的自我建构。对于文学的目的和意义,论文认为"美的文学"是作家因为理想、愿望在现实生活中不能实现,从而试图通过想象和幻想来创造美的意象,以求得心灵的满足和补偿才产生的,它的存在就是为了唤醒和激发人的人生自觉意识。所以,只有在现实的社会人生与"美的文学"所营构的理想人生之间的张力关系中,我们才能更为准确地认识文学存在的必然性及其意义和价值。作者坚持文学理论研究的反思性和批判性,认为只有通过对文学现状的分析和批判,在日趋物化和异化的人的生存险境中,努力推进文学为使人自身获得拯救而发挥自己的作用,才算真正实现了文学理论研究的价值和意义。

《文艺争鸣》同期也发表了何雁、熊元义的《审美超越要建立在现实基础上——王元骧的文艺批评与文艺思想》一文。此文与《云梦学刊》第5期署名宗志平、熊元义的《论王元骧的审美超越论》为同一文，只是题目不同。

本月，陆岩军在《重庆社会科学》第11期发表《对王元骧先生〈关于文学评价中的"人性"标准〉一文指误》。

> 该文对王元骧先生发表于《文学评论》2006年第2期的《关于文学评价中的"人性"标准》一文提出了商榷意见。作者承认王先生对文学评价和文学史研究中的"人性说"的批评是有道理的，还肯定王先生对"普世情怀"的认识，认为是重要的理论探索；但对于王先生对章培恒等的观点的具体分析，作者则有不同意见。作者把王先生的具体分析划分为误解、曲解和不符合之处三类，为章培恒先生进行全面辩护。作者认为，章培恒评价作家、作品的成就是以作品的艺术感染力为标准的，但艺术感染力与艺术评价的"人性"标准之间究竟是什么关系，作者似乎还缺乏清楚的把握。关于人性观念的认识问题，作者强调章培恒并不是仅仅理解成人的自然本性，而是指人以个体为本位，追求人的自然和社会需要的全面满足的本性。从这个理论辩护和辨析来看，作者似乎并不明白人的需要的满足总是相对的这个道理，而且在很多情况下，恰恰是对人的自然需要的满足的抑制才是人性的标志。

12月4日，出席杭州师范大学"中国美学与文论中心"成立大会。

12月15日，在《东方丛刊》2007年第4辑发表《论马克思主义文艺学在当代的发展和意义》一文。该文原为参加本年在复旦大学召开的"马克思主义文艺理论的当代发展:中国与西方"国际学术研讨会时所提交的会议论文。

关于马克思主义文艺学研究的发展,论文强调了正确理解马克思主义哲学精神的重要性,特别是必须要超越近代哲学停留于存在与意识的关系来认识文艺等精神文化。作者指出,认识论哲学视角的文艺研究是必要的,唯有如此才能清楚地把握文学艺术的现实根源,但人们应该首先明确旧唯物主义认识论与马克思主义认识论的区别,真正立足于马克思主义认识论来理解文艺活动。第一、旧唯物主义认识论是直观的,马克思主义认识论是实践的。作家不是生活的旁观者,他的作品是其生活实践的成果,是其人生体验结晶,其创作表现对象是由其生活实践的内容所限定的。第二、旧唯物主义认识论是以求知为本的,马克思主义认识论则在事实意识外,包含价值意识。文艺是人的意志和愿望最生动的形象显现。第三、旧唯物主义认识论的直观反映是单向的,只是客体向主体的运动;马克思主义认识论则不仅指客体向主体的运动,还包含着主体对客体的选择和建构的过程。文艺是作家理想、愿望的形象显现,它不仅满足于人的认识需要,还有激发人的行动的作用。

随后,论文指明了马克思主义哲学的真正精神是实践唯物主义,认为推进马克思主义文艺学研究,应当超越纯粹认识论视角,进行实践论视角的理论探索。认识与实践不同,实践论文艺观也不同于纯认识论文艺观。首先,认识是求真,是对事物客观性质的把握,它的真伪在根本上取决于认识结论是否符合客观事物的本质规律;实践是求善,是通过创造价值来满足人的需要,包括物质需要和精神需要。从实践论的视角看文艺,则它不仅仅给人以知识,还要满足人的精神需要。其次,认识为了求真,认识主体需要以社会理性主体出现,认识过程和结论追求客观普遍性;实践是为了求善,它离不开外部感性现实,需要实践主体的全身心投入。从实践论视角来看,文艺本质上是作家个体评价社会现实的审美情感活动,它能够直接作用于人的情感意志,引发人对社会现实的改造。最后,认识是为了把握事物的本质规律,所以它需要不断地摆脱个别、偶然的现象,走向普遍、共同的抽象本质,所以认识总是趋向与现实生活的分离,不肯俯就和屈从于现实生活中的实际事物;而实践则要求回归生活。反映到文艺观念上,实践论视角的文艺活动致力于感染人的情,激励人的意志实践,进而介入生活,而不是对生活进行审美静观。另外,中国传统的人生论哲学强调人的道德践履,这与马克思主义的实践唯物主义哲学有本质不同,但在强调"行"上,两者有明显的相似。因此,实践论视角的马克思主义文艺学研究,客观上有推进马克思主义文艺学中国化发展的意义。

然后,论文强调马克思主义文艺学研究应该把认识论视角与实践论视角的文艺研究统一起来。马克思主义实践唯物主义哲学扬弃了西方哲学中认识与实践的对立、割裂。从生产实践出发,马克思主义实践唯物主义哲学认为理论来源于实践,又回归实践,整个人类历史的发展都是通过生产劳动来推动的认识与实践的冲突、对立的扬弃。尤其是由无数个体所组成的无产阶级进行的劳动实践,以及由此引发的推翻资本主义私有制的革命实践,对认识人类历史发展规律的理论进行检验,并推动理论的进一步发展。文艺活动无疑也属于这伟大的历史实践的构成部分,它承担了重大的历史使命,即作为一种审美意识形态,文艺体现着特定社会阶级、阶层或者群体的价值意识,从而对社会成员具有"寓教于乐"的行为定向功能和激励作用。同时,从认识论视角看,文艺的意识形态性又具有反映社会存在发展规律的真理性、科学性。因此,只有在认识论视角与实践论视角的统一中,我们才能真正科学地认识文艺的性质。

最后,论文还结合社会现实,即当今市场经济的繁荣和全球化的突进所造成的消费文化、商业文化的泛滥,从马克思主义哲学以及马克思主义文艺学本来所具有的反思性、批判性出发,认为马克思主义文艺学的研究和发展应该以推进和实现人的自由解放、社会的全面进步为目标,以求得文艺沿着社会主义和人民大众的方向健康发展。

12月22—23日,赴北京参加"转型期中国美学问题学术研讨会暨《曾繁仁美学文集》出版座谈会",提交会议论文《美学研究:走两大系统融合之路》,后发表于《学术月刊》2008年第5期,并收入会议论文集《问题与转型:多维视野中的当代中国美学》(王德胜主编,山东美术出版社2009年版)。

此次研讨会由首都师范大学美学研究所、山东大学文艺美学研究中心、黑龙江大学文学院、山东师范大学文学院、中南民族大学文学院、华中师范大学文学院、华南师范大学文学院、哈尔滨师范大学文学院、山东理工大学文学院、浙江师范大学文学院、商务印书馆共11家单位共同主办,汝信、叶朗、钱中文、胡经之等来自全国各地的130多位学者参加。会上,王元骧阐明了他对美学建构方向的见解,即认识论、知识论传统与人生论、价值论传统的融合。

12月24日,在《高校理论战线》第12期发表《谈"审美意识形态论"的理论建构——以我的〈文学原理〉(2007年版)为个案》。该文后收入《文学审美意识形态论》一书(北京师范大学文艺学研究中心编,中国社会科学出版社2008年版),题为《关于〈文学原理〉第二次修订版的说明——兼谈"审美意识形态论"的理论建构》。

论文以自己所著文学概论教材《文学原理》2007年版的修订为例,探讨了"如何建构有中国特色的马克思主义文学理论,提升中国文学概论教材的编写水平"的问题,同时也向读者具体介绍了自己这一次修订《文学原理》的意图和目的。作者指出,突破以往局限于纯认识论视角认识、理解文学相关问题的不足,使认识论与实践论的统一在全书得到充分的贯彻和体现,是自己修订的目标。具体地说,从马克思主义哲学能动反映论的视角来看,社会意识形态不仅是认识性的,更主要的还是实践性的——它有为人们的行为立法的功能。马克思主义文学观念承认文学的意识形态性,就决定了应该从认识论与实践论的统一来认识文学。同时,文学不同于其他意识形态的特性在于它是审美意识形态。而所谓审美,一方面指其具有突出的个人感性特征,一方面指其具有非功利的自由性特征。由此,对文学作为审美意识形态的研究,其关键、核心就在于认识性与实践性的统一是如何体现在其审美特性中的。

论文随后就以这次修订对两个重点部分的改写或者说

是重写情况,展示了自己的理论探索:一是在创作论方面,突破了原先只从形象思维出发,局限在认识活动中理解"创作想象"的不足,特别加强了对艺术想象的意向性和表现性方面的阐发,认为艺术家们所创造的艺术形象不仅是他们认识生活的结晶,也是他们的理想、愿望的体现。自然,艺术家的想象创造既是艺术家个人的自由想象创造的结果,同时也受时代、民族等的社会心理的影响制约。二是在功能论方面,高度重视读者阅读在文学活动中的重要性,认为作品的价值在很大程度上是由读者和作家共同创造的。同时对文学性质,主张它是功利性与非功利性的统一。通过非功利性的审美,文学阅读对人的实践活动有两个方面的功利性作用:一是定向作用,即按照美所显示的人生理想和信念,来引导人们在日常生活中做出自己的选择;二是激励作用,即文学作品把意识形态这一信念体系,通过读者的感觉和体验,化为读者的无意识心理,也就意味着它在人们的内心生根,并成为人们活动的驱动力量。

最后,作者总结了自己从事马克思主义文艺理论研究,写作文学概论教材的经验,特别是在文学观念的突破和研究方法的选择这两个方面的心得体会。概括地说,就是要突破把文学仅仅看作一个实体,局限于从空间的、静态的维度,从一般、特殊和个别这三个层面来研究,还要吸取动态的观点,除从宏观上强化对文学作社会历史维度的考察之外,也要从微观上把文学看作一种活动,从时间的、历时的,即从创作、作品、阅读这三个活动环节来进行研究。

2008年(戊子年) 74岁

1月,在《文艺研究》第1期发表《论马克思主义文艺学在当代的发展和意义》一文。此文曾在《东方丛刊》2007年第4辑发表,后收入《理论的声音》(方宁主编,西南师范大学出版社2009年版),又收入《马克思主义文艺理论研究(第1辑·2011)》(陆建德主编,中国社会科学出版社2011年版)。

本月,在《文学评论》第1期发表《当今文学理论研究中的三个问题》一文。该文是2007年6月参加在武汉召开的"文学理论三十年:从新时期到新世纪国际学术研讨会"时所提交的会议论文,后被人大复印报刊资料《文艺理论》2008年第8期全文转载。

作者对新时期以来文学理论研究中存在的三个主要问题进行了总结和探讨。首先是对文学理论的性质和功能的认识。针对后现代主义的"反本质主义"对文学理论的批评否定,作者区分描述性、说明性的理论和反思性、批判性的理论,以康德的规定判断和反思判断进行类比,认为理论的价值主要是作为我们反思文学问题的理论预设、思想前提而存在,它使我们看待复杂的文学现象时有了一个观念前提,从而引导我们按这一思想前提的指引去进行思考和评价。作者强调,理论的不足应该通过理论研究的推进来解决,而不能否定理论的意义和价值。

其次是对文学观念的进一步拓展和完善。作者指出,文学理论的核心是文学观念的问题。因此,从我国当今社会的现实需要出发,确立起既能反映我们时代需要,又能体现人类文化发展方向和我们民族文化精神的文学观念,是推进文学理论发展的关键。审美反映论或者审美意识形态论的建构,突破了单纯的认识论视角,实现了认识论与价值论、实践论的统一;但社会现实发展中的价值多元化,需要我们进一步开展文艺本体论的研究来进行应对。文学是人学,从人学本体论来看,文学属于人追问人生终极意义的方式之一,这一文艺本体论观点确立了文学价值的终极来源。

最后,是对于文学研究方法的反思。作者认为,只有通过多视角的研究才能把握文学整体,因此文学的研究方法只能是分析与综合的统一。关于如何进行研究综合,作者强调可以从宏观和微观这两方面进行:宏观上可以在历史唯物主义的基础上把认识论、价值论和本体论结合起来,微观上可以走静态的、层次论的研究和动态的、活动论的研究相结合的道路。

3月1日,濮之珍编选的《蒋孔阳:且说说我自己》(上海文艺出版社出版)一书收入蒋孔阳《与王元骧等信》。

3月10日,发表于《文学评论》2006年第2期的《关于文学评价中的"人性"标准》一文,获浙江省第14届哲学社会科学优秀成果奖基础理论研究类一等奖。

3月15日,在《文艺争鸣》第3期发表《梁启超"趣味说"的理论架构与现实意义》一文。此文是为参加本年4月在杭州召开的"中国现代美学、文论与梁启超"全国学术研讨会而准备的会议论文。该文后被人大复印报刊资料《美学》2008年第6期全文转载,又收入《中国现代美学与文论的发动:"中国现代美学、文论与梁启超"全国学术研讨会论文选集》(金雅主编,天津人民出版社2009年版)。

论文首先简明扼要地概括了梁启超美学思想的核心观点，然后对其趣味说的理论构架进行全面剖析。梁启超"趣味"说的"趣味"一词是指不为功利所计，仅仅就对象本身而对对象发生兴趣的意思，它包括对于整个人生的态度，而不限于对美和艺术的鉴赏。他的人生观就是以"责任心"和"趣味"为根基的，即主张人应既敬业又乐业，而最核心的就是"趣味"，也就是要进一步把责任心化为趣味，化他律为自律，化强制为自愿，这就形成梁启超的趣味主义人生论美学思想。"趣味"本质上是愉快的情感，可以作为行为、活动的持久动力，人生以趣味为根本就形成"生活的艺术化"。培育良好的趣味，需要借助于艺术，梁启超有自己的审美教育理论：主张趣味教育，以之为改造"国民性"的良策。这种吸取西学的理论资源，激活中国传统的人生论哲学，把趣味（审美）、艺术和人生三者有机统一的美学思想创造，是使美学走向民族化的一种创造。他的美学没有显体系，却有隐体系，值得重视。自然，梁启超的趣味说在他那个时代显得高蹈抽象，想用审美来解决制度问题的审美救世主义只能是空想，但这一思想在当今功利主义发达的时代，对于抵制人的异化和物化却有其现实意义。

3月22日，在《湖北大学学报（哲学社会科学版）》第2期发表《论马克思主义美学在我国当代的演变》。该文后被人大复印报刊资料《美学》2008年第6期全文转载。

论文开头就提出马克思主义美学的正确认识、理解问题。作者强调，把马克思主义哲学视为认识论哲学，并以唯物还是唯心来区分马克思主义与非马克思主义，是把马克思主义哲学局限于近代哲学视界的错误做法。把蔡仪的美学研究归之于马克思主义美学，就是基于这种错误认识，这是不准确的。作者指出，马克思主义与近代西方哲学的根本区别在于把实践引入哲学，把直观的唯物主义改造成实践的唯物主义。而所谓实践，它是与"知"相对的"行"，它的重点在于行为、活动，而不是认识。论文具体分析了认识与实践的三方面区别。一、认识是为了求真，获得知识；实践是为了求善，改变世界以满足人的需要。二、认识求真，导致客体至上，事物为中心，以知识是否符合事物的本质规律为评判标准；实践求善，它需要人的知情意来推动，特别是体现为主要由意志来主导推动。三、认识的研究方法是静态的；而实践的研究需要动态的思维方式，将实践看作一个过程、一种活动来把握。马克思把实践的观点引入美学研究，认为美是人在实践活动的过程中所形成的一种主客体交互作用的产物——审美关系是人在实践中所形成的物与人的一种价值关系，"美是人的本质力量的对象化"。把实践观点引入美学，为人们正确认识"美"找到了科学依据，但这决非是对具体审美对象和事实的描述和解释，而只是从哲学上、根本意义上为美的认识提供理论基础。另外，审美主体不仅从审美客体中获得精神愉悦，他的审美经验还会在自身意识中积淀下来，不断充实和提升人的审美趣味和审美能力。这一实践美学的观点还需要理论上进一步深化，但不少学者却因为实践美学不能直接描述和解释具体的审美对象和审美事实，而从根本上予以否定，转而从纯感性的、纯心理的方面进行探讨，形成后实践美学。特别是李泽厚，原本是实践论美学的倡导者和代表人物，但后来在理论上放弃社会实践本体论,改变为心理本体论和情感本体论,即不再以社会历史实践的观点来解释个人的、心理的、审美的现象,而是通过把历史主观化、心理化、美学化来与美学接轨和融合,这就事实上开启了后实践美学的发展。作者认为,后实践美学在推进美学研究从宏观研究走向微观研究,从社会学研究走向心理学研究和文化学研究方面,是有一定的理论贡献的;但背离历史唯物主义的理论基础,使其终究难以走向科学。作者强调应该把审美心理学、审美文化学的研究与社会历史的观点结合起来,即立足于历史唯物主义的实践论来解释审美活动中的心理现象和文化现象,才能建立科学的美学理论。

3月24日,在《高校理论战线》第3期发表短文《衷心的祝愿热切的期望》。为庆祝《高校理论战线》创刊二十周年,作者作为杂志编委和多年的老作者,写了这篇短文。

作者肯定杂志坚持马克思主义,针对现实,联系实际,研究和推动马克思主义理论发展的努力。对一些人站在个人自由主义立场,对马克思主义产生怀疑,把马克思主义看作意识形态进行否弃的做法,作者提出了批评,并进行了理论批驳。作者以党中央提出的"社会主义和谐社会"所遭受的放弃斗争的非议为例,指出马克思主义的共产主义社会就是和谐社会,只不过和谐社会是要通过斗争而实现的;斗争不是目的,只是手段;不同的时代有不同的斗争领域和方式,完全以和求和也不现实。"复兴儒学"的观点也类似,这一主张对于重视传统文化,提升民族自尊心、自信心和民族凝聚力,有其客观的实践意义;但不能不看到儒学有其时代和阶级的局限，它不讲认识论和科学，只讲伦理道德，存在理论上的不足。儒学伦理重视血缘基础上的亲和关系，不讲原则，对于当今社会盛行的"关系学"就有深刻的思想影响，应该警惕和纠正。再如文艺理论研究中，一些学人引进西方的"反本质主义"、"反基础主义"等后现代思潮，提倡消费文化，这就背离了毛泽东同志所提出的对人民大众普及、向人民大众提高的"普及"与"提高"的关系原则，消解社会主义文艺的意识形态本性和社会主义文艺在推动人的全面发展和社会的全面进步中的义务和责任。总之，作者要求加强对马克思主义的学习和研究，以马克思主义的观点和方法来解决现实问题，并在现实问题的解决中求得马克思主义的发展。

春季，指导硕士研究生寿桔丹完成学位论文《雪莱美学思想研究》，并通过答辩。

4月，在《社会科学战线》第4期发表《文艺理论：工具性的还是反思性的？》一文。该文实际上后被人大复印报刊资料《文艺理论》2008年第7期全文转载，收入《中国文学理论批评文选2008卷》（作家出版社2009年版），又收入《中文文艺论文年度文摘·2008年度》（张未民、陶东风主编，吉林人民出版社2009年版）。

作者在论文开头就指出，我国文艺理论界许多学者，在对文艺理论的性质与功能的认识上，存在着比较严重的理论偏见和误解，这就是经验描述性的理论观念。通过具体分析西方哲学的发展，作者梳理了人们的理性认识观念的不断变化，批驳了经验描述性的理论观念的错误。古希腊时期的柏拉图和亚里士多德开创了重视理性认识、推崇形而上学的哲学思潮，后来近代经验主义哲学虽然对理性认识进行了质疑、否定，但黑格尔、马克思等则坚持对本质问题的辩证理性认识。西方现当代哲学家维特根斯坦、海德格尔都对理性认识思潮进行反思批判，特别是德里达以批判"逻格斯主义"的名义，要求对其进行"反本质主义"的批判，这对当前中国文艺理论界的许多学者有比较大的影响。另外，除中国传统哲学偏重实用理性的文化传统以外，美国实用主义哲学也产生了一定的负面影响。特别是美国的实用主义哲学，从皮尔士、威廉·詹姆士到约翰·杜威，他们以实际效用来衡量真理，直接影响了当前中国文艺理论界的许多学者以"实证性"来理解文艺理论。

作者强调，聚焦于文艺本质观念，进行不断深入的理性认识，是文艺理论研究的正确道路。以对现象与本质辩证关系的认识为核心，论文强调本质是多层次的，一般、特殊与个别共同构成对本质的全面探讨；本质是流动的，随着认识的深入，一般、特殊与个别层次的认识会不断深化、变化；本质是认识事物的理论前提和观念，它需要由特定的认识方法去进一步深化。以文艺的意识形态性本质观为例，论文具体揭示了人们是如何实现对文艺的科学认识的。意识形态性仅仅是文艺的一般本质，审美性是其特殊本质，而具体到语言符号中的媒介存在，则构成了文艺的个别本质。而进一步深入下去，体裁、文类能够进一步推进对文艺本质的认识。

最后，论文区分实用主义哲学和批判哲学的理论观念，说明了文艺理论理性建构的必要性。实用主义哲学的理论观念是说明、描述性的；批判哲学的理论观念是为研究提供批判原则，反思的前提。文艺理论从性质上看应该是批判性的、反思性的，而不是说明、描述性的。文艺理论研究所提出的理性观点，为文艺作品的鉴赏和文学现象的观察研究提供了理论前提，从而能够引导我们的欣赏和分析；而这种引导不是直接说明对象是怎样，而是在主客体之间的碰撞融合。面对特定的负面社会现象和不良文艺现象，理论研究应该能够起到反思、批判的作用，而不是推波助澜。

4月19—20日，参加在杭州召开的"中国现代美学、文论与梁启超"全国学术研讨会，提交会议论文《梁启超"趣味说"的理论架构与现实意义》（已经发表于《文艺争鸣》本年度第3期），并做会议发言。这次学术研讨会由中华美学会、中国中外文论学会和杭州师范大学联合主办，杭师大中国美学与文论中心承办，有来自全国的100多位专家学者参加。

> 据徐碧辉《"中国现代美学、文论与梁启超全国学术研讨会"综述》（《哲学动态》2008年第10期）："王元骧分析了梁启超作为可与王国维并肩的大家却相对受到学术界冷落的原因：其一是梁没有系统的美学著作，其二是学术界近50年受西方美学的影响，主要是从经验论、认识论角度研究美学，而梁启超则是从人生论角度看待美学。""王元骧也认为，梁启超是把'责任心'和'趣味'作为人生的两大根基。'责任'带有强制性，是不自由的；'趣味'则是自由的。梁把责任化为趣味，把不自由化为自由。而培养趣味最好的途径是艺术。梁把趣味（审美）、艺术与人生三者有机地统一起来，使他的理论既融合百家又独创一格。"

5月,在《学术月刊》第5期发表《美学研究:走两大系统融合之路》一文。此文原为2007年12月22—23日赴北京参加"转型期中国美学问题学术研讨会暨《曾繁仁美学文集》出版座谈会"所提交的会议论文。该文后被《新华文摘》2008年第19期、人大复印报刊资料《美学》2008年第8期全文转载,收入《浙江省美学30年》(浙江省美学学会编著,杭州出版社2008年版),又收入《问题与转型:多维视野中的当代中国美学》(王德胜主编,山东美术出版社2009年版)。

该文首先对西方美学发展中以亚里士多德和柏拉图为最早代表的两大美学系统的形成发展进行了梳理。作者认为,把美学界定为感性学,把美界定为感性认识的完善,只是鲍姆嘉通从知识论、认识论的立场和视界出发对这门学科的性质界定。重视审美的体验、反思等内省性、超验性的内容,强调美学的人文性和人生论意蕴,是西方美学史中长期不被重视的另一大美学系统。

随后,作者指出,西方美学的这两大系统就像康德美学和黑格尔美学一样,是互相影响和互相渗透的关系,两者不能截然划分开来。我国现代美学是在西方美学的影响下发展起来的,也存在着这样两个美学系统。但新中国成立后的当代美学发展中,以探讨艺术的总规律为己任的认识论美学占据优势,人生论美学系统则不受关注,这不利于全面地批判吸取中西美学思想的优秀遗产,也不利于对美学学科的科学认识。西方美学两大系统的融合有比较明显的客观意义:其一,有助于对美学学科做出正确的定位,即明确美学的对象不只限于艺术,而应涵盖整个现实人生;其二,使得美学的内容具有更丰富的涵盖面,即除优美和艺术外,现实世界中大量能够振奋人精神、提升人境界的现象都纳入美学的范围；其三，有利于与我国传统的美学思想开展对话而走向融合，即我国传统美学思想以传统的人生论、价值论哲学为理论基础，推崇超验性的、内省性的审美，其价值应充分发掘和利用。

论文最后探讨了把两大美学系统融合汇通的思想前提。作者认为，20世纪五六十年代，在苏联实践派美学的启示下兴起的实践论美学可以作为理论基础。实践论美学把实践看作审美关系形成的基础，认为美的性质从根本上说是实践中所形成的人与物的价值属性，其功能在于按美的观念来设定人生，创造人生。实践美学研究在理论上应该努力解决以下两个难题。一是社会历史层面的研究与个人心理层面的研究之间的关系问题。实践论美学的实践概念主要是指从社会历史的、宏观的角度来看的人类的生产实践活动，这与美的感性存在有较大的距离。二是认识论中的实践与本体论、人生论和价值论的实践的关系问题。其中，引入审美的内省性、超验性方面的理论资源，改造认识论美学的内容，是当前比较重要的工作。沿着康德美学的思路，吸收我国传统人生论美学的理论资源，同时吸取"后实践论美学"，特别是其理论源头李泽厚美学研究的经验教训，把两大美学系统融合起来，是推动美学研究进一步发展的正确道路。

6月13—14日，赴北京参加"新时期文学理论研究的回顾与反思"学术研讨会，提交会议论文《文学理论能"告别"吗？》并做学术发言。论文后收入会议论文集《站在新的历史起点上——新时期文学理论研究的回顾与反思》（李志宏、金永兵主编，时代文艺出版社 2008 年版)，又发表于《浙江大学学报(人文社会科学版)》2009 年第 1 期。研讨会由北京大学中文系、吉林大学中国当代马克思主义文艺学研究中心、南昌大学中文系、《高校理论战线》杂志社和《社会科学战线》杂志社共同主办，有来自全国各地的 60 多位专家参加。

据李龙所著《向新的历史维度开放——"新时期文学理论研究的回顾与反思"学术研讨会侧记》(《社会科学战线》2008 年第 10 期)："王元骧教授认为，文学理论的历史是不断发展的历史，但是由于过于热衷'转型'，反而使我们迷失了方向，失去了自我。'告别理论'的提出，就反映了对于理论的性质和效用的一种严重的误解和曲解。对于理论来说，它只能是作为认识经验现象的思想依据来获得自身存在的价值，求得认识与实践的统一。从认识方面来看，文学观念不仅是人们对于文学性质认识的成果，而且也支配和指引人们如何去看待事物。从实践方面来看，观念则是人们行动的目标和指南。由于理论和批评总是在意识层面上开展的，不像文学创作那样往往只凭情感驱使，这就使得理论家和批评家需要比作家有更明确的自我意识和理性诉求，他的活动就更离不开一定观念的支撑。对于文学理论来说，要使之在现实中发挥自己的作用，就要在建立我们的文学观念上下功夫。唯此，对于现状才具有自己反思和评判的能力。由于有些文学理论研究完全放弃了对文学本质、文学观念等根本性质问题的探讨，致使文学批评由于缺乏理论的支撑而失去了自己的理论立场、眼光、原则和标准，直接损害了文学批评自身。事实表明，文学批评的开始不是文学理论的终结，而恰恰应该是文学理论的加强，'文学理论批评化'之路是行不通的。"

本月,熊元义在《新华人文论丛 第 1 辑》(谢昭新、张器友编,安徽人民出版社 2008 年版)发表《王元骧文艺思想的发展与马克思主义美学的嬗变》一文。

> 论文坚持认为王元骧所主张的"文艺对社会生活现实的审美超越"这一文艺本体论观点是主观唯心的,提出应深入探讨马克思主义美学研究在发展中所出现的这种忽视人民推动社会发展的主导作用,反而强调主观审美超越的唯心主义倾向的原因。

8 月,在《大众文艺(科学教育研究)》第 8 期发表《评文艺理论研究中的"文化主义"与"审美主义"》一文。该文实际上是对《文艺研究》2005 年第 4 期《文艺理论中的"文化主义"与"审美主义"》一文的全文转载。

10 月 25—28 日,参加在杭州召开的"文学创作问题与文艺学中国式创新"高层论坛并做学术发言。其会议论文《文艺理论的创新与思维方式的变革》后发表于《文学评论》2009 年第 5 期。

> 论坛由浙江工商大学中国文化理论创新研究中心、中国社会科学院《文学评论》编辑部和浙江工商大学人文学院共同主办,来自北京大学、台湾清华大学、中国传媒大学、浙江大学等全国高校的专家学者,以及上海作家协会等单位的实力作家逾 60 人参加了学术研讨。

> 据汤拥华、王晓华整理的《"文学创作问题与文艺学中国式创新"高层论坛综述》(《文学评论》2009 年第 1 期),王元骧强调文艺理论研究应当对当下流行文学观念有一定的反思、超越。他认为,"如果一切以当下是从,以当下为准,

理论也就必然会流于肤浅、平庸"，"要以新的现实问题为契机，反思已有知识系统的不足"。

冬季，指导博士研究生张海燕、周晓秋分别完成学位论文《牟宗三美学思想研究》、《科林伍德艺术想象论研究》，并通过答辩。

2009 年（己丑年）75 岁

1 月 10 日，在《浙江大学学报（人文社会科学版）》第 1 期主持学术笔谈"文艺理论研究的困境与出路"。为这一组学术笔谈，王元骧向邓晓芒、邢建昌等约稿，并撰写了主持人语，发表论文《文学理论能"告别"吗？》。此文原为去年 6 月在北京参加"新时期文学理论研究的回顾与反思"学术研讨会时所提交的会议论文，后被人大复印报刊资料《文艺理论》2009 年第 4 期全文转载，收入《站在新的历史起点上：新时期文学理论研究的回顾与反思》（李志宏、金永兵主编，时代文艺出版 2008 年版），又收入《中国文学年鉴 2010》（中国文学年鉴社 2010 年版）。

该文针对文学理论研究中流行的"消解文学理论"、"文学理论批评化"思潮进行了辩驳，认为这缘于对理论性质和功能的误解和曲解。作者强调，人类知识本来就有经验水平和理论水平两个层次的分别，两者本应互相渗透、互相补充；但由于西方哲学发展中，自古希腊哲学巴门尼德开始的现象与本质的二分，以及后来的经验论与理性论哲学的分歧、对立，所以两者的融合发展并不理想。经验论思想因为比较接近常识，更容易被人接受。就我国来说，崇尚经验、实用的文化传统决定了文学理论也亲近直觉、经验，而不擅长分析、推理。这应该是当今时代"消解文学理论"思潮流行的思想根源。文学研究中，把文学批评与文学理论结合起来进行经验论和唯理论的融合是抵制"消解文学理论"错误倾向的正确方法，这可以向康德的批判哲学在哲学认识论中努力融合、统一英国经验论与大陆唯理论的科学做法进行学习。一方面，从认识论的角度看，文学观念影响决定着人们对文学现象的认识，文学现象的认识和研究需要一定文学观念的指导。另一方面，从实践的角度看，文学观念中不仅有知识的成分，还有对文学理想的向往和追求的价值成分在内。文学批评和文学理论研究的意识性决定了理论家和批评家更需要文学观念的引导和支撑。总之，只有依据一定的文学观念和科学的理论论证才能更好地抵制"消解文学理论"的错误思潮。当今文学批评领域的价值迷失说明"文学理论批评化"此路不通。自然，这并不是要反过来主张"文学批评理论化"，而是要求文学批评与文学理论的"分工、协作"。在目前的理论发展形势下，有必要适当地强调一下文学理论的价值，以更好促进两者的"分工、协作"。

1月15日，在《文艺争鸣》第1期发表《从"审美反映论"和"审美意识形态论"说开去》一文。

这篇对话体文章，假托赵建逊与自己进行对话的方式，对自己以审美反映论和审美意识形态论为中心的理论研究进行了回顾和反思，对一些关键性的理论难点进行了深入分析。

首先是自己从审美反映论的理论建构到审美意识形态

论的发展。文艺对社会现实的反映不只是对"是什么"的客观揭示,而且是对"应如何"的追问和探索,因此文艺对社会生活现实的反映是价值反映而不是科学认识,借用"审美反映"的术语能更好地揭示文艺的特性。意识形态作为一定时代和社会集团的信念体系,本质上也是一种价值意识,从而它与艺术虽有理性和感性的性质区别,但仍可统一在一起。特别是,审美意识形态作为我国社会主义文艺学的核心范畴,这里的意识形态指的是社会主体的进步信念,从而它与同属正价值的"美"可以统一在一起。当前,围绕"审美意识形态"概念的争论,作者认为主要缘于对审美和意识形态这两个概念的界定问题。审美的非功利性自由欣赏,不是指以浅俗性的感官愉快刺激为目的的感官欣赏,而主要是指它与善不同,却有克服感性与理性的分裂,实现两者统一,完成人的本体建构的性质功能。如此理解的审美,与意识形态并不是决然对立的。意识形态作为一定时代的社会集团的信念,最终是要落实到个体具体的人生实践活动中来的,从而它必然要与个体的情感、意志实现统一,而这就意味着它应该与人的感性意识统一起来。审美意识形态的概念能够成立,就是因为在作家的文艺创作中,意识形态最终体现在文艺形象的创造中。

接下来,作者回顾了自己理论观点的不断发展。论文强调审美反映论客观上是认识论与价值论相统一的文艺观,文艺的价值属性必然意味着它对读者的实践理性有所影响。为了解决时代的价值多元化这一社会现实对审美反映论的理论挑战而提出的文艺本体论,事实上是"人学本体论"的研究,重心在于针对作家的文艺主体论或者说是作家

"人格论"的研究。人本身就处于感性与理性永恒的张力冲突中,在追求物质欲望的满足的同时追求精神的超越,是人生实践的永恒命题。在永恒的精神超越中,实现人的自我本体建构,是人的命运。作家作为人类的代表,其创作在本质上就是源于这种"人学本体论"的内涵,其人格境界的不断提升就是其"人学本体论"内涵不断积淀的结果。当今大众文化作为消费文化,它片面刺激和满足人的感性物质欲望,与人的本体论建构完全背道而驰,通俗文艺作为大众文化的构成部分并不是真正的以美为特性的严肃文艺。另外,文艺的形式、技巧等内容也已经包含在审美反映中,是感性的文艺形象创造的必然环节。所以,审美反映论的建构是真正的"综合创造",它力图以辩证、整体的思考把文艺理论研究推进学理探究的轨道,是非常科学的文艺理论观点。

2月8日上午,出席浙江大学社会科学研究院在西溪商务酒店主办的"人文学科老教授迎春茶话会"。浙江大学20余名离退休知名教授参加,毛昭晰、陈村富、王元骧等先后发言。大家肯定学校这些年发展所取得的成就,并提出应重视人文学科在世界一流大学建设中的地位,需要从组织体系、管理模式和考评机制等方面重视人文学科的特点,以推动学校人文学科取得更大的发展。

4月18日,出席在杭州师范大学召开的中华美学学会中国美学研究基地揭牌仪式暨《中国现代美学名家文丛》首发式。杭州师范大学中国美学与文论中心和中华美学学会合作,在中心成立中国美学研究基地,本日举行揭牌仪式。中国美学与文论中心主任金雅教授主编,浙江大学出版社出版的《中国现代美学名家文丛》也同时举行首发式。梁启超之子梁思礼院士、王元骧等人出席活动。

5月，在《文艺研究》第5期发表《再论美学研究：走两大系统融合之路》一文。此前，在《学术月刊》2008年第5期发表《美学研究：走两大系统融合之路》一文，提出了我国的美学研究应当把西方美学中的超验性、内省性美学系统与经验性、外观性美学系统融合起来的观点。该文对此进行了进一步的阐发。

首先是对这两大美学系统发展情况的理论梳理。古希腊时期，柏拉图开创了超验性、内省性美学系统，而亚里士多德则开创了经验性、外观性美学系统。亚里士多德对西方和我国现代美学的发展影响最大。在西方美学发展中，鲍姆加登所开创的美学以及直到黑格尔美学的建构所体现的都是亚里士多德美学思想系统的特点，我国现当代美学的发展主要也是如此。柏拉图所开创的美学思想系统经过古希腊晚期到文艺复兴时期的繁荣，直到近代一直绵延不绝。这两大美学思想系统在康德美学中有比较深入的融合发展，值得关注。

接下来，以对优美与崇高这两种美的形态的关系的认识为中心，论文系统探讨了西方美学两大系统对立与融合的发展情况（大体而言，优美是经验性、外观性美学系统重视的美的形态，崇高是超验性、内省性美学系统所推崇的）。博克最早在《论崇高与美两种观念的根源》中把优美与崇高并列，给予崇高以极高的地位。康德认为审美可以沟通经验与超验，把人引向自我超越而实现人的本体建构，使人成为道德的人、自由的人，优美和崇高就此构成审美超越过程中的两个不同发展阶段。优美是以自由想象的形式，崇高是以"无形式"冲击、震撼分别引导人的自我超越,其背后就是"无目的的合目的性"审美心理机制。随后,作者认为康德把西方美学两大系统融合,不仅具有理论意义,还有重要的实践价值,即真正确立了美育在人的"人文教化"中的意义和价值。而西方美学史上,人们长期以来并没有充分认识到优美的教育与崇高的教育两者融合统一的重要意义。优美的教育只是"柔性的教育",崇高的刚性教育却突破了鉴赏力的范围,把世界、人生中的各类崇高对象纳入美育范围,两大系统的融合才是对美育性质和功能的全面认识。

最后,论文系统归纳了两大系统融合的重要意义。第一,改变我国美学研究中长期存在的认识论化和艺术哲学化的倾向,推进美学研究与人生论接轨,使审美、人生和艺术走向统一。人生论美学,即研究人的生存活动及其意义和价值的学问,才是美学的原点和发展的目标。第二,有助于与我国传统美学思想开展对话,通过中西美学思想的对话、融合来寻求建立我国有民族特色的美学学科。我国传统美学思想的基本倾向是一种内省性的、体验性的美学,是一种人生论的美学,这与西方近代以来偏重经验性的、感觉性的美学不同。

6月6日,赴北京参加由北京师范大学文艺学研究中心主办的"文学与审美意识形态"学术研讨会,提交会议论文《对"审美意识形态论"的再反思》。该文后来发表于《西南大学学报(社会科学版)》当年第5期、《文化与诗学》当年第2期。国内著名文艺学学者钱中文、童庆炳、程正民等20余人与会。

据蒙丽静所写的《"文学与审美意识形态"研讨会综述》

（《文学评论》2009年第5期）："王元骧教授（浙江大学）对此问题，则显示了自己谦虚和自信的学术态度。他认为'审美'与'意识形态'这两者既可兼容也可排斥。因为从社会结构、从社会的上层建筑现象的角度把文艺看作是一种意识形态，这里'意识形态'只不过是作为一个中性的、描述性的概念来使用的。他还指出，现在有人提出要对文艺的审美属性'祛魅'，这也就等于彻底否定了文艺在人走向全面发展、社会走向全面进步的历史进程中所应有的精神承担。他指出，'审美意识形态论'，不是一个普适的概念，它是一个特指的概念，是按照历史上一切进步文艺的思想传统以及我国社会主义文艺事业的要求和方向对文艺性质所作的一种界定，是建立在对美与社会主义意识形态在价值观上的内在一致性的认识基础上所提出来的。所以不是这两个概念的机械的相加，而是有机的统一和融合。真正有价值的理论就是为学界提出一种行之有效（的）思想实践，提供一种新的思维方式和思考问题的方式。同时，他认为随着社会的不断变化，审美意识形态还是有不完善的地方，等待着学人的进一步深入。"

夏季，指导博士研究生陈雪梅完成学位论文《审美超越性研究》并通过答辩。

7月16—20日，赴贵州贵阳参加"新中国文论60年"学术研讨会暨中国中外文艺理论学会第六届年会，提交会议论文《重审文艺与政治》并做学术发言。此文后发表于《学术月刊》本年度第10期。基于会议中心议题的考虑，王元骧决定以发表于《社会科学战线》2010年第8期的《析"文学理论的危机"》作为会议论文。该文后收入《新中国文论60年：中国中外文艺理论学会年刊（2009年卷）》（钱中文等主编，知识产权出版社2010年版）及《美学与艺术评论 第8辑 新中国文艺理论60年回顾与展望学术研讨会论文集》（复旦大学文艺学美学研究中心编，学苑出版社2010年版）。

此次会议由中国中外文艺理论学会、中国社会科学院文学所文学理论研究室、贵州大学人文学院、贵州师范大学文学院、贵州民族学院文传学院联合主办，来自国内多所高校和科研机构以及美国、英国和奥地利等国的学者出席会议。

据谭德兴、林早整理的《"新中国文论60年"国际学术研讨会综述》（《文学评论》2010年第1期）："王元骧在对前后30年的文艺理论研究进行分界的基础上指出，文艺与政治是不可能完全没有关系的，政治性甚至可以说是文艺所固有的属性。而这涉及到我们对'政治'的理解问题。因此我们在肯定'为文艺正名'对于文艺理论拨乱反正所起积极作用的同时，还应看到要正确地理解文艺与政治的关系，才有望在这个问题上找到正确的答案。"

9月，在《西南大学学报（社会科学版）》第5期发表《对"审美意识形态论"的再反思》一文。

该文对"审美意识形态论"进行了系统的学理论证，阐明了作者对这一文艺本质观念的认识。

首先，论文阐述了马克思主义文艺理论把文艺看作一种意识形态的观点。文艺对社会现实的反映不是单纯的科学性事实意识反映，而是作为追问"应如何"的价值意识反映。马克思主义哲学的意识形态概念在作为描述性概念使用时，同样是一种价值意识的形态。从性质上看，意识形态不是纯理论的,而是实践的意识,是理性与感性、认识与意志情感的复合体,文艺因此必然是一种意识形态。

其次,关于审美与意识形态的兼容性问题。论文一方面从美的概念出发,认为美的非功利性并不是指全无实用性价值,而是指它以自身为目的,有助于维护人的人格独立,捍卫其人格尊严。这是因为,在审美的非功利性中,审美情感具有社会普遍性,从而使人摆脱了功利欲望的束缚限制,实现了人格境界的提升和自我的本体建构。意识形态作为描述性概念,既可以指进步性的理论观念,也可以指与社会发展趋势相反的反动、落后的理论观念,而我国的社会主义意识形态则无疑是进步性的理论。这就为审美与意识形态的兼容奠定了客观的基础。另一方面,着眼于美的感性特征与意识形态偏重社会理性的冲突性,论文立足于唯物辩证的思维方式指出,审美活动、文艺创作的性质事实上是感性与理性、个体性与社会性的辩证统一。

最后,论文深入探讨了"审美意识形态论"的理论价值和发展空间。审美意识形态论以审美反映论为理论基础,突破了以往传统文艺意识形态论的教条主义和机械论倾向,在推进对文艺作为一种意识形态的特殊性的探究方面,在实现文艺认识论与文艺价值论研究的融合方面,有重要的理论突破和价值启示。不过,只有在进一步推进到文艺本体论研究,充分把握文艺、审美在人超越当下的经验局限,不断追求实现"应是"人生理想的过程中的意义,才能更好地理解文艺的审美意识形态本质。另外,把形式主义文论对于文艺形式和技巧方面研究的成果,整合到"审美意识形态论"的理论建构中来,使人们对文艺性质的认识从特殊性层面进一步推进到个别性层面，即各种文艺种类由于自身媒介、体裁的不同所形成的各自的个别特征上来，这对于"审美意识形态论"的丰富和完善是十分必要的。

本月，在《文艺争鸣》第9期发表《"审美超越"与"终极关怀"》一文。

该文延续了发表于2007年9月4日《文艺报》第三版的《论文艺的审美超越性》一文的文体形式和观点，即仍以与赵建逊对话的方式，深入到文艺本体论研究的层次对"审美超越"问题进行分析，反驳了个别学者所提出的审美超越是主观唯心的这一批评意见。

作者强调，文艺本体论是以对人的存在本性的科学认识为基础的文艺价值论和伦理学，它为文艺批评确立了客观真理性的标准和正确的价值取向。具体来说，审美意识是一种价值意识，而价值评价是基于认识而展开的，因此超越性是以人的意识性为前提的。人的意识不仅是对外界的意识，也包括对自身的意识，即对自己生命意义的反思。对人永恒的生命意义的思考最早源于宗教，如今灵魂不朽虽然已经不为人所相信，但只要人所创造的精神文化产品是真正有价值的，人的生命意义就会永远被后人所纪念。因此，人的生命存在中不可能没有超越性追求。当今社会发展中物质昌明而精神滑坡的客观现实，要求文艺理论研究重视审美所具有的重建人的形上情怀的重要价值。

关于审美的功能，康德美学把优美和崇高相结合，清楚地揭示了审美所具有的能够使人实现自我人格境界不断超越提升的重要意义。存在主义哲学强调存在先于本质，也同样关注人的创造、超越对自我建构的意义。不过，存在主义哲学所说的超越是以个体主观的存在体验为前提的；因而，以主观与客观、个体与社会的对立为前提的这种超越无法真正实现人的生命超越。审美超越则不同，它是试图借助审美的作用来重建人的人生信仰。信仰是对某种思想和观念的确信，它的形成不能仅仅依靠理性认识；体验，特别是审美体验对于人们确立对人生价值的确信具有不可忽视的重要价值。信仰是未被验证的观念确信，但它也包含着一定的非科学性的认识，特别是理性直觉的认识。经由审美体验所确立起来的人生信仰确实带有一定的宗教性，但这里无需对其抽象幻想性过于担忧，因为它更大的意义在于作为"信念伦理"对人的道德理性具有更为积极的促进性作用。强调奉献、牺牲和爱作为人生信念，能够更好地激励人们在当今物质化的时代抵抗物欲对人的异化。中国传统哲学文化重视通过人生践履以实现经验和超验的统一，缺少为理想和信念而赴汤蹈火、坚忍不拔的奋斗精神，盛行巧妙地应付环境的处世哲学，这决定了我们有必要吸取、借鉴西方的审美超越精神来进行改造和弥补。马克思主义哲学是科学，共产主义信仰不同于宗教信仰，它是依据对人类社会发展规律的客观认识而提出的，但它的信仰维度也是无法抹杀的。把审美超越看作艺术的精神，就是希望发挥艺术在建构人们的人生信仰方面的作用，这是针对当今社会发展的现实问题而提出的理论主张。

本月，在《文学评论》第5期发表《文艺理论的创新与思维方式的变革》，论及王元骧的文艺理论研究。该文原是去年10月参加在杭州召开的"文学创作问题与文艺学中国式创新"高层论坛时所提交的会议论文,它深刻探讨了文艺理论如何进行创新的问题,后被人大复印报刊资料《文艺理论》2009年第12期全文转载,收入《原创》第3辑(吴炫主编,黑龙江人民出版社2009年版),又收入《文学研究方法论读本》(张保宁主编,陕西师范大学出版社2017年版)。

论文开头,作者首先提出了理论创新的两条正确途径。其一,从回答当前现实中所提出来的问题而求得理论自身的发展。作者指出,当今时代人民物质生活的丰富与精神生活的贫乏所构成的负相关,以及文艺活动的商业化、娱乐化等弊病是推动理论发展的重要契机。其二,通过理论思维方式的变革来求得理论自身的发展推进。对于后者,作者以西方文艺理论对想象的认识为例进行了说明,认为是思维方式的时代变革直接影响着西方文艺理论家们想象观念的变化。

接下来,论文以影响思维方式变革的民族因素为例,进一步对此进行了探讨。作者指出,西方哲学和文化是自古希腊晚期以来,希腊哲学文化吸取并融合希伯来文化发展起来的。希腊文化的思维方式是空间性的、静态的,强调立足于感觉和观察(特别是看),其出发点基本上是经验的;希伯来文化的思维方式则是时间性的、动态的,注重体验和想象,所以它的指向是超验的。希腊文化与希伯来文化的互相补充和融合,让西方人意识到了在经验生活之外还有一个超越于经验生活之上的世界,在物质生活之外还有一个精神生活的世界。这使得他们的生活有了一种必要的张力,把他们不断引向自我超越。对于构成西方文化的这两种文化精神和思维方式,我国在一百多年来的译介和吸取西方文化的过程中，很少注意希伯来的文化精神和思维方式。原因有二：一是受新中国成立以来苏联哲学史理论的影响，对西方文化以唯物、唯心来划分进步和反动的界限，并决定我们的取舍，而希腊文化的唯物倾向和希伯来文化的唯心倾向明显不同，这使得我国更偏重前者却轻视后者；二是从内部原因来看，受我国传统文化总体上的实用理性倾向的影响，特别是南宋以来的事功之学的制约，我们的理论思维方式几乎都是空间性的。把时间空间化，以"当下"是从，以"当下"为准，以描述和说明"当下"为目的，而不再有动态的、历史的、发展的观念，使我们的理论流于肤浅、平庸。

最后，论文深入探讨了偏重空间性的思维方式在我国文艺理论研究中的体现。以对"阐释的有效性"这个口号的认识为切入点，作者强调知识有经验的和理论的两个层次，前者是说明、解释事实，后者是探寻和发现规律。偏重空间性的、静态的思维方式，使我们的文艺理论所面对的只能是被空间所分解了的、不再处于历史关联中的"当下"，文艺理论研究的功能只能是以能否说明和解释当下的文艺现象来衡量。时间性的、动态的思维方式则要求与现实保持一种必要的张力，关注理论思考对于现实的促进作用。我们的文艺理论研究应当站在历史的高度，以反思和前瞻的眼光来对现状进行分析和评判，以求为推进现实朝着我们所追求目标的发展而努力。

总之，把思维方式的变革与回答现实问题结合起来，才能保证理论的有效性，这是理论创新的正确道路。针对后工业社会、消费社会中文艺消费化的社会现实，站在目的论的高度,从文艺对于完成人的本体建构所应有的精神承担来理解文艺的性质,从而为文艺理论研究的创新奠定科学的文学观念基础,这是文艺理论研究创新必须选择的正确道路。

本月,吴子林在《中国社会科学院研究生院学报》第5期发表了《中国审美学派论纲》,论及王元骧的文艺理论研究。该文认为我国文艺理论研究在新时期以来因为重视文艺的审美特性而形成了一个"中国审美学派",王元骧与童庆炳、钱中文是这一学派的中心人物。几乎同时,吴子林还在《西南大学学报(社会科学版)》第6期发表了《实践论视界下的"中国审美学派"》,在《马克思主义美学研究》2009年第2期发表了《"中国审美学派":理论与实践——以钱中文、童庆炳、王元骧为研究中心》,从不同的角度深化了对中国审美学派的认识,高度评价王元骧文艺学研究的理论贡献。

10月,在《学术月刊》第10期发表《重审文艺与政治》一文。该文实际是提交给当年7月16—20日在贵州贵阳召开的"'新中国文论60年'学术研讨会暨中国中外文艺理论学会第六届年会"的会议论文,后被人大复印报刊资料《文艺理论》2010年第4期全文转载。

> 新中国成立以来,文艺理论界对文艺与政治、群众关系的认识——以"文革"为界——发生过很大变化。作者据此,把新中国成立以来文艺理论界对文艺与政治、群众关系的认识划分为两个发展阶段进行了理论反思。前三十年,主要是从历史唯物主义基本原理出发,把文艺当作一种社会意识形态、一种社会上层建筑,把政治看作距离经济基础

较近的社会上层建筑，从经济基础与社会意识形态、社会上层建筑之间的辩证关系来理解文艺与政治的辩证统一关系，特别强调文艺从属于政治，文艺应该为政治服务。而"文革"结束后，文艺理论研究只是否定了文艺服务于政治，而没有正确地辨析两者之间的关系，特别是由于提倡纯文学观，导致文艺自身滑向了拜金主义、享乐主义。

随后，论文对政治本身"正名"，力求以之为前提正确地认识文艺与政治的关系。作者反思西方政治学的发展，认为西方政治学直到马基雅维里才把政治与伦理的关系分割对立起来。以政治学与伦理学的紧密联系为前提，作者认为文艺与政治的关系，也可以联系伦理问题，把它作为伦理关系来看。而伦理学研究人应该怎么样生活，也包括从政治的角度来看的"人在享受社会权利时，如何尽自己的责任与义务的问题"。不过，政治伦理不同于一般的道德伦理，它主要以公民对国家的政纲、政体的认同，即公民意识的确立为前提。由此，作者主张，文艺与政治的关系问题可以从作家的公民意识来进行把握。面对新时期以来文艺创作的拜金主义与享乐主义，作者强调，研究文艺与政治的关系，目的是唤起作家的公民意识，使文艺重新回到关注社会、关注现实、关注人生的正道上来，使文艺通过参与社会变革、推动社会进步，来实现自身的价值。

最后，论文剖析了把政治意识看作一种公民意识，来认识文艺与政治的内在有机统一，所具有的理论意义。第一，从创作论方面来看，能够从文艺本性上来认识文艺与政治的关系。第二，从功能论方面来看，能够辩证地看待文艺作品的政治目的、政治主题和政治影响与政治效应的关系，使人们对于文艺的政治效应有一个更科学而深刻的认识。

11月,获聘杭州师范大学"钱塘学者"特聘教授。

11月13—15日,参加"东方现代文化观念创造及其对全球的影响"国际高层思想论坛并发言。此次论坛由浙江工商大学中国文化理论创新研究中心、《哲学研究》编辑部、浙江工商大学人文学院、《原创》编辑部主办,复旦大学社会科学高等研究院协办,来自国内外哲学、法学、政治学和文学等不同学科的一批知名学者参加了学术研讨。王元骧与刘清平、邓正来、谢遐龄、王鸿生和张志扬等学者从各自学科的角度出发,一致主张应更深入地认识东西文化特质,更清醒地认识当下世界文化现状和世界文化的未来走向。

11月15日,何雁、熊元义在《南方文坛》2009年第6期发表《当代中国文艺理论的发展与马克思主义美学嬗变》,对王元骧的审美超越论进行理论商榷。

> 该文把王元骧文艺思想的发展划分为从认识论文艺观到价值论文艺观,再到本体论文艺观这样两个发展阶段,认为中国当代文艺理论的发展也经过了这样两个发展阶段。论文指出,王元骧的本体论文艺观所强调的,人在经验生活中对超验生活的追求和向往是以人性论为根基的,这一观点忽视了是社会历史的客观发展决定着作家文艺活动中的审美超越,没有认识到人民群众在历史发展中的决定性作用。论文强调,王元骧的审美超越论决定了他美学观的唯心主义性质,其审美超越是超历史的、唯心的;而王元骧自己的文艺理论和美学思想的变化具有时代的典型性,深刻反映了马克思主义美学在20世纪的嬗变。论文认为,西方

20 世纪马克思主义美学家赫·马尔库塞同样侧重作家的主观批判力量,相对忽视人民在推动历史发展中的作用。马克思主义美学在 20 世纪的这种普遍性变化值得关注,应该提倡辩证地批判现实的科学存在观。作家对社会现实的批判超越与现实生活自身的历史发展应当是统一的,不能片面地夸大作家的主观审美超越的作用。

11 月 18 日上午,参加浙江大学人文学院在浙大西溪校区邵科馆多功能厅举办的原杭州大学校长沈善洪教授 80 寿庆座谈会。

12 月 15 日,在《文化与诗学》第 2 期发表《对"审美意识形态论"的再反思》。

本月,《悼念吕德申先生》一文收入《吕德申先生纪念文集》(北京大学出版社 2009 年版)。该文回忆了与吕德申先生相识、交往的情况,对其辞世表示深切的哀悼与怀念。

年底,从杭大新村居住多年的旧居迁入杭州市西湖区保俶北路启真名苑新居,居住条件有了很大改善。

2010 年(庚寅年) 71 岁

3 月 8 日,玉环新闻网发表谢良福所撰人物报道《王元骧:审美超越人生,精神辉映生命》。中国台州网"台州人物"版"专访"栏目转载。2014 年 11 月 13 日,这篇人物报道在玉环新闻网再次发表。

春季,指导硕士研究生饶精玲、应驾腾分别完成学位论文《卢梭美育思想的理论构架与现实意义》、《应该怎样理解康德的美学体系:兼评朱光潜对康德美学的理解》并通过答辩。

4月9日,参加在杭州华北饭店举办的《骆寒超诗学文集》首发式暨诗学理论研讨会。研讨会由浙江大学、人民文学出版社、浙江省作家协会、浙江师范大学和浙江省文学学会联合主办,来自全国各地的80余位专家学者、诗人、作家等出席。

4月20日,在《学术月刊》第4期发表《美:让人快乐、幸福》一文,后被人大复印资料《文艺理论》2010年第10期全文转载。加上副标题"人生论美学刍议"后,又收入《美学与艺术评论 第8辑 新中国文艺理论60年回顾与展望学术研讨会论文集》。

论文不同意通常的美学研究把美学等同于艺术学的观点,主张回到20世纪前50年把美学与解决中国现实和人生问题相联系的美学观。抓住美对人的意义在于使人真正活得快乐、幸福,其性质属于人生哲学的传统观点。论文首先对人生论美学的基本概念、研究意义进行了揭示。首要的是"审美"这一概念。论文强调,美不是单纯提供感性快适,仅仅具有工具、手段意义的对象,而是通过无利害的自由愉快,能够净化人的心灵、陶冶人的情操、拓展人的胸襟、提升人的境界,从而塑造人的高洁人格,完成人的本体建构的精神文化对象。论文指出,如此理解的审美概念是打开人生论美学研究大门的钥匙。随后,围绕情感在人心理结构中的中心意义,抓住优美与崇高能够激发人的爱与敬的情感,进而作用于人的自我教育和人格提升的重要意义,论文论证了人生论美学意义的客观有效性。最后,针对人们对人生论美学研究抽象性、空想性的质疑,论文强调审美具有感官享受和伦理教化的双重特性,只有真正重视后者,我们才能更为客观、准确地理解美对人生的意义,从而认识到人生论美学研究的重要性。

4月30日,在《新中国文论60年:中国中外文艺理论学会年刊(2009年卷)》(钱中文等主编,知识产权出版社出版)发表《析"文学理论的危机"》一文。该文后又发表于《社会科学战线》本年第8期。

该文针对学界流传的"文艺被纳入消费领域,传统文艺理论丧失了对文艺的阐释能力而面临危机,从而文艺理论研究要告别理论,向文化批评转移"这一观点,进行理论商榷。作者认为,这一观点与文艺理论研究者没有真正认识和理解文艺理论的性质和功能有关。他强调,文艺理论不只是科学,也是一种价值学说,它的功能是反思性的、批判性的。从反思是对价值、意义的探讨,对现状的批判出发,作者强调文艺理论研究应该作为逻辑在先,作为我们看待文艺现象的思想依据而存在。以之为前提,作者坚持维护文艺理论研究中文艺本质论、观念论的核心地位,认为要想成为文艺理论家应该满足以下两个条件:第一,有自己的文艺观念;第二,以演绎法,依据一定的文艺观念对文艺活动各个环节和具体文艺现象进行自圆其说的解释,并以对理论解释的有效性来证明观念自身的科学性。回顾中西传统文艺观念的发展,作者认为把文艺与人的精神生活、人的生存活动联系起来,是中西文艺观念演化所达成的共识。而从当今社会人的物化、异化以及文艺作品的欲望化、娱乐化来看,文艺与人的精神生活、生存活动密切相关的文艺观念仍具有其重要的理论启示。所以,作者最后强调,带有反思性质的阐释是真正的人文科学的阐释,导致文艺理论研究面临危机的原因主要有两点:在思维方式上,受五四以来引入的实证主义和实用主义的影响,没有正确地认识理论的学科性质;从思想观念来看,理论工作者因自身价值观念的迷误,丧失了作为一个人文学者所应有的人文情怀。

6月23日,中国作家网公布中国作家协会2010年新会员名单,王元骧的名字赫然在列。

6月30日,人文学院延聘到期。王先生自此不再招收硕士、博士研究生。

7月,《论美与人的生存》一书由浙江大学出版社出版。该书主要收入2006年下半年至2009年上半年王元骧包括对话、访谈在内的各种学术成果。书末《校后记——对自己三年来的学术回顾》,对自己这一时期的学术思想与此书的写作出版情况有详细介绍。书中有一篇与博士研究生陈雪梅的对话《审美:让人仰望星空——关于"审美超越性"的思与问》,此前从没有在学术期刊上发表过,值得关注。

> 该对话的主题是王元骧先生近几年主要的学术课题——审美超越问题。王先生提到,他主张"审美超越"是针对进入新世纪后有人所宣扬的"审美日常生活化"而来的,审美超越关注的是艺术的意义、价值和前途等问题。从人的生存活动来看,艺术在反映人的实是人生中揭示应是人生的愿景,从而艺术就与现实人生形成张力,始终引导着人的自我超越。由此,艺术的意义、价值和未来对人来说都应该是永恒的。从当下现实来看,普遍的经济功利更需要艺术、审美对人的精神拯救。审美日常生活化则认同消费文化,要求艺术、审美文化的降格,以迎合人的物质欲望,这实际上取消了艺术、审美的意义、价值,也把人看成动物。人生的意义、价值需要人去体验,去感受,不能仅仅停留于

理性的认知,这就进一步决定了本质上作为情感活动的艺术、审美对人重要的精神价值。人的精神活动是知情意的统一,其中情感因为与人的行为价值取向有着直接的关系,而且能够融合知识和能力,所以在人的精神活动中处于核心地位。情感是有等级的,情欲、情感、情操构成情感的三个不同等级,其中等级区分的关键是个人需要与社会需要的统一程度。王先生推崇的是个体性与社会性相统一的社会性人格,他认为西方的个人本位在西方传统文化和伦理学有两种倾向:一种是受希腊文化影响,强调个人权利的;一种是受希伯来文化影响,强调个人义务的。近代以来,我们所接受的主要是前者,其弊端在于个人主义的过度发展也会造成情感的欲望化、荒漠化。要解决情感的欲望化、荒漠化,可以借助美育的功能。审美的超越性有利于人在非功利的审美愉快中实现对人格境界的提升和超越。优美使人能够爱,崇高使人能够敬,这两者都有利于建设和谐社会,实现人间公平正义。王先生反对后现代主义把审美感官化、欲望化,坚决维护审美、艺术的精神补偿和道德教化功能,要求把美学推进到人生哲学、人生美学,关注它使人快乐、幸福的意义。

8月,在《社会科学战线》第8期发表《析"文学理论的危机"》一文。

10月,在《高校理论战线》第10期发表《"文学意识形态论"的理论疑点和难点》一文。

论文抓住人们对意识形态这一概念在认识、理解上的争议,为文艺是一种社会意识形态这一观点进行理论辩护。

首先，是法国哲学家特拉西最早提出的"观念学"观点，认为意识形态是研究人的思想观念起源的学问。论文强调，意识形态是一个未经分解的总体性概念，它的下属还有许多具体的形式，包括哲学观、政治观、道德观和文艺观等等。新时期以来，我们不再提"文艺为政治服务"，但这并不意味着文艺与政治完全脱离、毫无关系，文学的意识形态性是不能否定的。文艺作品是以人的现实生活为表现对象的，作家本身就是生活在一定现实关系中的人，这就决定了他在作品中不可能不对他所描写的社会现实表达一定的思想倾向——包括政治倾向，他的作品也不可能不在社会上产生一定的思想影响。

其次，是早期马克思主义理论家在不同语境中使用的意识形态概念，如马克思、恩格斯最早在"虚假意识"意义上谈到的"德意志意识形态"，后来在历史唯物哲学语境中以中性的、描述性的意义谈到的作为上层建筑构成部分的意识形态，以及列宁在肯定的、正价值意义上所使用的"科学的意识形态"。论文强调，如果认同人类社会的共产主义理想，并立志为之奋斗，则应承认马克思主义意识形态的科学性，不能将之看作一种对自由个体的思想强制。

随后是西方马克思主义理论家所使用的意识形态概念。在前期，西方马克思主义理论家从实践的角度，着眼于社会心理、群众心理来认识意识形态，做出了比较重要的理论贡献；在后期，赖希、马尔库塞和弗洛姆等人受西方人本主义思想的影响，主要从个人心理、人格无意识的角度来认识意识形态，但他们放弃了历史唯物主义的观点，是非马克思主义的观点。

最后，论文集中探讨了"文艺是审美意识形态"的观点。以对审美这一概念的科学认识为基础，论文强调，审美活动的客观普遍性、经验与超验的统一性、人文价值性这三个方面的特征决定了"审美意识形态"这一概念的提出，能使人们对文艺的意识形态性的认识走向具体深入。而且，审美意识形态这一概念不是一个中立的、描述性的概念，它主要作为界定我国社会主义文学的性质的概念来使用。

2011年（辛卯年）77岁

春季，指导硕士研究生王阳阳完成学位论文《唯美主义批判》，并通过答辩；指导博士研究生吴时红完成学位论文《实践论美学在中国》，并通过答辩。

4月，《河南大学学报（社会科学版）》第4期发表邓树强、熊元义的《中国当代文艺理论的分歧及理论解决》一文，继续对王元骧的审美超越论进行商榷。

论文认为王元骧的"审美超越论"重犯了刘再复的"文学主体论"所犯的错误，在历史观、美学观、艺术观和思维方式上背离了唯物史观，陷入唯心史观。论文强调，过去没有从理论上彻底解决的文艺理论分歧仍在制约中国当代文艺理论的发展。具体地说，1986年至1988年，文艺理论家陈涌、作家姚雪垠与刘再复进行了一场文艺论战，这场文艺论战在一定程度上深刻地反映了陈涌、姚雪垠与刘再复在文艺理论上的分歧。陈涌、姚雪垠与刘再复的这种文艺理论分歧不是中国当代文论的系统转换，而是中国当代文艺理论发展在把握文艺理想与现实的关系上存在根本性的思想区别。

4月，在《中文学术前沿》第1辑发表长文《李泽厚美学的思想基础还是历史唯物主义吗？——兼与刘再复商榷》。

该文对李泽厚美学思想的"历史唯物论"理论基础进行了细致辨析，不同意刘再复做出的李泽厚后期的美学著作《历史本体论》是"真正的历史唯物论"的高度评价。

作者首先讨论了作为李泽厚美学研究理论基础的历史唯物主义哲学问题。他指出，我国的马克思主义美学研究始于上世纪中叶美学大讨论的实践论美学，李泽厚对此做出了理论贡献。这主要是因为，实践论美学就是建立在马克思主义的历史唯物主义哲学基础之上的。把实践看作审美关系产生的基础，为美学研究奠定了科学的理论出发点。而李泽厚本人后期的美学思想则从"人活着"这一理论出发点背叛、篡改了历史唯物主义哲学，背离了美学研究的正确道路。作者认为，马克思主义创始人把历史与人联系起来，从人及其活动入手来认识社会历史和文化问题，但这里处于社会关系中的人却被李泽厚批评为被集体、理性等所约束的。李泽厚主张排除社会关系，把人看作孤立的"制造工具"的人，而通过关注"制造工具"的人的"心理建设"来认识历史发展，实际上使其历史本体论走向了主观主义。

随后，论文对李泽厚的"外在自然的人化"与"内在自然的人化"的观点进行剖析，揭示其对历史唯物主义哲学的背叛和脱离。作者指出，李泽厚从20世纪80年代中期，就开始抛弃实践一元论的哲学观的历史观，对原本统一的"外在自然的人化"和"内在自然的人化"进行机械分割，将之视为

"工具—社会本体"和"文化—心理本体"两个本体,且以"心理本体"来取代和排斥"社会本体"。李泽厚的这一错误思想倾向,在后期著作中直接发展到使"社会本体"完全成了一种虚设。因为作者认为,工具是实现实践目的的手段,不能成为本体。总之,"外在自然的人化"的虚设,就使审美关系的产生失去了现实性,从而"心理本体"、"情本体"就缺少现实根基。

接下来,作者对李泽厚的"积淀说"进行了深入探讨,以分析"情本体"的形成机制是否科学。在作者看来,人的活动是时间性(经验继承性的)与空间性(现实关系中的)的统一,因此认识历史时不能把时间性与空间性割裂。而且,人作为历史主体是知情意统一的整体存在,也不能把三者机械分割开来。作者认为,李泽厚在解释积淀说时,一方面单纯地强调人类实践经验及其意识、思维的历史积累性、绝对性,把人活动的空间性排除在外。割裂时间性与空间性,排除空间性,使李泽厚实际上把人与历史分离、割裂了,这就使"情本体"趋向封闭。另一方面,李泽厚机械分割了人的知、情、意来认识情本体的建构,也是不科学的。作者认为,人在实践活动中是作为知、情、意的整体而存在。情感一方面在认识向意志的过渡中起着动力作用;另一方面,在认识和意志的深化、加强中,情感发挥着化理性认识、强制为体验、感悟的重要作用。因此,情本体的建构不是孤立的"情欲的人化",而是人在实践中作为知情意的整体来完成的。概而言之,作者认为李泽厚美学思想研究中的抽象、静态认识存在认识方法上的局限性。

最后,作者集中探讨了李泽厚后期美学思想的核心即

"情本体"。作者指出，李泽厚沿袭了现代西方人本主义以及后现代主义哲学的非理性思潮，把心理、情感看作历史的本体。一方面，李泽厚把理性看作强制人的、外来的东西；另一方面，李泽厚主张把理性视为实用理性，重视其功能而不是实体，以真正摆脱理性对人的外在强制。以上这两个方面的原因，决定了李泽厚对情本体的倡导，而这实际上是其本人信仰泯灭的反应。作者认为，李泽厚强调"情"的重要性是不错的，但没有看到，甚至是完全否定情与理的辩证关系是错误的。一方面，以强调情来贬低、否定和排斥理，是片面的。"理性"中的道德实践理性是人生存的思想根基，如果连这一点也否定掉，那么人就降格成了动物。另一方面，李泽厚并未完全否认"理"。他强调"道由情生"，认为生存智慧应当从自然情感中产生、提升出来，只有"以美启真"、"以美储善"才是真正的心灵成长。这一看法也颠倒了"情"与"理"的辩证统一关系。因为情感评价原本就离不开经由自身体验所得的认识。作者认为，李泽厚的情本体本质上不过是被后现代主义和"庄禅哲学"改造了的"陆王心学"，而且这种改造是把陆王心学的局限片面地做了发展。一方面，陆王心学中，情、理是统一的，而李泽厚的心理本体、情本体则以心来否定理。另一方面，陆王心学是传统儒学的进一步发展，它基本上是一种人生哲学、伦理哲学，主要是为了解决个人修养和家庭、社会伦理问题。李泽厚的情本体在回归陆王心学时实际上把历史问题完全看作一个个体的问题、心理的问题，而认为心理本体的建构又是一个情感的塑造问题、美学问题。这实际上就抹杀了历史唯物主义哲学。

另外，作者还谈到读李泽厚著作的感想。在肯定李泽厚实践论美学的理论贡献的前提下，作者认为李泽厚在新时期以来的美学研究提出了不少能够给人以启发的新见，但学理上存在不足。一是在观念上，他力图广泛地吸取中外古今他认为有价值的种种理论资源，但"六经注我"的思维方式，使李泽厚把某些理论资源有意无意地曲解得面目全非，有些理论的推进缺少分析论证，显得随意、武断。二是在方法上，缺少辩证思维而带有明显的机械凑合倾向。除此之外，作者还强调本文是以李泽厚的《历史本体论》一书为依据而写的，并未全面涉及他其他论著的美学思想。

5月，在《文艺研究》第5期发表《李泽厚美学的思想基础还是历史唯物主义吗？——兼与刘再复再商榷》。该文本年4月曾发表于《中文学术前沿》第1辑。

5月26日，在《温州日报》第C 03版"阅览·人文周刊"发表《保持人的独立和尊严——读〈康德美学的自然与自由观念〉》一文。

该文是为温州大学胡友峰博士的《康德美学的自然与自由观念》一书所写的书评。作者评价该书为"近年来研究康德美学的一部很有分量的论著"，尤其胡友峰为仅过而立之年的青年学者。作者概括此书的主要观点为，康德美学的深意是在人类学意义上完成先验人类学的建构，《判断力批判》一书的理论目的就是沟通经验世界（自然）和超验世界（自由）。作者指出，胡友峰在书中首先考察了自然和自由观念，探究了康德寻求两者统一的途径：一是从自由向自然过渡，二是从自然向自由过渡。尤其是前者，康德认为只有道德律令进入人的内心，化为对法制的热爱，自由意志才能在行为中得以落实。胡友峰对此的分析，作者认为非常深刻且很有必要。除此之外，康德探讨自然与自由的统一，对席勒、黑格尔和马克思的影响，特别是马克思从实践来谈人的解放和自由真正解决了自然与自由的统一，作者给予高度评价。最后，作者认为胡友峰专著的最后通过与当代中国美学和西方美学展开对话，揭示康德美学研究在当代的现实意义，也有比较重要的学术价值。

6月，在《学术研究》第6期发表《关于"形式本体"问题的通信》。该文后被人大复印资料《文艺理论》2011年第10期全文转载。

　　该文就发表于《学术研究》2010年第10期的《形式何以成为本体》一文，与其作者苏宏斌进行理论商榷。苏文指出，西方艺术和美学中存在两种基本的形式观念：一种是基于质料—形式模型，认为艺术作品是形式与质料的统一体，形式是作品的本体；另一种是源自内容—形式模型，认为形式只是现象，是由作品的内容所决定的。苏文认为，西方现代艺术抛弃了内容—形式模型，采用纯粹的质料—形式模型，因此走向了形式主义和抽象主义。王元骧以与苏宏斌通信的方式阐述了自己对苏文的看法，苏宏斌也同时回信进行了反批评和讨论。王元骧首先概括苏文的观点，指出从"质料—形式"模型中是得不出"抽象主义和形式主义的走向是现代艺术的'一种必然'"这一结论的。在部析苏文的分析、推导过程时，王元骧指出苏文存在两个理论失误。一是在分析现代形式主义画论与文论的质料—形式观点时，有意无意地用内容—形式中用以指事物形态的形式概念偷换了概念。二是即使能够把质料—形式概念中的形式概念理解为事物的本体、本质，也错误地理解了事物的本质，更不能由此来为抽象主义、形式主义辩护。因为，王先生认为事物的本质应该是唯物辩证思维中把一般、特殊和个别的认识结合起来的理论具体，而不是柏拉图、亚里士多德意义上的形式性规定。王先生认为，苏文在论证抽象主义、形式主义为西方现代艺术发展的必然选择时，从理论和现实两方面为其寻找的客观根源都存在问题。理论上，是戈蒂耶对康德美学的误解和曲解导致了形式主义；现实方面，照相术的发明并不是导致再现性艺术衰落的主要原因。

本月，蔡欢江在《作家》第6期发表《论王元骧文艺理论研究中的辩证思维》。该文对王元骧在文艺理论研究中坚持马克思主义辩证法进行文艺本质以及其他问题研究的方法论特色进行了探讨，认为辩证思维是王元骧取得文艺理论研究杰出成就的重要原因。

7月，在《社会科学战线》第7期发表《论国人对康德美学的三大误解》一文。该文后被《新华文摘》2011年第18期论点摘编。

论文开宗明义，指明自康德美学引入我国以来，国人对它的认识普遍存在不少误解，根本原因在于人们并没有从整体上把握康德从质、量、关系和模态四个契机对"审美判断力"的分析，特别是以"关系"契机的"无目的的合目的性"的思想核心更是没有认识清楚。随后，论文就对康德美学接受中的"形式主义"、非功利性以及美与崇高的对立论这三个最为常见的误解进行了深入辨析。

关于对康德美学的形式主义误解，作者抓住"无目的的合目的性"这一审美鉴赏判断原则，指明审美除了人们通常所理解的"无目的性"，即"形式的合目的性"外，还有"客观合目的性"的实际指向。通过细致地辨析康德美学在"客观的合目的性"中所包含的"内在的合目的性"，即完善性内蕴，再经由对康德的"审美理想"概念的分析，从而揭示康德美学所蕴含的"以人为目的"的"客观合目的性"思想。作者最后形成了康德美学通过"形式的合目的性"强调审美的非实用性；而又通过"以人为目的"的客观合目的性，强调审美导向了伦理学前提和目的的看法。这就是说，康德美学不仅不是人们通常理解的形式主义的，反而是典型的伦理美学的结论。

关于康德美学的非功利性特征，论文同样联系"无目的的合目的性"，从美与善的关系在西方美学思想史上的认识变化得出康德美学反对把美、艺术作为手段，当作满足有限目的的工具，而是着眼于以人为目的的绝对目的的合目的性，来理解美、艺术的非功利性的真正用意。作者强调，康德美学的"质"的契机的认识中，此处的"质"仅指"限制性"，而不是指规定事物的本质。西方哲学思想中，"善"这一概念在使用中其内涵在不断变化，经验主义哲学中的物质益处与理性主义哲学中的道德益处，反映在美学中是人的感官快适享受和道德愉快体验。康德真正反对的是快适而不是道德愉快。

关于美与崇高的对立，论文认为优美与崇高在形态上确实有很大的不同，但两者的性质、目的和功能是完全一致的，而且两者之间是互相渗透的关系。在细致比较了优美与崇高的不同后,作者剖析了康德美学"崇高观"的形成,认为这反映出基督教文化对他的深刻影响。康德在伦理学中,反对自爱和同情说;为了确立起人的道德自律观念以强调人在自然面前的独立性,他在伦理学上重申上帝信仰的重要性,把上帝的存在看作实践理性的公设。这一伦理学思想,反映到美学中就是康德的崇高观。通过无形式的对象激发起人的理性自尊,就是康德所理解的崇高美的内在机制,而这与优美感一起构成帮助人逐渐走向道德自律的有序阶梯。由此,论文强调,优美与崇高在康德美学中是统一的。

8月,王磊在《新乡学院学报(社会科学版)》第4期发表《王元骧文艺理论方法论研究》,探讨王元骧文艺理论研究的方法问题。

论文从文艺理论研究方法的角度,对王元骧的文艺理论研究进行了深入剖析。作者强调,王元骧的文艺理论研究具有强烈的问题意识,要求从"纵横的结合"进行全面深入探讨。所谓纵的层次论,即一般、特殊和个别的不同层次的统一;横的活动论,是指采用动态思维。其次,王元骧的文艺理论研究关注最为根本的文学观念问题,重视反思性的、批判性的理想文学观念建构。总之,抓住文学与人的本质关联,进行反思性、批判性深度思考是王元骧文艺理论研究的方法论特征。

9月20日,在《学术月刊》第9期发表《"后实践论美学"综论》一文。

自新时期以来,后实践论美学对实践论美学进行批判和颠覆,存在明显的理论失误,也有其客观的启示意义。

论文首先尝试对后实践论美学进行客观的辩证评价。作者指出,后实践论美学以现代西方非理性主义哲学为美学研究的指导思想,批评实践论美学仍局限在主客对立的二元结构和古典美学的理性主义窠臼中,把审美活动"压缩到理性的范围",是一种知识型美学;这一看法是出于对实践论美学的误解。作者认为,马克思主义哲学的主客二分并不等同于二元对立,而是认为两者是既对立又统一的。立足于实践,马克思主义哲学认为主客体都是在实践中分化出来的。客体不是与人无关的自然界,而是不断地被人改造的自然界;主体也是在实践中不断积累着实践经验而不断提升实践能力的主体。由此,主客体是相互依存、相互转化的,不是直观思维中所认为的主客二元对立。正是引入实践范畴来理解主体,马克思主义哲学才实现了对人的知情意的整体性的认识,因为实践需要知识的引导,情感的激发和意志的推动。实践论美学把审美关系看作是由实践中分化出来的,这一观点是极为科学的;它的问题在于实践主体只能是社会主体,而审美总是个体的活动。因此,实践论美学如何进一步推进到经验美学,通过审美心理学、审美文化学的研究进一步去完善,才是问题的关键。后实践论美学力图从审美经验的角度揭示美与人的自由、超越本性的联系,对于把中国美学推进到"人生论维度"的研究有一定的理论贡献,但它否定人的社会性,抽象地理解人的生命、生存,必然无法突破"非理性主义"的理论局限。

随后,论文对后实践论美学的中心论题"超越"和"自由"进行集中分析,指明了它的理论抽象性。作者指出,在后实践论美学中,生命活动、生存活动都是与感性实践活动截然对立的、抽象的主观精神活动,而只有把人的生命、生存活动与实践活动统一起来,以实践为基础来理解超越与自由,才能使对生命、生存的理解进入科学的轨道。因为超越与自由问题的提出,就是以人在实践中所受到的现实关系的规定和约束为前提的。正确地认识客观规律以摆脱其约束,决定人在精神上对欲望限制的摆脱,因为人的欲望在根本上是由物质内化而来的,它反映物对人的支配。后实践论美学脱离实践基础孤立地探讨自由、超越,决定了它所追求的自由、超越只是一种不切实际的空想。审美在人的生存和生命活动中有一定的精神激励作用,它在改变人的人格结构、造就人的信念和理想方面具有无法否认的重要作用,但这并不意味着可以脱离实践的基础地位去抽象地肯定精神超越和自由。

最后,论文又对邓晓芒的新实践论美学与朱立元的实践存在论美学进行了深入认识,认为两者都是在主观上力图维护"实践"的原则,但在实际上已经与马克思主义的"实践"原则分道扬镳了。朱立元的实践存在论美学实际上以海德格尔的"存在论"作为美学的理论基础,因此人不再是社会的主体,而是个人的、心理的、非理性的人;审美关系也不再是实践论美学所主张的在生产劳动实践中历史地形成的人与现实的主客体关系中派生出来的客观的、社会的关系,而只是在个人审美活动中所形成的主观的、心理的关系,美的客观性也被取消了。邓晓芒、易中天的新实践论美学也一样"否定美的客观实在性、否定从人与现实的审美关系,把美的问题归结为审美心理的问题",因此它也只是一种主观论美学。不过,新实践论美学强调情感的社会性、精神性,从"主观的量"来理解审美的普遍有效性,一定程度上比其他的后实践论美学精致一些。但这掩盖不了它否定对审美客体的认识论研究来认识美的客观性的唯心主义倾向。总之,只有像"实践论美学"一样,把审美放在由人类实践历史地形成的主客体关系中来认识,只有真正确立审美客体的客观性,才能真正科学地认识美学相关问题。

9 月 21 日,冯学勤在《杭州师范大学学报(社会科学版)》第 3 期发表《抛弃审美形而上学:倒退还是进步——就尼采晚年思想转变与王元骧先生商榷》一文。

论文针对王元骧批评尼采在晚年放弃了曾在《悲剧的诞生》中极力提倡的审美(艺术)形而上学是一种理论的倒退,认为这一看法忽视了尼采思想转变的深层原因,而尼采正是在放弃审美形而上学后才开启了彻底反形而上学的谱系学方法,开启了哲学和美学"身体转向"的大门。

10 月 14—16 日,赴浙江绍兴文理学院参加"文学与政治:二十世纪中国文学的经验与理论"国际学术研讨会。此次学术研讨会由中国文艺理论学会、绍兴文理学院人文学院主办,苏州大学文学院、首都师范大学文学院协办,来自日本、美国、中国社科院、中国艺术研究院、浙江大学、复旦大学等国内外科研机构和高校的 60 余位专家学者出席。王元骧受邀在大会开幕式上致辞。他说:文学与政治的关系是文艺学的一个永恒话题(见李先国《文学的政治自觉——"文学与政治:二十世纪中国文学的经验与理论"国际学术研讨会综述》,《文艺理论研究》2011 年第 6 期)。

10月28日，李御娇在《湖北民族学院学报（哲学社会科学版）》第5期发表了《向着未来和实践开放——王元骧〈文学原理〉述评》一文。

　　该文是针对《文学原理》的第一次修订版所写的书评。结合王元骧文艺理论和美学思想的发展，从《文学原理》的成书开始谈起，作者阐述了王元骧《文学原理》初次修订版的观点变化，即把审美反映论向人学价值论和文学实践论推进，从体用统一的角度论述文学功能，使整部教材具有理论的巨大包容性，得以向着未来和实践开放。

11月，散文《沈善洪校长印象》收入《知行合一：沈善洪教授八秩寿庆文集》（罗卫东主编，浙江大学出版社出版）一书。

　　该文回忆了自己两次去沈善洪校长家和沈校长一次来自己家的经过，高度赞扬沈校长重视人才，善于听取一般教师的意见和建议，以及工作上有胆识和魄力，做事情能够当机立断、雷厉风行的工作优点，并对沈校长关心自己的工作和科研表示感谢，特别是针对当下文科工作搞不好的现状，表达了对沈校长的办学和工作方式的深切怀念。

11月18—20日，赴上海参加在复旦大学召开的"文学理论的创新与文论教学学术研讨会"。研讨会由复旦大学中文系与上海师范大学人文学院联合主办，来自全国高校和科研机构的130多位专家学者参加会议。王元骧提交会议论文并做学术发言。他的会议论文《对于文学理论的性质和功能的思考》后发表于《文学评论》2012年第3期。

11月25日，即兴创作短篇小说《过在上帝》。该试笔作品后收入《文艺学的守正与创新——王元骧教授八十寿辰暨从教五十周年纪念文集》，文末附记说明了创作缘起与目的，即讽刺现代主义艺术的精英主义倾向。

本月，在《中文学术前沿》第2辑发表书评《一部值得一读的"康德美学"研究著作》。这篇书评与发表于5月26日《温州日报》第C03版"阅览·人文周刊"的《保持人的独立和尊严——读〈康德美学的自然与自由观念〉》是同一篇。

12月27日，即兴创作短篇小说《请原谅他》。后收入《文艺学的守正与创新——王元骧教授八十寿辰暨从教五十周年纪念文集》，文末有附记说明了创作动机，即作为文艺理论研究者想尝试一下文学创作。

2012年（壬辰年）78岁

3月，《论美与人的生存》一书获浙江省第16届哲学社会科学基础理论研究优秀成果奖二等奖。

本月，在《中文学术前沿》第3辑发表《关于"人生论美学"的对话——王元骧教授访谈录》一文。

> 该文是王元骧的博士生赵中华对他做的一篇访谈。访谈从王先生退休六年来所发表和出版的大量学术研究成果开始，首先涉及理论研究的目的和意义的问题。王先生认为，做学问要排除环境的干扰，对社会现实有一定的超越和反思，不能满足于仅仅解释现状。他强调，理论研究的关键任务是促进观念的改变，文艺实践的发展要以文艺观念的变革为前导。自己这些年对艺术和美的理论研究从认识论向本体论、伦理学转变，就是出于人文社会科学研究中的人文价值方面的考虑，针对当下人们的物质生活丰富，而社会

道德和社会风气反而变坏的现实来展开的,目的是以促进人们的人生观念的变革来实现理论对社会实践的介入。

关于自己的"人生论美学"研究,王先生强调它与实践论美学是统一的,是对实践论美学研究的进一步发展。实践论美学主张,自然的人化包括人"内在自然"的人化,即人摆脱动物性而拥有的实践意志自由。在人生论美学中,美对于人生的意义,就在于提升生存的价值,使人具有独立的人格而成为真正的自由人。人生论美学所关注的人的自由并不是抽象的精神意志自由,它在根本上由征服、改造外在自然的实践活动所决定,这就说明人生论美学与实践论美学的统一性。而关注个体人生实践的自由,使人生论美学超越了实践论美学的宏观社会学研究的抽象性,把美学研究从哲学美学推进到审美心理学。对此,作者强调,人生论美学研究至少能超越美学研究过去受感觉论、经验论的影响,更多地关注优美的悦耳悦目,而对以崇高的悦志悦神为代表的内在体验美有所忽视的局限并加以突破。美学研究范围的拓展,把像边沁所谈的"虔诚之乐"、"仁慈善意之乐"、"回忆之乐"、"想象之乐"、"期望之乐"、"解脱之乐"等等内在体验之美,看作美学研究的内容,至少是人生论美学研究的价值之一。

人生论美学与"日常生活审美化"的生活美学研究完全不同。人生论美学继承的是我国传统哲学在经验生活中实现超验人生价值的思想传统,而"日常生活审美化"的研究似乎倾向于肯定经验生活中的声色之娱、欲望放纵。人生论美学研究的目的不在于解释现实,而在于通过批判、超越现实来改造现实。以对人与社会关系的意识自觉为前提,肯定人格修养的重要性是人生论美学的核心主张,这与"日常生活审美化"的研究肯定享乐放纵完全不同。人生论美学在承认美与真、善的联系中,给予审美趣味一定的自由空间,但这仅限于审美偏爱的范围内,不是要无原则地认同"审美偏见"。

人生论美学研究不同于传统的审美道德主义。传统的审美道德主义,是把美、艺术当作道德教化的工具;而人生论美学则仅仅承认美在改变和完善人的人格结构方面的功能,认为这有助于人的人格境界提升,具有间接的道德完善作用。情是欲的超越,非功利的审美愉快能够使人与他人在情感上进行沟通,从而提升人格境界,使人超越利欲的束缚限制。

人生论美学对审美情感功能的肯定也不同于李泽厚所主张的情本体观点。李泽厚夸大了审美情感陶冶所具有的社会历史功能,客观地说审美情感只能直接作用于人的人格境界提升,而且李泽厚所主张的审美情感是非理性的,而人生论美学则强调审美情感与真、善的紧密联系。当今市场经济的繁荣造成的社会功利化,与高科技时代科技理性的盛行,导致普遍性的信仰迷失。人生论美学关注信仰、信念和人生理想对人生的影响、制约作用,审美和艺术的时代意义由此得以凸显。

访谈最后还谈及招收研究生从事人文学科研究的问题。王先生强调,人文学科的研究生学习做人是最重要的。学生要有对学问的虔敬之心,教师要有招生、培养的自主权,师生之间因年龄差距而天然具有的知识结构和价值观念上的不同要努力调适。最后,王先生强调只要文学艺术还在,文艺理论和美学研究就不会消亡;真正有价值的学术成果是超越时代的,要耐得住寂寞。

《中文学术前沿》同期还发表了郑玉明的《王元骧文艺思想述评》一文。论文对王元骧文艺学观念的发展进行了扼要梳理,并总结了王元骧文艺理论研究的三大特点——问题意识、人文情怀和综合创新,认为王元骧是新时期以来文艺理论创新的杰出代表。

本月,在《文艺研究》第 3 期发表《拯救人性:审美教育的当代意义》一文。该文后被人大复印资料《文艺理论》2012 年第 6 期全文转载。5 月 3 日《中国文化报》以《莫忽视审美教育的地位和作用》为题转摘,5 月 18 日《甘肃日报》也以《莫忽视审美教育的地位和作用》为题转摘。后收入《中国美育年鉴(2012)》(杨河主编,北京大学出版社 2013 年版),又收入曾繁仁、谭好哲主编《当代审美教育与审美文化研究》(人民出版社 2016 年版)。

美育自被王国维介绍到国内以来,其发展长期存在比较严重的缺陷:一是忽视美育在国民教育中的地位,只在学校教育的范围内认识美育;二是重视美育对智育、德育的促进作用,而忽视它情感教育本身的内涵和作用。该文主要对第二点进行了深入讨论。

论文首先梳理了美育学科创立之初肯定情感教育的理论渊源。自柏拉图开始,西方希腊文化传统的传承发展就带有明显的理性主义、唯智主义倾向,而近代自然科学的发展,使这一倾向放大到极致。“知识”一词原本包含的有关遵循正义以行事的政治学、伦理学内涵被忽略了,只剩下了自然科学知识的内涵。这种片面的唯智主义思想也招致剑桥柏拉图主义、卢梭和浪漫主义文化思潮的反思和批判。这种唯科学主义思想反映在教育中,就是只重视智育,而忽视人格培养、德性提升的片面倾向。维柯重视以培养整全人格为目的的人文教育的思想,与席勒创立美育学科的追求是一致的。美育创立之初就高度重视情感教育。

随后,论文对情感教育能够培养整全人格的原因和功能机制进行了深入剖析。作者认为,只有在情感活动中,人才是真正个性化的存在;而只有通过情感体验,理性认识才能进入人的内心,化为思想和灵魂,才会有助于人格的成长。一方面,人只有在情感生活中才会充分意识到自己的存在,全面激活自己的生活意趣,从而形成自觉的人格意识。另一方面,人只有在情感生活中才能超越个人存在,更好地实现向"社会化"的扩展。因为作者认为,情感体验往往伴随着经由想象活动而来的"推己及人"的共情体验。情感对于人格成长的重要作用,决定了情感教育必须重视情感与欲望的关系。情感产生于需要的满足,而需要是有物质需要和精神需要的层次划分的。只有超越单纯物质需要的束缚,进入精神生活领域,人才作为有独立人格的人而存在。因而片面的物质需要的强化,只会造成情感的欲望化、荒漠化,这就意味着丧失了对他人的关心,只关心、计较自己的利益得失,这恰恰反过来需要审美情感的净化、陶冶。

最后,论文对审美情感的教育,即美育的功能机制进行了深入分析。审美情感作为非功利情感,它有助于人实现与他人的情感统一,是众所周知的。作者不局限于审美情感的这种形式功能,进一步从审美情感的客体内容入手,具体揭示了美育培养完整人格的作用方式。他强调,美不仅以优美的形态取悦于人，激发人爱的情感，还以让人惊惧的崇高的形态，激发人敬的情感，从而让人对应该具有的道德原则产生愉快的认同。作者认为，优美教育在学校教育中对青少年教育是极为重要的，而对国民教育来说，崇高美的作用不容忽视。当今时代，人的普遍性的物化和异化危险，更需要我们重视崇高美的价值。

4月，在《学术研究》第4期发表《理论的分歧到底应该如何解决——就文艺学的若干根本问题答熊元义等同志》一文。该文回应了熊元义对自己的多处、多次批评，特别是熊元义在《河南大学学报（社会科学版）》2011年第4期发表的《中国当代文艺理论的分歧及理论解决》一文中提出的"背离了唯物史观而陷入唯心史观"这一指控。王文所署作者身份为杭州师范大学"钱塘学者"讲座教授、浙江大学中文系教授。

作者先从哲学观念上阐述了如何理解马克思主义哲学和历史唯物主义的问题。他强调马克思主义哲学不是认识论哲学，而是从实践来理解哲学的性质的，但与亚里士多德、康德、黑格尔以及意志主义、存在主义等否定认识前提来认识实践不同，马克思主义哲学承认实践的能动反映论这一认识论前提。作者认为，马克思主义哲学就是历史唯物主义哲学。以劳动实践为前提，来认识美的客观性和审美关系的产生是历史唯物主义美学的核心观点。熊元义等批评自己的美学是唯心论的，是因为其受限于直观唯物主义哲学影响。

接下来，作者介绍了自己对反映与创造、现实性与超越性的辩证统一性的认识。他强调，在经济基础与上层建筑的辩证统一关系中，社会心理是两者统一的中介；文艺作为特殊的社会意识形态，是上层建筑的构成要素，它同样深受经济基础与上层建筑以社会心理为中介的辩证统一关系的制约。作家在通过自己的情感体验来反映现实生活时，能把社会心理中群体性、集体性的思想情感吸收到个人的情感心理中；而且，文学不只是对社会生活的反映，还是作家的精神创造活动，作品中体现着作家对社会生活的期待和愿望。由此，文学作品中所包含的审美理想，不只是作家个人的审美理想，它还是对广大人民群众的意志和愿望的艺术概括。这也决定了文学的功能包括通过审美理想对读者情感的陶冶、人格境界的提升。熊元义批评作者的审美超越是"不切实际的幻想"，就是没有认识清楚艺术的反映与创造、审美反映与审美超越的统一性。

然后，作者又对自己的文艺本体论研究进行理论辩护。熊元义批评作者的文艺本体论探索"以人性论和目的论为基础"，也背离了马克思主义历史唯物主义哲学的基本原理。作者强调，对人类本体的研究，应该把实在论与目的论结合起来，从劳动实践不断推动着人走向科学与伦理相结合的"意志自由"这一人的"应然目的"来认识人的存在。熊元义等同志的看法局限于直观唯物主义的影响，只从实在论来认识人，根本无法认识人的存在。

最后，作者还批评了熊元义等同志的马克思主义文艺理论研究在思维方式和文风上的不足。在思维方式上，他们拘泥于以"唯物"和"唯心"进行划界，满足于批评唯心主义的错误，褒扬唯物主义的科学性，而缺少具体的分析和辩证的了解，陷入了机械论的泥淖。在文风上，少有科学分析、周密论证和实事求是的态度,难以以理服人。

5月11日,被聘为浙江省文艺评论家协会第一届顾问。浙江省文艺评论家协会当天在杭州成立,王元骧先生等13位老一辈文艺理论家、评论家被聘为协会第一届顾问。

5月15日,在《文艺争鸣》第5期发表《也谈文学理论的"接地性"》一文。

该文赞同高建平在《理论的理论品格与接地性》一文中所提出的理论应具有"接地性"的观点(《文艺争鸣》2012年第1期),并做了进一步的阐发。

作者首先对高建平的观点进行扼要评析,指出要求理论的"接地"是主张理论研究应针对文艺实践中的现实问题而求得创新发展。这一看法切中时弊,值得关注和反思。针对高建平要求理论研究"应该从问题出发",认为唯有"激活旧话题,发展新话题,才是理论发展之路",作者认同"问题"对理论研究的重要性,但又强调了问题与话题的区分。他指出,话题仅仅是人们讨论的一个主题或者中心议题,唯有话题中包含需要通过研究解决的矛盾症结,破解这些关键症结有助于促进理论认识的进步时,话题才成为问题。脱离现实的话题讨论,导致人们一般所说的理论危机,这与对理论性质的缺少反思紧密相关。理论应是对文学问题的哲学思考,不是经验主义、实验主义的认识活动。

接下来,作者围绕对"问题"的思考,从激活旧问题和发现新问题两个方面进行进一步思考。从文学的根本特性是对社会生活的审美反映,文学的功能在于营造精神家园,满足人的精神安慰和激励需要出发,作者强调持续研究"旧问题"的重要性。同时,从社会生活的发展变化出发,作者又指出关注"新问题"的重要意义——文艺从过去的政治工具转变为当今的娱乐和谋利手段,这提出了文艺的时代功能问题。

最后,作者深入探讨了如何正确地发现"真问题"。作者强调了三点。一是重视学理探讨。问题源自理论与现实的矛盾和不同观点的冲突,因此既要研究现实,又要全面系统地占有文献资料。二是要有人文情怀。消费文化的快乐和麻醉满足不了人真正的精神需要。三是思维的训练。马克思主义唯物辩证法要求把事物当作有机系统,从关系和联系以及发展变化来认识事物。

同日,朱立元在《辽宁大学学报(哲学社会科学版)》第3期发表《"实践存在论美学"不是"后实践美学"——向王元骧先生请教》一文。作者对王元骧先生在《"后实践论美学"综论》(《学术月刊》2011年第9期)一文中把"实践存在论美学"划归"后实践论美学"并进行理论批评展开商榷。

首先,朱立元认为把"实践存在论美学"划归"后实践论美学"是没有根据的误判。他强调,自己对"实践"概念的理解是直接以马克思本人的论述为基础的,自己并未否定物质生产实践在马克思的"社会存在"学说中的基础性地位。自己提出的"实践存在论",其核心观点也来自马克思本人的相关论述,也不是把马克思的实践思想与海德格尔的存在论进行融合而来。其次,朱立元还指出王元骧先生对海德格尔存在论思想的错误理解和批判:海德格尔所理解的"人",并不是个体的、心理的人。最后,论文还对"生成论"

反对"主客二分"现成论的主张进行了辩护。朱立元强调，把"主客二分"当成认识论的预设前提，就是现成论，这正是"二元对立"的一种形态，是不正确的看法。

同日，在《文学评论》第3期发表《对于文学理论的性质和功能的思考》一文。作者单位署为杭州师范大学艺术教育研究院。该文后被人大复印资料《文艺理论》2012年第9期全文转载。

该文结合对当下文学理论研究现状的认识，对文学理论的性质和功能问题进行了深入的反思。作者扼要地把我国在五四前后才形成的现代文学理论研究划分为规范型、描述型和反思型三类，并对各自的形成、特征和优缺点进行分析。

作者认为，规范型研究源自古希腊带有目的论色彩的本体论哲学，先把握文学原理，然后推论出文学理论体系并以之为文学创作和批评的依据，是其研究方法。这种类型的理论研究，其局限在于严重的僵化性，容易束缚创作的创造性，造成理论的失效。在我国，机械马克思主义文艺理论的一种范式就是规范型，它在很长一段时间内一直存在，造成文学研究和批评中教条主义和庸俗社会学观点的流行，流弊迄今尤存。

描述型研究的方法是着眼于客观事实，认为通过对事实的陈述就能得到实证的知识。这种研究方式是在英国经验主义哲学的背景上发展起来的，还受到实证主义、实用主义的影响。体现在文学理论研究中，描述型真正形成于20世纪，最早以瑞恰兹为代表。讲求科学精神，强调文本细读，属于微观、实证研究，是其特征。其理论缺陷主要在于以下三点。一、局部的、有限的经验描述停留于事物的个别，很难深入到事物内在联系，发现事物的本质规律，形成普遍有效的知识，使之上升到理论。二、描述型研究的科学性决定了它无法把握文学的审美价值属性。文学的审美价值属性决定了文学理论研究就性质来说不只是一门科学，还是一种学说，它包含对人生价值和意义的思考和回答。三、描述型研究主张理论的价值在于对事实的阐释功效，而这使理论永远落后于始终在发展中的客观现实，使理论与现实之间的张力消失了。

反思型研究的方法是直接面对事物的"实是"与"应是"之间的反差，从一定的观念前提出发来分析事物"应如何"的问题，从而达到对事物现状的批判扬弃。作者还指出，反思型研究由康德提出，并在德、法文化区流行，特别是德语文化区。针对反思型研究以观念为前提来探讨事物的应如何，作者比较了反思型与规范型的不同：一、反思型的"观念在先"是逻辑在先，而不是规范型的"时间在先"；二、反思型研究的立足于原理，是实践性原理，不同于规范型的认识性原理；三、反思型研究的方法是动态的，从经验与观念的相互作用的辩证运动中理解理论的性质与功能，而规范型的研究方法则是静态的。

以对中国现代文学理论研究三种类型的划分为前提，作者把反思型模式看作文学理论研究最为成熟的形态。他强调，理论对文学性质和功能的探讨是概括的、形而上的，它的目的不在于说明、描述现象，而在于评判、超越现状。从经验主义的角度看，理论研究常被误解为脱离现实的。其原因主要在于三点：一、受传统思维方式强调实用的影响;二、马克思主义在我国文学理论界的淡出和经验主义的盛行;三、后现代主义"反本质主义"带来的思想混乱的影响。作者要求抓住"文学观念"这一理论研究的关键问题,通过观念的更新来推动文学理论研究的发展。

最后,作者对文学观念这一文学理论研究的思想根基和核心进行初步探讨,要求形成既能反映当今时代要求,又能融合中外文学优秀传统的文学观念。从"文学是人学"这一文学理论经典命题出发,作者力图结合"人学"观念来形成文学观念。人是个体与社会、生命与精神、感性与理性的统一体;文学作为人类的精神家园,它能够给予人精神的抚慰和激励,使人不断从个体性向社会性、生命性向精神性、感性向理性,即从"实是的人"向"应是的人"不断超越。当今消费社会,面对人的物化、异化,文学理论研究应当高度重视文学对人的精神拯救功能。而一些文学理论研究者因为人文情怀的丧失和理论思维能力的弱化,不能正确地认识文学的性质和功能。从根本上说,这是他们忽视文学理论研究的反思性所造成的。

6月1日,刘文斌主编的《中国新时期文艺理论家研究》由中央民族大学出版社出版,该书把苏宏斌所写的《与时俱进 综合创新——王元骧的文艺理论研究》一文作为一章,收入其中。苏文发表于《高校理论战线》2004年第6期,原题为《与时俱进 综合创新——王元骧先生学术思想简述》。

6月4日,《文艺报》第3版发表《关于文艺理论研究的两封通信》一文,署名黄河。该文实际是王元骧与董学文两位先生围绕"加强对文艺理论性质和功能的研究,以切实加强文艺理论建设问题"的通信。通信缘起是王元骧读到了董学文发表在2月

22 日《文艺报》上的《要高度重视文艺理论研究》一文,深有同感,因此在 3 月 27 日向董学文写信赞同他的观点并建议他向有关报刊提议进行专题研讨。董学文同意王元骧的建议,因此联系《文艺报》发表了两人的通信。

7 月 10 日,在《高校理论战线》第 7 期发表《认识文艺与政治关系首先须解决的两个问题》一文。论文所署的作者单位杭州师范大学艺术教育研究所,实际应为杭州师范大学艺术教育研究院。

新时期以来,文艺领域在文艺与政治的关系问题上存在失误:受制于一时的现实需要而缺少彻底深入的理论反思。作者强调,这一问题可以从以下两个方面来认识:

一是从作家角度来看的个人与国家的关系问题。在政治的核心,即事关政权归属的国体、政体问题上,人类政治史上主要出现过君主制和共和制两种政体。君主制是以君主为本位的专制制度,它容易因君主权力的不受约束而带来严重的社会问题。为了限制君权,维护社会稳定,知识分子主张把政治与伦理结合起来,提倡仁政的政治理想,但这只能是对君主的期待和要求而已,并没有实际的约束力。艺术在君主制下只能依附、从属于君权,没有自身的独立性。共和制认为权力属于人民,人民以"社会契约"为基础,让渡个人权力,组成政府来管理社会,同时依赖法治来维护社会的稳定。人在共和制下,必须把"自利"与"利他"统一起来,一方面努力捍卫自己的权利,一方面尽力承担自己对社会的责任和义务。个体把对社会的责任和义务化为自己的行为自觉,把政治的行为与道德统一起来,这就是人的公民意识。作者强调,共和制下文艺与政治的关系不是强制性的,而是作家自由自觉的公民意识必然包含的。作家如果缺少自觉的公民意识,其创作必然会忽视政治责任和义务,根本不去关注社会现实中的重大问题。

二是从文学创作来看的目的和手段的关系问题。无论主张文学的目的是宣传、说教,还是认为文学是娱乐、谋利的媒介,都是把文学看作服务于其他目的的手段,都贬斥、否定了文学自身的价值和意义。从根本的意义上来看,文学的目的是用理想和信念来塑造人的灵魂。通过审美欣赏的情感愉悦来进行情感教育,进而使人的理智认识成果化为自由意志所认同的实践目的,这是文艺活动的功能机制。人的公民意识就来自人所拥有的公民人格和公民意志,文艺客观的社会价值就在于培养人民自觉的公民意识。文艺与政治的不可分离,不在于对具体的政治政策和任务的配合,而在于按政治理想和信念去培养共和国所需要的合格公民。政治任务是会随时间的变化而变化的,而政治共同体的政治理想和政治信念是其所追求的终极目标,不会轻易改变。具有自觉公民意识的作家,应该通过成功的人物形象塑造来引导人民对政治理想、信念的认同,培养人民的公民意识。这一认识并不是完全排除文艺在特定的历史时期需要配合特定的政治任务的可能性,但那不是文艺与政治关系的常态。

7月20日,在《学术月刊》第7期发表《百年来我国对西方美学与文论的接受》一文。此文是王元骧最后一次将作者工作单位写成杭州师范大学艺术教育研究院。

中国美学与文论百年来的科学化、现代化转型发展是在接受西方美学与文论的影响下发生的,而我国对西方美学与文论的接受存在明显的局限;即对西方美学、文论的希腊文化传统和希伯来文化传统两大传统的统一,仅仅重视前者,而对后者有所忽视。

作者认为,原因主要有二:一是自晚清特别是五四以来,国家民族的启蒙、救亡需要科学和民主的助力,这决定了我们对西方希腊文化传统的高度重视;二是长期重视希腊文化传统而贬抑希伯来文化传统,使西方宗教文化传统所创造的立足个体,通过信仰实现自我精神拯救的文化精神被忽略了——要使人在经验生活中获得超验拯救,恰恰是宗教信仰以及审美、艺术的重要功能。

论文认为西方源自希伯来文化传统的中世纪基督教美学具有不容忽视的理论价值。作者强调了三个方面。一、在美的本体论方面,强调了"不可见的美"的重要性,突破了集中在物体外观的美来理解美学的理论局限,并把"丑"引入审美对象和艺术活动。二、把握美的价值属性,使之不再只是事实属性的存在物。引入美与善的对立与统一问题,为实现对美的真正认识奠定了理论基础。三、在美学研究方法、思维上,由静态的走向动态的,由单向的、感觉性的走向交感的、启示性的。崇高美的引入、重视信仰的价值,对于中和科技理性的副作用都有值得肯定的地方。

最后,论文具体探讨了中国现代文论接受西方文论影响的得失。一、从观念论,即对文艺性质的认识来看,希伯来文化传统启发人们重视文艺的理想性,而不只是知识性。二、从创作论,即文学家内心世界的表现来看,创作心理的复杂性、神秘性、创造性等特征都得到揭示。三、从接受论,即读者的阅读欣赏来看，读者的主体能动性，即爱美并超越表层的审美愉悦去体验作品的深层意义等内容，都能得到认识。

9月，毛崇杰在《广东社会科学》第5期发表《再论美学本质论及本体论问题——与张伟及王元骧二先生商榷》一文，论及王元骧先生对"后实践美学"与李泽厚"情本体"思想的批判。

> 毛崇杰赞同王元骧对"后实践美学"与李泽厚"情本体"思想已经背离马克思主义历史唯物主义哲学原理的判断和批评，却不同意王元骧对"实践美学"的认同与维护。毛崇杰认为，无论是李泽厚早期的实践美学，还是苏联的万斯洛夫、斯托洛维奇的"社会派"美学，都否定自然美的客观性，是唯心主义的。他肯定和推崇蔡仪对马克思《手稿》美学思想的认识——肯定自然美的客观性。

10月15日，金雅在《文艺报》003版理论与争鸣发表了访谈《文艺理论的使命与承担——文艺理论家王元骧访谈》。该文后收入《文学下午茶：当代作家艺术家对话录》（文艺报社主编，青岛出版社2013年版）一书。后又被收入《当代文艺理论家如是说》（王文革、李明军、熊元义主编，中国文联出版社2015年版）与《审美：向人回归》（王元骧著，浙江大学出版社2015年版）。

> 该访谈结合对王元骧先生文艺、美学研究道路的叙议介绍，重点讨论了文艺理论研究的性质、功能问题。王先生强调，个体自由主义立场不应该是人文学科研究的出发点。人文学科是研究人性、人的教化、人格完善的学问，一位人文学者如果对社会问题冷漠，则不会有真正深刻的人文学科研究。

访谈先是围绕着王先生的文艺理论研究情况展开。王先生介绍了自己因教学工作的需要而被动走上了文艺理论研究道路的情况,指出自己在 20 世纪 80 年代的理论探索主要就是对文艺本质观"审美反映论"(王先生因"情感"本身的复杂性,不赞同"情感反映论"的命名)的理论建构。自己多年来的文艺理论探索,从研究重心上来看确实存在变化——审美反映论、文艺实践论和文艺本体论——但自己理论认识的发展总体上看仍是审美反映论的深化、完善。主张从价值论,而不是认识论的角度来理解文艺的性质,是自己长期理论探索的核心观点。自己的文艺本体论研究就是针对价值多元化的时代现实,为审美价值的辩护而展开的理论探索。他强调,从西方古希腊时代本体论与目的论的统一来看,人自身就是从经验有限出发向永恒完善的超验目的不断超越的生命存在物,文艺的意义就在于它是人追求经验与超验相统一的精神活动。文艺是人完善自己本体建构的精神活动,如此理解的文艺活动就成了人之生存的必然需要。

　　访谈随后转向了王先生的人生论美学研究。他强调自己早在 1963 年就为本科生开设过美学课,只是因为教学工作的需要才把有限的精力主要集中在了文艺理论的教学和研究上。美学实际上与文艺理论研究关系非常密切,是文艺理论研究的基础,而我国文艺理论的研究却相对忽视美学研究,不仅不少美学的理论观点没有吸取到文艺理论研究中,且对不少美学问题还存在误解。另外,王元骧指出自己对实践美学与后实践美学的论争有自己的认识。他认为,如果能把美学的实践基础研究与个体心理层次的研究结合起来,有可能是推进美学研究深化的科学方向,这也是推动自己进行美学研究的重要原因。从审美与完善人的人格建构的关系出发展开人生论美学研究,既是中国传统美学的精神,也是西方超验美学的传统观点。这一美学思想与文艺理论研究中的"人学本体论"有内在的相通之处。王先生强调,两者相结合有利于文艺本体论研究的深化。人生论美学研究关注审美与人格完善的关系,事实上是对美育的重视。王元骧认为,美育就是情感教育。情感因为在人的人格心理结构中处于知、意之间,因此审美情感对于人的人格完善具有重要的媒介作用。通过优美与崇高,也就是通过爱与敬的情感陶冶,人的完善人格才能够培养起来,这就是王元骧先生对美育的重要认识。总之,人生论美学研究与日常生活审美化研究在精神实质上是完全不同的:日常生活审美化关注的是审美的感官愉快功能,而人生论美学重视的是审美的精神作用。王先生强调,文艺理论研究在性质上是反思性的、批判性的,人生论美学研究致力于为文艺理论研究提供反思的理论前提,它真正揭示了价值多元化时代文艺对于人的价值意义,理论研究绝对不只是说明现状的。从理论的反思性来看,当前的文艺理论研究存在"大而空"的弊病,不少理论研究缺乏真正的问题意识,欠缺人文情怀。只有把抽象性的理论研究结合现实问题,走向理论具体的认识,才能解决这些问题。文学活动是整体性的存在,只有运用唯物辩证的思考,借鉴不同角度的认识进行综合,展开理论的综合创新,才能很好地认识文学活动。

访谈最后,王先生还特别强调了自己文艺理论研究的现实针对性。自己的文艺理论研究是学院性的,但始终保持着对社会现实的关注,自己是从人生体验出发来推进文艺理论认识的深化的。

10月19—21日,赴上海复旦大学出席"西方美学与中国"暨第二届中德双边国际学术研讨会。此次研讨会由复旦大学中文系与德国莱比锡大学汉学系联合主办,来自中德两国的50余名专家学者齐聚一堂,围绕"西方美学与中国"的主题进行了广泛研讨。

11月17—18日,出席在杭州召开的"蔡元培梁启超美育艺术教育思想与当代文化建设"全国学术研讨会并做学术发言,提交会议论文《评蔡元培"以美育代宗教说"》。该文后发表于《社会科学战线》2013年第7期,并收入会议论文集《蔡元培梁启超与中国现代美育:蔡元培梁启超美育艺术教育思想与当代文化建设全国学术研讨会论文选集》(金雅主编,中国言实出版社2014年版)。此次研讨会由中华美学学会、中国中外文艺理论学会、商务印书馆和浙江理工大学联合主办,浙江理工大学中国美学与艺术理论研究中心承办,东南大学艺术学院协办。来自全国高校和科研机构的80多位专家学者参加了此次学术研讨。

据李荣有、郝赫《"蔡元培梁启超美育艺术教育思想与当代文化建设"全国学术研究会综述》(《艺术百家》2013年第2期):"浙江大学王元骧教授对蔡元培的'以美育代宗教'说提出了商榷。他指出,宗教的本质是信仰,而蔡元培却认为'宗教本旧时代的教育',并认为随着时代的进步,宗教的认识作用和道德作用都已消失,唯有情感教育的作用仍然保留,所以,他提出'以美育代宗教'。这个口号在当时虽然产生了极大的影响,但在学理上尚存在某些局限。宗教的本质是信仰而非认知与道德。王元骧教授进而认为,若从信仰论的观点来理解这这个口号,它在今天不仅没有失去它的意义,反而更突显它的理论价值。他主张从美与艺术的性质、美与艺术的创造、美与艺术的功能三方面来认识审美、艺术和宗教之间的同质性。"

12月1日,鲁杭著《世界文学与浙江文学批评》(浙江大学出版社出版)一书辟专章"王元骧:西方文艺理论与美学研究影响下的中西综合创造",从比较诗学的视角出发,对王元骧的文艺理论研究进行了深入认识。

12月4日,在《杭州师范大学学报(社会科学版)》第6期发表《文学理论的科学性与人文性》,作者工作单位为浙江大学文学院。该文后被人大复印资料《文艺理论》2013年第3期全文转载。

论文开宗明义,提出了"科学性"这一理论评价标准是否适用于文学理论的问题。这是因为,认识事物本质规律的思维是在自然科学研究中充分发展起来的,科学性原本是评价自然科学研究成果的专利。而文学是感性的活动,是以人及其生活为对象的,作家个性在文学对现实世界的反映中起着重要的中介作用。因此,主观性与个别性成为人文社会科学不同于自然科学的关键。探讨文学理论研究的科学性,一方面必须正确认识科学性与主观性的关系,因为文学不只是反映社会现实的"是什么",还要探讨"应如何";另一方面还要研究普遍性与个别性的关系问题,因为作家个性在文学活动中起着极其重要的作用,这与科学追求的普遍性是有冲突的。关于前一方面,作者认为从人的劳动活动出发,对人的研究必须关注人的需要的满足,这就使社会科学研究必须超越真理性的维度,同样关注价值维度的探讨,而这为文学理论研究奠定了基础。因为文学活动虽然是作家个人的活动,以个人的活动为创作表现对象,但人是社会性的存在,从而文学理论研究离不开社会性视角的考察。对于后一方面,作者强调理论研究就是要把握事物的本质规律,它强调对普遍性的认识;文学以个别、具体的感性形式反映生活,决定了对文学的研究需要特殊的方法,以实现从感性上升到普遍的认识。这就是说文学理论研究有其不同于社会科学和自然科学的研究方法。它是以"个别性"的思维方式,通过理论观点的实践性阐释、理解来把握对象的。

2013 年(癸巳年) 79 岁

4月6—8日,参加在上海交通大学人文学院召开的"第三届中英马克思主义美学双边论坛"并发言,提交会议论文《对我国马克思主义文艺理论研究的哲学反思》,该文后正式发表于《马克思主义美学研究》2013 年第 1 期。

论坛主题为"马克思主义与未来",由上海交通大学人文学院与英国曼彻斯特大学艺术、历史与文化学院联合主办,《探索与争鸣》杂志社等单位协办。来自国外 17 所著名大学与研究机构的 20 多位外籍学者,以及国内 50 多所高校、科研机构及新闻媒体的 60 多位中国学者,还有媒体工作人员,参加了此次会议。

据杨荔斌《肩起马克思主义美学理论的时代使命——第三届中英马克思主义美学双边论坛会议综述》(《马克思主义美学研究》2013年第1期):"浙江大学中文系王元骧教授作了题为《对我国马克思主义文艺理论研究的哲学反思》的发言。他就以往我国马克思主义文艺理论研究中所存在的直观论、纯认识论和教条主义倾向作了简略的评论,并认为造成这些倾向的思想根源从哲学上看,是由于把'思维与存在的关系'混同于'精神与物质的关系',因而简单地以唯心和唯物来划分马克思主义与非马克思主义之故。"

5月,在《中山大学学报(社会科学版)》第3期发表《再谈"实践存在论美学"》一文。该文后被人大复印报刊资料《美学》2013年第8期全文转载。

该文是王元骧先生再次质疑"实践存在论美学"的结果。最早是在《"后实践论美学"综论》(《学术月刊》2011年第9期)一文中,王先生把朱立元的"实践存在论美学"归入"后实践论美学"并提出了批评。朱立元在《辽宁大学学报(哲学社会科学版)》2012年第3期专门发表了《"实践存在论美学"不是"后实践美学"——向王元骧先生请教》一文,为自己的理论主张进行辩护并对王先生的批评进行了反批评。朱立元认为,王元骧先生的批评是为没有根据的误解和误批,王先生对海德格尔有些观点的认识并不准确,这就使得王先生不得不再次著文明确阐发自己的观点。

该文在扼要介绍了写作缘起后,先重点介绍了自己的认识是如何形成的。作者强调,不局限于"实践存在论美学"原本的研究意图,朱立元的"审美生成论"实际上是把审美判断的"社会的、历史的生成"与"个人的、心理的生成"混淆起来，没有认识清楚两者之间的关系而用"个人的、心理的生成"取代了"社会的、历史的生成"的结果。然后，围绕着对马克思主义的历史唯物主义哲学的"实践"概念与海德格尔的"此在"概念的不同认识，论文深入阐述了自己批评"实践存在论美学"的原因。关于前者，作者扼要梳理了西方哲学史上人们对"实践"概念的认识的发展，认为马克思主义的历史唯物主义哲学主要是受黑格尔哲学的影响和启发，把"实践"理解成"物质生产劳动"，实践唯物主义美学就是根据马克思主义的历史唯物主义哲学来认识"实践"概念的。马克思以人类总体实践为内容的"实践论"及其"社会存在本体论"哲学，与海德格尔以个体生存为基础的存在论哲学完全不同。关于后者，作者强调，海德格尔哲学中"此在"的"与人共在"，仅仅是从人的外部关系来认识人的"社会性"；这与马克思主义哲学把人看作"社会关系的总和"，认为人的社会性形成于人对自己与社会关系的理性自觉有本质不同。海德格尔对"此在"的认识主要是一种哲学心理学的观点，但不从现实社会去探讨人的心理的形成原因，却把人的心理活动抽象化为先天的观念，就使得海德格尔把"此在"完全看成心理个体的存在，这就与马克思主义哲学的观点有了本质区别。

5月17日，《钱江晚报》C1人文版发表《王元骧：审美超越——从文艺学美学的视角，把一把当下社会的人文脉搏》一文。该文后收入《文艺学的守正与创新——王元骧教授八十寿辰暨从教五十五周年纪念文集》一书，又收入《触摸得到的文脉：浙江文化老人访谈录》(浙江省档案馆、《钱江晚报》社编，红旗出版社 2015 年版)与《审美：向人回归》(王元骧著，浙江大学出版社 2015 年版)。

　　该文是《钱江晚报》"文脉"浙江文化名人访谈系列报道栏目对王先生的一次访谈。访谈正文前的笔谈采访手记，记录了记者们自 2012 年 6 月 11 日通过邮件提出采访要求后，对王先生长达十个月的笔谈采访情况。访谈首先扼要介绍了王元骧的生活经历、治学情况，然后谈及他的学术研究。王先生强调，他的文艺学、美学研究不是"纯粹学术"，而是针对社会现实问题的发言，并随社会现实的变化而不断深化自己的理论观点。最近十年来，他在文艺学方面主要坚持审美超越论，美学方面主要提倡审美教育论。前者认为文艺具有帮助人抵御"物化"的功能，这是由当今消费主义文化泛滥的情况所决定的。后者主要要求人们更全面地理解美育功能。审美，包括艺术欣赏，其功能是培育整全的、健全的人格。美育是情感教育，情感在人"知意情"的人格心理结构中处于中介位置，它对健全人格的陶冶特别重要。作为情感教育的美育能够提高人学习、工作中的情商，它比智商更为重要。当今青少年的美育，除优美感的陶冶外，还要重视崇高美的精神激发作用。访谈的最后，王先生还特别强调了理论的作用。他认为，轻视、忽视理论，理论水平上不去，是我国文学创作和文学批评水平上不去的主要原因。自己的《文学原理》不只是一部教材，还是一本文学知识读物，有助于青年读者准确而全面地理解文学问题。

　　5 月 23 日，在《社会科学报》第 5 版学术探讨，发表短文《凸显文学艺术的精神担当》。

该文强调马克思主义文艺观不是认识论文艺观，而是主张文艺本质上是审美的，是以维护人的整体存在、促进人的解放为目的的。人类历史发展的最终目标就是人的全面解放。马克思主义文艺观就是在这一历史背景下，结合以社会的变革与私有制的扬弃为条件的人的解放，来理解文艺、审美的性质和功能。关于马克思主义文艺理论的性质和功能，作者强调它是人们看待问题的思想观念和指导原则。坚持真理的相对性，把马克思主义理论看作革命导师运用唯物辩证思维认识和分析问题的方法展示，不只是接受结论，而是同时关注运用方法的实践，坚信只要当时马克思所面对的现实问题仍然存在，那么马克思主义理论就会永不过时。最后，关于人的复归的问题。作者强调，当今时代异化劳动并未完全消失，而且人又面临一种新的异化，即人因为物质财富的丰富而被物欲所吞噬的新异化。这决定了在人通过社会变革和发展来实现解放的过程中，文学艺术应具有一定的精神担当作用。

7月，在《社会科学战线》第7期发表《评蔡元培"以美育代宗教说"》一文。该文原为去年参加在杭州召开的"蔡元培梁启超美育艺术教育思想与当代文化建设全国学术研讨会"时提交的会议论文，后收入《蔡元培梁启超与中国现代美育：蔡元培梁启超美育艺术教育思想与当代文化建设全国学术研讨会论文选集》。

现代美学家蔡元培在五四新文化运动中提出的"以美育代宗教说"，在当今科技物质文明昌明而人文精神衰微的新形势下，重新获得了维护人性完整的灵魂拯救新功能，论文就此进行了深入的理论探讨。

论文首先客观介绍了蔡元培的"以美育代宗教"观点。蔡元培在教育观念上主张应该培养知情意并重的、完整的人，高度重视情感教育的重要意义；而情感教育的作用原本是由宗教所承担的。只不过，西方现代文明的发展、科技的进步不仅使宗教丧失了原本的知识、道德等功能，情感教育功能也转由艺术、审美所独立承担。这是因为艺术和审美可以吸取宗教的精神，并直接使人在经验生活中能够借助理想、信念的作用来超越经验、有限，蔡元培的"以美育代宗教"就以此为理论依据。

论文随后对蔡元培的观点进行了具体辨析。作者强调，宗教所具有的认识和道德功能其实都有不能为科技发展所取代的内容。这一方面是因为，除了科技知识外，知识还有运用科技知识的"智慧"的内涵，还有道德认识的内涵，后两者都不存在与宗教的冲突。另外，宗教观念可以作用于理性科学，整理、引导科技认识的发展。另一方面是因为，宗教所培养的虔敬心理和态度有利于人培养道德人格，超越自私的束缚和限制。对"以美育取代宗教"，作者强调，从西方希伯来美学传统，即体验论、超验论的传统来看，审美、艺术与宗教的同质性最为明显；而这正是蔡元培"以美育代宗教说"真正的理论价值所在。具体地说：一、美、艺术虽然是感性的，但它的真正作用是激发人的情感和想象，使人进入理想世界，其性质是超验的、形而上的；二、美的创造、艺术创作需要艺术家具有对美的价值的坚定信念；三、美、艺术的功能是"超越性"的人格拯救功能。在当今金钱社会，美作为"世间的上帝"能够唤醒人的良知，维护人的人格独立和尊严。艺术家也应当具有高度的责任意识,坚信"美的艺术"的超越性价值。

7月20日,在《美育学刊》第4期发表《审美教育与人格塑造》一文。该文后收入《〈美育学刊〉文萃第1辑 美育与艺术教育研究卷》(《美育学刊》杂志社编,中国社会科学出版社2016年版)。

论文首先阐发了自己的美育观。美育是情感教育,在人的心育中占有重要地位。通过艺术来陶冶情感,使人的情感社会化是美育的重要任务,艺术教育因此在美育中显得极为重要。因为艺术就是艺术家按照美的理想所创造的世界,它对于艺术欣赏者的情感陶冶和人格塑造具有重要作用。不过,当今的学校教育重视知识教育,对艺术教育不够重视。作者强调,自己不是轻视知识教育,因为知识不仅有"闻见之知",还有"德性之知"。重视后者,同样是关注人的健全人格的培养。只不过,在道德教育中,不能仅仅满足于道德知识传授,还应当强调体验的重要性。因为,道德观念只有通过体验才能真正转化为人的道德行为,艺术教育、审美教育的价值就在这里。

随后,论文从美感的角度对美、审美的性质进行了探讨。作者强调审美愉悦不同于感觉快适:感觉快适建立在"肉体感受性"的基础上,审美愉悦则是"文化感官"的产物,不仅"悦目悦耳",而且"悦志悦神";感觉快适是纯粹的快乐,而审美愉悦除了优美感的快乐外,还包含崇高感中由痛苦转化为愉快的复杂愉悦感;感觉快适是"实践"的,它指向对对象的占有与享受,而审美愉悦则是"静观"的,停留于情感本身的陶冶和升华。

最后，论文具体探讨了美育塑造人格的客观意义。作者从心理学与伦理学的统一中来认识人格，认为人格是知、情、意的统一；由此，美育塑造人格的作用就体现在美育与智育、德育的关系中。就美育与智育的关系来看，一方面美与真有内在的一致性，想象力在科学研究中发挥着重要的推动作用；另一方面，智育除科技知识的传授外，还包括道德知识的教育，这也离不开审美移情的作用。就美育与德育的关系来看，德育的有效展开，离不开道德情感对道德行为的激发，而审美情感的非功利性、无私性与道德情感有内在的相通之处，尤其是崇高感，更是能够激发人高尚的道德行为。

7月31日，在《马克思主义美学研究》第1期发表《对我国马克思主义文艺理论研究的哲学反思》一文。该文原为参加今年在上海交通大学人文学院召开的"第三届中英马克思主义美学双边论坛"时所提交的会议论文。该文后被人大复印报刊资料《文艺理论》2014年第1期全文转载，收入《马克思主义与未来：第三届中英马克思主义美学双边论坛论文集》（中央编译出版社2013年版），又收入《马克思主义文艺理论研究（第4辑·2014）》（陈众议主编，中国社会科学出版社2015年版）。

论文首先对我国马克思主义文艺理论研究在哲学基础上长期存在的问题进行了反思，指出把"思维与存在的关系"这一哲学认识论问题与"物质与精神的关系"这一本体论问题混同起来，在哲学认识论的研究中满足于用唯物或者唯心的划界来处理，这直接影响着人们在文艺理论研究中简单地强调文艺与生活的统一性的做法,而这客观上造成把文艺看作对生活的反映的直观论、纯认识论和教条主义错误倾向。深化哲学认识论的研究,一方面要在知识论上对真理的相对性有清醒的认识,一方面应在价值论上,对人的"价值意识"的意义有清楚的理解。特别是后者,承认文艺的价值本性,肯定文艺不仅是认识现实的形式,同时也是作家以理想、信念的方式所创造出来的改造现实的精神力量,这是我们必须、应该具有的文艺观念。

随后,论文正面阐发了马克思主义文艺理论对文艺价值的深入理解。作者指出,把马克思主义文艺观理解成在总结现实主义文学经验的基础上所形成的"认识论文艺观",背离了马克思主义哲学的基本精神,在认识上走向了片面。马克思的文艺审美属性价值论决定着他的文艺价值观念。马克思把文艺的审美属性理解成文艺所具有的能够帮助人抵制"异化",维护其整体存在,实现人性"复归"的性质。马克思强调作家不把作品当作手段,而是看作文学活动的目的自身,就是从对文艺审美属性的认识出发的。而强调对私有制的扬弃与人性"复归"的统一,也使马克思对文艺审美价值功能的认识完全不同于席勒、马尔库塞等人带有"审美乌托邦主义"色彩的审美观念,具有明显的科学性。

最后,作者强调,应当正确地认识马克思主义哲学,包括马克思主义文艺理论的意义和作用,不能把其观点当作永恒的真理去坚持,而应关注其观点是如何得出的,重视其理论反思性,学习其研究方法。正如"人的复归"命题,因为人的异化产生于人情感的欲望化,而当今时代这一问题仍然存在，所以审美的人性拯救功能就是不会过时的。

本月，《文学原理》第 3 次修订版由广西师范大学出版社出版。书末附有《第三次修订版校后记》，对先后三次修订的具体情况进行了大致介绍。

9 月，李映冰在《理论月刊》第 9 期发表《如何解读文学审美意识形态——以王元骧的观点为参照》一文。该文结合王元骧的观点，阐发作者对文学研究的认识。

　　论文认为意识形态、审美、实践构成理解文学的三个基点。文学的意识形态性是从哲学的角度来看待文学现象形成的观点，文学的审美实践特性才能确证文学自身的存在。意识形态构成文学审美实践的阈限，同时，意识形态是文学审美实践需要批判、否定、超越的对象。总体上，王元骧先生所理解的文学审美实践特性从属于文学的意识形态性。论文则认为，需要彰显文学审美实践批判、否定、超越意识形态的特性。

2014 年（甲午年）80 岁

3 月，《文艺理论与批评》第 2 期设"王元骧专题研究"栏目（此栏目的开设是为祝贺王元骧八十岁诞辰），发表陈飞龙对王元骧先生的访谈一篇，以及汪正龙、孙伟科、温玉林和刘涛研究王先生治学情况的论文四篇。

　　在《求实严谨的科学态度 求真创新的学术精神——王元骧教授访谈》一文中，陈飞龙对王元骧的访谈扼要梳理了王元骧先生学术探索的总体发展历程，高度赞扬了王先生不倦探索的求真创新精神。访谈从文学研究中的"文学理论无用论"谈起，引出王先生对文学观念认识的不断演进。王先生强调，"文学理论无用论"的产生，一方面是因为不理解理论的性质不是法则或者操作规范；一方面是研究者理论能力的不足造成的——文学理论研究者应该有问题意识、人文情怀和良好的艺术修养和较强的理论思维能力。文艺理论研究中的本质主义持僵化的本质观念是错误的，但科学具体的文学本质观念是文学研究所需要的。王先生在文艺观念上一直坚持审美反映论和审美意识形态论。审美意识形态论首先最早是从"存在与意识"的关系这一认识论的角度，后来又转向实践论的角度来研究文学的相关问题。在认识论角度的研究中，审美意识形态论首先强调作家对现实生活进行审美反映的重要性，认为文学本质上是价值反映而不是事实揭示。通过强调审美情感融合意识形态的理性内容与感性形式的中介作用，王先生的审美反映论辩证地把握了审美意识形态的内涵。但这种研究到了20世纪90年代中期以后，面临着社会现实提出的消费文化泛滥、人文精神沦丧的问题挑战，由此王先生强调审美反映所具有的通过审美情感的感染来引导读者去追求、去实现理想人生的实践功能。而这就涉及文艺审美超越的问题。王先生通过辩证地认识"实是"与"应是"的统一性，很好地回答了一些学者对"审美超越"是不是唯心空想的质疑，捍卫了唯物主义辩证法的科学性。对审美超越的论争实际上与王先生的文艺本体论研究紧密相关。王先生的文艺本体论研究与人学本体论的思考是统一的，他最终要探讨的是人的自由解放的问题。因为，在人生必然的基础，思考人生自由的终极目的，最终体现出文学家的崇高人格和博大胸怀。

王先生的文艺本体论研究在美学层面上又触及人生论美学的问题。接下来，访谈就转入与王先生美学思想的对话。王先生介绍了自己对实践唯物论美学既有认同，又有不同意见的看法，说明了自己的人生论美学研究实质上想在美学层面上论证"文艺为人民服务"，最终的理论目的是力图在"感性与理性、个体性与社会性相统一"的理论前提下探讨人生自由的问题。王先生在美学观念上，不同意把美学看作艺术哲学，而是坚持审美人生学或者审美伦理学的美学观念，重视美的超验性，肯定崇高对人生的积极意义。在扼要论及王先生多年的学术研究中理论观点不断发展的基础上，访谈自然地呈现了他始终坚持求真创新的学术精神。

汪正龙的《王元骧与新时期马克思主义文论创新》一文，从王元骧对认识论文艺观的突破、审美意识形态论的建构以及走向综合创新的研究方法论三个方面，对其新时期马克思主义文论的研究创新进行了分析总结。

孙伟科的《王元骧教授文学理论观的历史逻辑》一文，抓住王元骧文学理论观的马克思主义思想和方法的基础，以"文学与人"的关系、人性标准为核心，揭示了其重视历史具体研究的理论特点。作者认为，马克思主义哲学和美学视野中，人是需要整体把握的对象，是多种规定性相统一的对象，从来没有抽象存在的人及其人性，王元骧的文学理论观突出体现了这一特点。该文后以《美学的"人学维度"与文艺批评的"人性标准"》为题收入《寻真问美集——艺术短长论》(孙伟科著，中国文联出版社 2015 年版)。

温玉林的《论王元骧对"后实践论美学"的批评》一文，认同王元骧对李泽厚后期美学研究和实践存在论美学的批评,认为王元骧对形形色色的"后实践论美学"的批评深化了马克思主义人学和历史唯物主义,因为他始终强调人的社会性、历史性与个体性的统一,坚持人的社会性的逻辑先在性。而且,王元骧的美学研究肯定了美的客观性,对美的本质有了新的认识。

刘涛的《求真务实 慎思笃行——谈文艺理论家王元骧的治学风格》一文,通过梳理王元骧学术研究的发展历程,总结了其治学的三个突出特点:首先,王元骧把学术研究与现实问题相结合,并且努力实践自己的学术理想,做到知行合一;其次,坚持综合创造之路;最后,将学术思考聚焦于审美与人的生存问题,立足于文艺审美来解决人在现实生存境遇中所面临的精神困境。

夏季,指导关门弟子赵中华完成博士学位论文《审美:走向心灵超越之路——西方古代美学与人的生存关系研究》并通过答辩。

7月,《云梦学刊》第4期发表熊元义的《文艺理论课题对文艺理论创新的异化》一文。

熊元义认为当代不少文艺理论家在文艺理论研究上没有根本突破,而是以更为精致的形式重复着过去的文艺思想,王元骧的审美超越论成为熊元义所谓"自我重复"的论证范例。

9月,《河南大学学报(社会科学版)》第4期发表了李明军、熊元义合写的《理论分歧的解决与文艺批评的深化——兼与王元骧先生商榷》一文。

此文延续了熊元义在《河南大学学报(社会科学版)》2011年第4期所发表的《中国当代文艺理论的分歧及理论

解决》一文的观点,针对王元骧发表于《学术研究》2012年第4期的反批评论文《理论的分歧到底应该如何解决》进行进一步的商榷,但其中心观点并无创新,仍然批评王先生的审美超越论脱离人民和历史发展现实。

10月,浙江大学文艺学研究所举办王元骧八十岁寿庆茶话会。

11月2日,出席在杭州召开的"人生论美学与中华美学传统"全国高层论坛并发言,提交会议论文《"育人"何以不能没有"审美"?——兼论审美的"无目的的合目的性"》。该文后发表于《南国学术》2015年第1期,并收入金雅、聂振斌主编《人生论美学与中华美学传统:"人生论美学与中华美学传统"全国高层论坛论文选集》(中国言实出版社2015年版)。此次高层论坛由中华美学学会与浙江理工大学联合主办,浙江理工大学中国美学与艺术理论研究中心承办,来自全国高校和科研机构的近60位专家学者参加了论坛研讨。

12月,在《杭州师范大学学报(社会科学版)》第6期,发表《"需要"和"欲望":正确理解"审美无利害性"必须分清的两个概念》一文。该文后被人大复印资料《美学》2015年第2期全文转载。

> 论文首先从康德美学把"无利害性"看作审美愉快的本质规定出发,详细梳理了康德这一观点的历史渊源和后来影响,特别是对我国现代美学的消极影响。论文批判了把审美的非功利性看作对"意志"和"需要"进行否定的观点,指出我国现代美学研究之所以积极提倡美育而无实际效果,其理论根源就在于此。随后,论文对需要与欲望进行了

区分,指出欲望是非理性的需要。康德美学的审美无利害性观点是对资本主义社会所带来的无限度欲望的否定,其目的恰恰是要维护和完善人格"需要"。论文最后正面对人的"需要"进行了分析认识。作者强调,人的生命需要可以划分为物质生命需要和精神生命需要,精神生命对于人来说同样是生命的基本构成部分。因此,精神需要也是人的生存所必需的。无论物质生活状况如何,人都无法否定以"超越性"为基本特征的精神生活对人的意义和价值,从而审美作为人的精神生活的重要构成部分,它是人的生存必需品。

本月,浙江大学文艺学研究所编《文艺学的守正与创新——王元骧教授八十寿辰暨从教五十五周年纪念文集》由浙江大学出版社出版。该书出版后,《文艺理论与批评》2015年第1期发表了简短书讯进行推介。

全书内容主要有三辑,外加附录。第一辑为理论贡献,分为两部分,分别收录了王元骧先生近年的几篇代表性论文与系列王先生文艺思想、美学思想的研究论文。第二辑为人格风范,主要为师友弟子们回忆王元骧往事的文章。不同视角下的种种人生片段勾勒出了王元骧先生的人格形象。其中,作家黄亚洲的诗歌《念叨浙江大学教美学的王元骧老师》被用作全书序言。第三辑学术对话,收录了四篇访谈,分别涉及人生论美学、文艺理论观念等不同主题,反映了近些年王先生主要的学术兴趣所在。以上三辑的内容主要与学术相关,而附录作品的主题则不限于学术,可以分为两部分:一部分是两篇答问,一篇怀人散文,主要涉及王元骧先生对社会人生的认识和对自己生平经历的回忆介绍；一部分是王元骧近年所尝试创作的两篇短篇小说。

2015 年（乙未年）81 岁

1月，在《南国学术》第 1 期发表《"育人"何以不能没有"审美"——兼论审美的"无目的的合目的性"》一文。该文为提交给去年在杭州召开的"人生论美学与中华美学传统"全国高层论坛的会议论文。

论文强调审美教育是情感的教育。作者指出，情感不仅是人的全心身的活动，也是从"知"过渡到"意"不可缺少的中介环节。情感是由生理的、心理的和伦理的三方面内容所构成的多重矛盾因素的综合体。情感教育的目的就是按社会的要求，使得其内部各种矛盾的因素得到合理的调整而达到最优化的组合，而成为一个文明人所应有的人格特征和对待生活的态度和方式。唯智主义的教育思想之所以被批评，就在于它按科学理性的思想观念，将人的一切个性特征和个人特长都予以扼杀，而把人仅仅造就为一种工具、一种机器的零件。而审美所带给人的愉快是一种"纯粹的欣赏判断"所形成的纯粹快感，是不夹杂任何利害关系的。这就可以消除由于利害冲突所造成的人与人之间的隔离甚至是对立。人们借助审美把人与人之间的情感沟通起来、联合起来，使自己的体验能够成为别人的体验，别人的体验也能成为自己的体验，来培育人与人之间的"共通感"。这种"共通感"也正是道德情感的根本特征。审美也就成了在培育人的道德情感上为任何理性说服都无法企及的最有效的方式,能够完成在没有道德目的的情况下实现道德教育所要达到的培育人的道德情操、完善人的人格建构之目的,达到"无目的性"与"合目的性"的有机统一。所以,要培育一个健全和完善的人的人格,是不可能没有审美教育的。

2月2日,南凯仁在《中国社会科学报》B02版"争鸣"发表短文《"审美超越论"之争助力文学批评》,对围绕王元骧"审美超越论"发生的学术论争进行了梳理和评价。

　　该文指出,论争始于宗志平、熊元义在《云梦学刊》2007年第5期发表《论王元骧的审美超越论》一文批评王元骧背离唯物史观,走向了唯心史观。直到熊元义、李明军在《河南大学学报》2014年第4期发表《理论分歧的解决与文艺批评的深化——兼与王元骧先生商榷》,论争实际上仍单方面持续。熊元义等人仍然坚持需要剖析王元骧文艺理论观点的唯心主义错误,认为这还有益于文艺批评的深化。短文强调这一论争应当引起注意,值得重视。

3月,在《文学评论》第2期发表《关于美学文艺学中"实践"的概念》一文。该文发表后,在学术界产生了较大影响。《中国社会科学文摘》2015年第7期、人大复印报刊资料《文艺理论》2015年第6期全文转载,又收入《〈文学评论〉六十年纪念文选》(中国社会科学院文学研究所编,社会科学文献出版社2017年版)。《人民日报》2016年5月3日第16版综合版发表署名中国作协创研部的《2015年中国文学发展状况》一文,也给予此文高度评价:"王元骧《关于美学文艺学中'实践'的概念》试图厘清美学文艺学中对于'实践'认识上的混乱,将认识论范畴的'主观'与'客观'所导致的'二元对立'倾向按'主体'与'客体'解释,其从实践分化而来又通过实践回归统一的观点,颇具新意。"

　　该文对"实践"概念的多角度全面认识,为从认识与实践的辩证统一来认识美、文艺奠定了科学的理论基础。

　　首先是本体论视角的实践概念。在古希腊时代,本体论哲学是哲学研究的重心,但实践并不是学者们关注的对象。直到 19 世纪中叶,在叔本华的意志哲学,以及后来的西方现代人本主义哲学和美国实用主义哲学中,"实践"概念才开始真正受到重视。只不过,西方现代人本主义哲学并没有区分"实践"与"活动",没有认识到人的实践是目的性活动,是有对象的,因而其认识还是存在理论局限。马克思主义的历史唯物主义哲学所理解的"实践"是人类总体的实践,它首先指物质生产劳动,而不是个体的生命活动。实践唯物主义美学就是以生产劳动实践为根本依据的本体论美学。

　　其次是哲学实践论视角中的实践概念。古希腊时代,比如亚里士多德就从伦理学和创制学的角度对实践活动进行了初步的研究。伦理学的实践从由理性主导到道德情感推动,学者们的认识在不断发展。总体上看,关于伦理实践的"善",人们或者认为源于习惯、习俗,或者认为由先验理性主导,伦理实践都是主体意志的自主活动。审美活动的非功利性决定了它与伦理实践活动有一定的本质相似性。而创制学视角的实践追求外在目的的实现,因此这种"实践"主要是技艺性的、技巧性的。如此理解的实践如果用来认识艺术活动,则只能把艺术创造看作与艺术家的主体意志、人格无关的形式创制活动。

　　再次是认识论哲学视角的实践概念。作者指出,16、17

世纪的英、法哲学是典型的认识论哲学。认识论哲学坚持"主客对立"的思维方式,具有鲜明的唯智主义倾向,一方面从普遍性与个别性的分离来认识对象,一方面把知识看作求知的最终目的。马克思主义哲学则把实践引入认识论哲学并对其进行了理论改造,一方面反对把"主客二分"理解成"主客对立";一方面反对认识论哲学的唯智主义倾向,认为认识活动除了求知外,还含有价值评价和选择的因素。如此,马克思主义哲学为美学研究奠定了科学的理论基础。

论文最后结合马克思主义哲学的实践观对我国传统文论的现代转型和当代发展进行了反思。作者指出,把实践引入认识论,把认识主体与实践主体统一起来,为我们全面理解文学的性质奠定了科学的哲学基础。哲学观上的改变,能够突破唯智主义、直观唯物主义的思想局限,真正客观地把握文学现当代发展的得失。

4月,熊元义在《学习与探索》第4期发表《促进当代文艺理论分歧的解决——兼与王先霈商榷》一文。论文虽旨在与王先霈商榷,但王元骧却是与王先霈同样的被批判对象。

论文把王先霈主张的文艺批评应当从文艺现实出发与王元骧所要求的文艺批评应该从文艺现实出发,但不能被文艺作品、文艺现象牵着鼻子走对立起来,要求王先霈面对并积极解决这种理论分歧。

6月4日,在《杭州师范大学学报(社会科学版)》第3期发表《审美反映与艺术形式》一文。该文后被人大复印资料《文艺理论》2015年第9期全文转载。

该文对艺术形式、艺术传达在审美反映活动中的重要作用进行了集中、系统的论述。作者以往在阐发文艺审美反映论的观点时，对艺术形式、传达的作用一直非常重视，但限于理论重心始终是在意识与存在、文学与生活的关系问题上，因此他对艺术形式、传达的重视无法给予专门的论述。该文专门指出，审美反映活动所获得的不是抽象的概念，而是具体生动的审美意象，它本身就是有形式的。艺术形式源自对象的自然形态与以人们长期艺术实践经验的积累为依据的想象创造。这种艺术形式在创作前是一种"预成的"规范形态。忽视对象的自然形态，会导致艺术表现的僵化；忽视艺术形式的规范形态，会使艺术感知永远停留在自然主义的水平而上升不到艺术的境界。唯有把这种"预成的"形式与对象的自然形态有机结合而化为"生成的"，才能使审美意象找到它自己特有的艺术形式而得以真切、生动地表现出来。西方形式主义文论割裂内容与形式的有机统一性，一定程度上把形式抽象、孤立起来了。真正的艺术形式正是在与生活的天然联系中才具有生命和活力。审美反映与艺术形式是辩证统一、不可分离的一个整体，这是我们研究艺术形式的科学出发点。

6月25日，赴山东大学参加"文艺美学高端论坛暨山东大学文艺美学研究中心学术委员会专家会议"。王元骧在论坛发言中着重强调了基础理论研究的重要性。

本月，《审美：向人回归》一书由浙江大学出版社出版。该书共收入王元骧2010年10月至2014年8月四年间所写论文及对话访谈。不久，《文艺理论与批评》本年第5期发表了简短书讯，对本书进行推介。

7月，为深切悼念童庆炳先生（1个月前逝世）而作散文《深切怀念童庆炳老师》。文章深情回忆了与童庆炳先生相识、相知的经过，对童庆炳老师生前对自己的理解、赏识表示深切感谢，对童庆炳老师的去世表示深切哀悼。该文先在网上流传，后收入《木铎千里 童心永在：童庆炳先生追思录》一书下编（北京师范大学出版社 2016 年版）。

7 月 20 日，在《美育学刊》第 4 期发表《从"美感的神圣性"说到审美与宗教的关系》一文。该文是《美育学刊》的编者就"美感的神圣性"这一问题对王元骧先生所做的访谈，后被《高等学校文科学术文摘》2015 年第 5 期全文转载。

> 王先生赞同从基督教吸取宗教情怀来认识美感的做法，认同宗教感与美感都具有"神圣性"的观点。作者强调，宗教不同于迷信，宗教的意义在于以其主张的神圣信仰进一步唤醒人的主体意识和人生自觉意识，迷信则是没有主体自我的盲信。当然，宗教精神是不断演化的，其功能也在不断变化。自五四新文化运动以来，"以科学代宗教"、"以美育代宗教"、"以哲学代宗教"和"以道德代宗教"等等观点，都是因为既看到了宗教的精神意义，又想避免其迷信色彩而提出的。其中，只有"以美育代宗教"的说法因为一定程度上注意到了审美与宗教的同质性而有一定的道理。王先生长期主张的审美超越，就是从美感的神圣性出发的——在空间上，审美能通过"爱"沟通人我；在时间上，审美能通过"敬"引导人不断进取，追求永恒。而审美与人生的本质关联，使审美成为人生的宗教，它引导着人在现实的人生实践中不断追求自我超越。

8 月，《名作欣赏》2015 年第 24 期发表了王诗雨的《王元骧

"审美超越论"》一文。该文对王元骧的审美超越论进行了客观的分析认识。

该文把王元骧看作"中国审美学派"的代表性学者之一,将"审美超越论"看作王先生在"审美反映论"之后所建构的新理论观点,对其进行了扼要的介绍分析。论文强调,审美超越论立足于当代人的生存状态,从人学的角度出发,通过论证文艺能够确立人的信仰的功能,来表明文艺在完成人的本体建构方面应该具有的责任,即它能够指引人们努力追求自我超越,培养正确的理想人格,以实现人的自由与解放。

9月,《中文学术前沿》第8辑(本应在2014年发行)发表了李咏吟的《康德-黑格尔美学遗产与王元骧的探索》、朱首献的《现实关注·人文情怀·反思意识——论王元骧先生近年来文学理论研究的三种品格》和梁慧的《熔古铸今 守中致远——论王元骧先生近期美学与文艺理论创新之路》三篇论文。这三篇论文分别从不同角度研究王元骧的学术思想,是三位弟子为祝贺王元骧八十寿诞和从教五十五周年而作。

李文主要追溯了王元骧文艺美学思想的来源,目的在于探察王元骧治学的基本价值取向,揭示其思想创新之处。以王元骧60岁即1994年为界,李咏吟将王先生文艺美学思想的历史变化划分为"早中期"和"中后期"两个阶段,认为王先生在第一阶段主要接受马克思-黑格尔美学的影响,第二阶段则主要是受马克思-康德美学的影响。李咏吟强调王元骧既注重文学艺术审美特性的具体考察,又深入思考审美与人生、社会的关系,特别是王元骧始终坚持马克思主义美学思想为文艺美学批判性建构的理论基础,尤其值得关注。

朱文强调,王元骧的文学理论思考总是包含着强烈的现实关怀和人文意识,将现代人的人生处境与文学理论的终极诉求密切关联,为当代中国文论的学科创新和思维方式的变革打下了坚实的理论基础。而且,王先生还强调文学理论的反思性、批判性,扬弃了传统知识论的文学理论,赋予文学理论研究新的特质。

梁文对王先生批判反省当今现实社会的消费文化,关怀当代中国境遇下人的生存,重振文艺审美超越的理论努力进行了分析梳理。王先生在近期的研究中创造性地吸纳中西古典思想资源,即积极借鉴中国古典哲学美学思想,并吸收国内学术界较少重视的希伯来一基督教美学思想,通过有意识的甄别判断与融合铸造,力求创造有中国特色和民族品性的文艺美学理论,是梁慧论文的研究重点。

2016 年(丙申年) 82 岁

3月5日上午,为台州学院人文学院师生做"审美:向人回归"学术讲座。

台州学院人文学院设有"三台人文论坛",专门邀请著名学者为师生主办学术讲座。王先生开讲第43讲,阐述了文艺理论研究的"守正创新"理念。从概念的廓清入手,他指出反映论、实践论和辩证法并未过时,并进一步就实践论美学、美感、艺术态度等具体问题提出了自己的创新性认识。讲座设有交流互动环节,王先生在交流时向学生推荐阅读康德的《判断力批判》、朱光潜的《谈美》和李泽厚的《美的历程》等美学、文艺学经典著作,并勉励学生们从兴趣出发,重视审美超越,追求美的生活,认为这就是生活之美。

5月15日,在《文学评论》第3期发表《论审美反映的实践论视界》。该文后被人大复印资料《文艺理论》2016年第8期全文转载。

该文立足马克思主义实践论哲学,从认识论与实践论的辩证统一来更为全面、深入地认识审美反映论,深化了新时期已有的相关认识。论文首先反思了传统反映论文艺观在理论上的得失。作者强调,反映论文艺观正确坚持、强调了生活是文学的源泉的科学观点,但把反映活动与实践活动、反映主体与实践主体割裂开来所造成的直观论、机械论和唯智论的错误倾向是明显的。接下来,论文具体探讨了如何把文学创作与作家的人生实践活动结合起来,从与作家的人生实践、人生理想的联系中,正确认识审美反映的性质的问题。从对象、目的和功能三个不同的角度,论文深入揭示了立足于作家的人生实践来理解审美反映时所形成的理论突破。由此,审美反映论在根本上作为认识论文艺观与立足于近代认识论哲学的认识论文艺观的本质区别就呈现出来了。最后,论文立足于"心理学",进一步具体探讨了作家作为生存主体,他的"心灵与行动"的统一中"心灵"所具有的特点。这就是,不只是从"情理",而是进一步深入"情志",从作家的"生命感"来探讨立足于实践论的审美反映活动中作家全身心投入的独特特征。

6月,在复旦大学出版社出版《艺术的本性》一书。朱立元、曾繁仁任主编的"当代中国文艺学研究文库"共征集、收入12位当代文艺学知名学者的著作,以反映当代中国文艺学研究的成就。王元骧作为当代著名文艺学家,其著作有幸入选。此书分文艺理论研究和美学研究两辑,共收入王先生自选的20篇代表性论文,每辑各10篇。

8月,《深切怀念童庆炳老师》一文收入《木铎千里 童心永在:童庆炳先生追思录》一书下编。

9月10日,在《文艺研究》第9期发表《实践论美学的思想精髓和理论价值》一文。该文后被人大复印资料《美学》2016年第12期全文转载,又被《新华文摘》2017年第3期论点摘编。

> 论文对实践论美学的理论价值及其理论深化进一步进行了理论反思。
>
> 首先是实践论美学的形成发展。实践论美学是苏联美学家万斯洛夫和斯托洛维奇以历史唯物主义哲学的实践论观点,特别是马克思《1844年经济学哲学手稿》中的实践思想为理论基础,改造狄德罗的"美在关系"说后提出的。这一美学理论主张体现人的本质力量的"人化自然"就是美。我国当代美学家李泽厚受万斯洛夫和斯托洛维奇观点的启发,在与朱光潜、蔡仪美学思想的辩论中形成了自己的实践论美学思想。实践论美学的理论价值在于为美学研究奠定了科学的理论基础,它并不关注具体的审美对象和审美经验是什么,而是要研究美的本质。但在改革开放以后人的个性增强这一社会思潮的影响下,因为美学研究更多地转向对审美经验、个体审美心理的研究,实践论美学招致了激烈的批评和否定。
>
> 论文强调,要正确认识"实践"这一概念,准确地把握实

践论美学的性质。马克思主义是把实践理解成生产劳动，将之看成哲学认识论的基础，认为实践是人与现实的审美关系形成、发展的原因。由此，实践论美学从性质上看，是马克思主义的社会本体论美学，其理论价值也在于对美的本质的揭示。

20世纪90年代以来，以潘知常、杨春时为代表的后实践美学，批评实践论美学坚持美是美感的对象，认为这是在美学研究中顽固坚持主客对立的二元认识结构，是一种客观论美学和认识论美学。作者不同意后实践论美学的观点，认为实践不同于认识，不是主客二元对立，而是主客统一、创造价值存在物的活动。美作为感性的精神价值存在物，它需要以评价而不是认识的方式进行把握，这就决定了审美心理学对美学研究的重要意义。而李泽厚对此是缺乏认识的，他主要还是停留在对万斯洛夫、斯托洛维奇观点的复述上，简单地把美当作美感的对象，这就没有充分认识到审美心理学研究对实践论美学的理论价值。

随后，论文对自己在2011年所写的《"后实践论美学"综论》的观点进行了进一步的阐发，详细说明了把实践论美学看作客观论美学，立足于审美心理学否定美的客观性、社会性的理论错误。以邓晓芒、易中天的新实践美学和朱立元的实践存在论美学为中心，作者批评新实践美学以"移情论"为理论核心，实践存在论美学以"生成论"为理论核心，都存在用"个体的审美心理学"来认识美的主观论理论失误。实践论美学主张人类的生产实践是人与现实的审美关系形成的决定性影响因素，而"移情论"和"生成论"都是强调个体审美心理对美形成的核心作用，这实际上就是以个体审美心理活动取代了社会审美心理活动。

最后，作者正面说明了坚持实践论美学对美的本体和本质的认识对美学研究所具有的客观意义。一方面使审美判断具有客观基础和依据，避免美学研究走向主观主义和相对主义；一方面使美的深层内涵得到充分揭示，避免审美判断仅仅停留在表象层面而流于肤浅。

9月22日，在《湖北大学学报（哲学社会科学版）》第5期发表《关于马克思主义美学研究中几个重要理论问题的思考——由汪正龙著〈马克思与20世纪美学问题〉说起》一文。

该文针对我国当前马克思主义美学研究的新发展、新成果以及存在的问题，对汪正龙2014年所著《马克思与20世纪美学问题》一书的得失进行了扼要评述。

作者指出汪著有三个方面的优点：视角新、方法新和阐释新。首先，汪著抓住马克思哲学的"人学"视角，从马克思早期著作的异化—物化理论和感性论所提出的对现代资本主义工具理性、科技理性进行浪漫化人本主义批判的思路，探讨了马克思主义美学对20世纪美学和21世纪美学的重要影响。其次，运用历史的、比较的方法，对"异化"和"感性"等概念的理论传承和变异进行了清晰的梳理，认识非常科学。最后，对马克思主义美学被看作认识论美学，是以现实主义文艺发展为基础的观点，汪著提出了自己富于创见的新看法，比如汪著强调了马克思的美学与浪漫主义文艺传统的内在关联。

随后，作者对汪著进行商榷，提出自己对我国当代马克思主义美学的三点不同认识。一是关于个人与社会的关系。作者强调，马克思主义强调人是社会性的个人，文艺是一种社会意识形态，这才是马克思主义美学的基本问题。二是关于马克思和恩格斯的关系问题。作者不同意自卢卡奇以来的马、恩区别论，认为在哲学的基本问题上看不出马、恩有何不同；在文艺观上，不只是马克思，恩格斯也同样认同浪漫主义。因此，作者认为我国马克思主义美学研究中并不存在"以恩解马"的问题。三是"西马"和"东马"的关系问题。作者不同意汪正龙更为偏重"西马"的倾向，认为"东马"也是发展变化的，"东马"在文艺观上也不只是强调现实主义创作对客观社会现实的复制，东马的实践论美学对我国当代美学发展的影响不容忽视。总之，作者认为深入研究和评价以苏联美学为代表的东马美学，对于反思和总结我国当代美学研究的教训更具直接的现实意义。

本月出版的《玉环人物志》（玉环县地方志办公室编，方志出版社 2016 年版）收入王元骧人物事迹介绍。

10 月，《审美教育与人格塑造》（发表于《美育学刊》2013 年第 4 期）一文收入《〈美育学刊〉文萃第 1 辑 美育与艺术教育研究卷》。

11 月 5 日，赴上海参加复旦大学中文系主办的"德国古典美学高层论坛"，提交会议论文《德国古典美学对中国现当代美学的影响》。此次论坛有国际知名黑格尔专家、德国耶拿大学的 Klaus Vieweg 教授，国内德国古典美学研究领域素有成就的学者朱立元、张政文、张玉能、劳承万等 30 余人参加。

据《上海文化》2016 年第 12 期徐贤梁所写《继承与创新：德国古典美学研究的积淀与开拓——"德国古典美学高

层论坛"综述》:"浙江大学王元骧教授的《德国古典美学对中国现当代美学的影响》则以宏阔的视野,全景式地描绘出德国古典美学自身发展的内在线索,他从康德美学入手,强调了审美理念对鉴赏判断的范导性作用,使得审美活动能够排除经验性的内容,凸显出审美主体和道德人格形成的密切关系。而席勒、费希特作为康德思想的追随者,则将康德思想中的主体性因素推向极端,以行动哲学代替了思维的自我批判,以促进人类向着至善实际的发展,从而克服了康德思想形式主义的倾向,实现通过改造人性以改造世界的最终目的。而黑格尔则对康德的批判哲学进行了另一向度的推进和改造,并在整个体系哲学中完成了诸种德国古典美学的最终圆满。尤为可贵的是,王元骧教授还将德国古典美学思想与中国传统的'心性之学'作了对比,突出了两者在发扬人的主体性和自由行动方面的积极意义。"

12月,在《杭州师范大学学报(社会科学版)》第6期发表《"审美关系"评析:兼论蒋孔阳的"美是多层累的突创"说》一文。该文后被人大复印资料《艺术学理论》2017年第1期全文转载,被《中国社会科学文摘》2017年第4期以《审美关系研究应以社会历史关系为基础》为题转摘。

该文对美学研究把审美关系当作主要研究对象的审美关系论,尤其是蒋孔阳的"美是多层累的突创"说进行了深入研究。

论文首先梳理了审美关系论的源起。20世纪50年代苏联美学界最早提出审美关系的概念,这影响了蒋孔阳、李泽厚和朱光潜等人的美学研究。不过,蒋孔阳、李泽厚和苏联美学界都是把审美关系看作以生产实践为基础所形成的一种社会性关系,而不是简单的审美主客体之间的关系,这与朱光潜有本质不同。但是,出于对新中国成立以来的美学研究仅仅关注"美的本质"的不满,蒋孔阳一定程度上把美学研究的重心转移到了"美感"上,提出了"多层累的突创"说。蒋孔阳虽然强调审美关系的构成有自然物质层、知觉表象层、社会历史层和心理意识层等不同层次,但由于并未区分各层次之间的关系,所以事实上他的审美关系论主要指审美主客体之间个人的、心理的关系。

接下来,作者客观指出重视审美感性特征的重要性。蒋孔阳从具体的审美事实,从个人的审美经验来研究美学问题是及时和重要的,抓住了美学的根基。感性是现实性、整体性和个人性的,它是审美活动的关键。当然审美感性不同于日常生活的感性,审美感性是感性与理性的和谐统一,忽视了感性就无法正确地认识审美活动。

最后,论文又辩证地强调了审美关系的社会性、文化性。美形成于人对自然的实践改造,正是在人与自然的"人化"中,审美关系才最终得以形成。具体来看,一方面,审美关系产生于人的精神需要,而人的精神需要是不断发展变化的;另一方面,人的审美活动与不同民族的地域文化传统有本质性联系。这就决定了审美关系的研究要同时重视其社会、文化的和个人、心理的两个不同层面,其中前者是主要的。蒋孔阳的"多层累的突创"说在描述审美关系的构成的同时,注意到了其社会文化关系和个人心理关系两个不同层面,但由于并未深入探讨两个关系层面的结构,而在事实上仅仅强调了个人心理关系的层面,在理论上存在不足之处。

2017 年（丁酉年）83 岁

4 月，在《中国文学批评》第 2 期发表《反映论文艺观：我的选择和反思》一文。该文后被《高等学校文科学术文摘》2017 年第 5 期、《中国社会科学文摘》2017 年第 11 期、人大复印报刊资料《文艺理论》2017 年第 8 期全文转载。

论文客观介绍了自己对反映论文艺观的坚持和不断创新情况：坚持反映论，并立足于实践论，在反映论与实践论的辩证统一中进行文艺审美反映论的建构。

首先，论文比较了当今国内流行的几种文艺观，说明了反映论文艺观立足于唯物主义认识论所具有的理论优点。表现论文艺观中作家的情感可以作为创作表现对象，被反映论文艺所容纳。存在论文艺观关注当今时代人的社会存在状况，努力抵制现代科技文明对人的奴役，对维护人的个性和自由具有重要的思想意义，但这种文艺观把个人与社会对立起来，有比较重大的理论局限。形式主义文艺观强调文艺形式和传达在文艺活动中的意义，但否定文学与生活、与人的生存需要的关系，把文学降低为一种技艺性的东西，这就使文学丧失了它存在的根本意义和价值。总之，从理论上说，反映论文艺观是最为开放和包容的，它可以吸取其他各种文艺观的优点来丰富完善自己。从实践上说，当今文艺创作所存在的一些问题，与文艺观念上对反映论文艺观的轻视有关。

随后，论文正面剖析了人们误解反映论文艺观的关键原因——对哲学反映论和文艺反映论的简单化认识。人们并没有认识到把实践论引入哲学认识论后，无论是反映论中的客体还是主体都不再是唯智主义的，反映不再是镜子式的认识。文艺反映论中作家的审美情感受到高度重视——反映对象是个体性的价值事实，反映目的是陶冶情感、感发意志，反映形式是与艺术形式结合在一起的艺术形象。

最后，论文进一步揭示了文艺审美反映活动的实践性功能。这一实践功能不只体现在文学创作的语言传达和创制中，更重要的是读者在阅读作品时，审美情感激活了身心，把心灵和行为统一起来，从而直接介入生活现实。

6月18日，出席在杭州召开的"人生论美学与当代实践"高层论坛，提交会议论文《关于推进"人生论美学"研究的思考》（后发表于《学术月刊》本年度第11期，收入论坛召开后出版的会议论文集）并发言。

此次论坛由中华美学学会、浙江理工大学、中国文联文艺评论中心和《社会科学战线》杂志社联合主办，浙江理工大学中国美学与艺术理论研究中心、浙江省一流学科"艺术学理论"（浙江理工大学）承办，东南大学艺术学院、《艺术百家》杂志社、《中国文艺评论》杂志协办，有来自全国各高校和科研机构的近百名学者出席。

据莫小不、李梅和王宇整理的《"人生论美学与当代实践"全国高层论坛综述》："浙江大学王元骧教授认为，人生论美学是迄今为止找到的最准确的一种美学的出发点或者说是逻辑点。从现实生活中的人来谈美，是切中肯綮的。

人生论美学不同于生活美学,不是消费美学,而是诗化人生。"

6月20日,出席在杭州举行的"学而不厌——杨成寅纪念展",并参加"道技圆融——杨成寅学术研讨会"。

7月7日,在《人民日报》24版文艺评论版发表《在回应现实中发展文艺理论》一文(系根据对王元骧的采访整理而成)。

> 该文强调,理论来自实践,但是对实践中的问题的发现和回答,它的性质是反思性的,是实践的智慧,要从事物的联系和发展中去解答问题、认识事物。王元骧认为,要发展、创新我们的文艺理论,需要做到以下三点。一、关注现实。从社会现实,从文艺创作实际中去发现、提炼问题。二、要有人文情怀。对问题的发现,需要人们具有见识和眼力,而这与人们的思想追求相关。文艺理论属于人文学科,应当关注人的生存状态,探索人的生存意义和价值,需要思考文艺对人的意义和价值,这都需要文艺理论研究者具有人文情怀。三、要有理论思维能力。

9月28—29日,在杭州参加"马克思主义文艺理论与当代美学问题高层论坛"暨马克思主义理论论著书系编审工作会议并发言。王元骧提出要用发展的眼光来对待马克思主义文艺理论和美学,以找出一种既适合中国当代文化又是马克思主义研究方法的方法,从而推进马克思主义理论中国化的发展。此次学术会议由浙江大学传媒与国际文化学院、中国文联文艺评论中心、中华美学学会马克思主义美学专业委员会联合发起,由浙江大学传媒与国际文化学院、中国文联出版社、《浙江大学学报》编辑部和《马克思主义美学研究》编辑部共同承办。王杰、丁国旗、金永兵、胡亚敏和李心峰等国内 30 余位知名学者参加了会议。

10 月,在《马克思主义美学研究》第 20 卷第 1 期发表《文艺评论岂能这样信口雌黄!》一文。

> 该文是针对《南方文坛》2016 年第 6 期的《从反映论到思维乌托邦》访谈答问而写的。访谈作者是张蕴艳与夏中义,访谈中涉及朱立元与王元骧关于反映论与主体论关系的争论这一问题。夏中义因为长期否定文艺反映论,所以对自以群以来的整个文艺反映论的发展,包括王元骧先生的观点,都不予认同。他批评反映论文艺观的科学认识倾向,认为这导致文艺反映论忽视创作主客体之间复杂的感性关系。王先生气愤夏中义不加分析地将自己看成以群的支持者,简单划入文艺反映论的顽固坚持者,认为夏中义的看法完全是不顾事实的信口雌黄。论文扼要介绍了自己坚持文艺反映论的初衷和动机只是因为文艺活动作为意识活动不是无中生有的,它根本上还是来自生活现实,因而脱离社会现实的文学创作根本无法创作出无愧于时代的作品。随后,论文对自己以实践论为基础,不断完善文艺反映论的学术探索过程和认识发展进行了详细介绍。自己最初同样不同意旧的直观、唯智反映论,所以通过区分认识和反映两个概念,提出文艺活动是对社会现实的情感反映,它在性质、方式和功能上都与认识活动有本质性区别。王先生强调,自己重视审美反映的情感性、形式中介性和想象创造性,并在 20 世纪 90 年代以后的探索中结合哲学实践论,充分探讨了文艺活动的实践性特性,从而深入把握了文艺审美反映与科学认识的不同。论文最后还进一步对学术界像夏中义这样罔顾事实,仅凭主观臆想就妄加学术评价的不

良学风的泛滥进行了强烈批评。

11月15日，在《文学评论》第6期发表《读张江〈理论中心论〉所想到的》一文。该文后被人大复印报刊资料《文艺理论》2018年第3期全文转载。

　　该文针对张江先生所概括并严肃批评的"理论中心论"，即后现代主义文论所实践的颠倒理论与现实的关系，以理论来规整现实的理论倾向，谈了自己对文艺理论研究的认识。

　　论文首先扼要介绍、分析了张江的理论主张从批评"强制阐释论"到抨击"理论中心论"的发展，特别是张江坚持"成熟的理论和学科应该以对象的明确为前提"，从而批评后现代主义文论以泛化的文化为研究对象是缺乏明确的研究对象这一观点。作者自己具体探讨了后现代主义文论研究对象不确定的原因：一是深受西方现代人本主义哲学的影响；二是对于文学性质的认识出现了偏差——从反对思辨理性，强调直觉、感悟出发，否定了文学的审美性质。作者强调，张江所坚持的文艺理论建构必须针对文学活动——特别是文学作品——来进行存在一定局限，文艺理论研究不能仅仅依靠归纳推理所形成的"知性的抽象"，它的开展离不开演绎推理。

　　随后，论文就深入介绍了自己对理论形成的认识。西方哲学研究自古希腊时期重视理性认识的演绎推理，到后来近代经验主义哲学的肯定归纳推理，再到后来黑格尔把演绎推理和归纳推理结合起来，从这一总体发展情况来看，理论研究必须通过归纳推理与演绎推理的结合，才能真正实现对事物性质的具体认识。

论文最后,作者进一步探讨了理论和评论的关系,正确说明了理论在文艺评论和文艺研究中的价值意义。理论是认识性的,评论是实践性的。评论应当从作品形象的客观意义出发,不囿于作家的创作意图和书写时的自觉意识,而且评论作为对作品的阐释活动,也会受制于评论者的思想和视野,尤其是在"反思型"的评论活动中更是如此。总之,理论在评论中的重要作用以及在评论中的发展,清楚地说明了理论与现实的关系,以及理论形成的机制。

11月20日,在《学术月刊》第11期发表《关于推进"人生论美学"研究的思考》一文。论文为提交今年6月在杭州召开的"人生论美学与当代实践"全国高层论坛的会议论文,后被人大复印报刊资料《美学》2018年第1期全文转载。

该文对人生论美学研究的相关基本问题进行了深入思考。

首先是人生论美学研究的立足点和出发点问题。作者指出,传统美学研究把本体论和认识论相分离,分别从抽象的人类和抽象的个体心理出发,进行美的本质和美感心理的研究,这带有明显科学化的倾向;只有把两者结合起来,从现实生活中个人性与社会性相统一的人出发,关注其审美活动的展开,才能更好地体现美学研究对现实人生的人文关怀。由此,论文强调,现实人生的人生主体才是人生论美学研究的立足点和出发点。

其次是"人生论"的内涵。论文从目的论、价值论和存在论的不同角度,对人生的终极目的、绝对价值以及现实的个体生存实践内容进行了理论思考。人在当下的生存中不断追求自我价值的实现，以及个体与社会相统一的人生自由，在这些不同视角的综合思考中得到揭示。人生论美学把美与人的生存联系起来后，美作为激发人的人生意志自由的精神价值，其人文意义得到了张显。如此理解的美，就与我国传统人生论美学所提倡的"达则兼济天下，穷而独善其身"的人生目标和人生理想有了不同；不畏得失成败、勇猛精进地不断进取则成了人生论美学所推崇的人生理想。

最后，论文深入审美情感与人的生存意志的心理联系，分析了人生论美学的美感功能机制问题。针对康德美学、叔本华美学所主张的审美非功利、审美静观，论文强调审美情感中隐含着对现实世界的愿望和期盼，实际上是一种意向性心理，它指向了对人生现实的超越。总之，通过对独立意志和自由人格的陶冶，审美客观上就有了提升、诗化人生的生活美学内涵。

2018 年（戊戌年）84 岁

2月，《中国文艺评论》第 2 期发表《把理论思辨与现实情怀统一起来——访文艺理论家王元骧》一文，署名郑玉明。

这篇访谈以郑玉明对王先生进行采访的对话方式，结合王先生近 60 年的文艺学、美学研究发展情况，分六个部分系统阐述了他的文艺理论主张。

第一部分是对文艺本质、文艺特性的认识。王先生主张从认识论、价值论和本体论的统一中去认识文艺本质。文艺对社会生活现实的反映是一种价值评价活动，而这种能够影响读者人生实践活动的价值评价，只有经由世界终极性的"善"这一目的性因素，才能得到最终的合理解释，这就引入了文艺本体论的研究。由此，在认识论、价值实践论和本体论的统一中，文艺的特性得到深入揭示。

第二部分是对文艺实践性的进一步深入阐释。审美的非功利性实际上能够作用于人的意志活动，而不是仅仅局限于"知"的情—理活动。这一看法在对文艺实践本性的认识中有重要的理论突破。

第三部分通过论证实践论美学的理论价值，强调了文艺实践性、审美实践性研究的实践唯物主义理论前提，即王先生坚持认为社会性的劳动实践是审美实践、文艺实践的客观基础，审美、文艺活动是在不断改造自然和人自身的劳动实践的基础上才产生的。

第四部分对人生论美学的主要观点、理论意义等问题进行了进一步阐发。王先生强调，在人生论视阈中把作为社会主体和个人主体的人及其生存活动统一起来，深化人生论美学的观念，是当今美学研究的重要课题。审美活动的情—意统一中，人的人格境界、人生实践的境界得以提升，审美把作为个人主体的人逐渐陶冶、升华为社会主体。这一看法把实践论美学的美的本质论、本源论推进到审美心理学的维度上，深化了美学理论。

第五部分大体上可以看作人生论文艺观的初步探讨。王先生在文艺实践性、人生论美学观点的理论基础上，进一步阐述了自己对文艺形式与内容的统一性、文艺实践与文艺创制的区别等等问题的认识。

最后一个部分，王先生对理论本身的性质进行了反思，指出理论既是观念又是方法。理论的价值在于形成正确把握现实的观念，紧紧抓住这一点就能在理论上明确理论研究的价值所在。另外，理论研究的深入形成了正确看待事物的观念，有了正确把握事物的方法，理论研究就能正确地把握现实。

5月，陶水平、张学文在《美育学刊》第3期发表《试论王元骧人生论美学的理论探索及其意义》一文。该文对王元骧的人生论美学研究，从理论背景、理论建构、理论内涵以及理论价值、意义这些不同的方面进行了比较全面的分析探讨。

6月1日，赴山东济南参加由山东大学文艺美学研究中心、山东省比较文学学会联合主办，在山东大学召开的《狄其骢文论集》出版纪念暨"新时代文艺理论建设与发展"学术研讨会。会后王元骧与中国社会科学院文学研究所研究员、中国社会科学院研究生院教授杜书瀛一起应邀为山东大学文艺美学研究中心师生做题为"文学回头看——漫议改革开放四十年"的讲座。

王元骧认为，我国当代文艺理论研究在观念和方法上存在瓶颈、因此成绩有限；在王先生看来，文艺理论应该是反思、批判性的，而不应该简单地认同文艺现状；我们的文艺理论研究应该有独立意识，不应该对西方亦步亦趋。

7月27日，在人民日报第24版文艺评论版发表《美的理想不容矮化》一文。

该文反对学界流行的受消费文化的影响，把美感等同于感官愉快感，否定审美的精神担当功能的美学思想和文艺观念。文章一方面强调审美的非功利性实际作用在于使人摆脱功利的束缚,进入一种更高的"物我同一"、"万物一体"的精神境界,进而培养人的自由意志,按美的信念和法则去思想和行动;另一方面强调美不仅指优美,还包括崇高。崇高通过培养人"敬"的情感,使人不断实现精神超越,从而具有正视各种困难、挫折的责任感、使命感。最后,该文强调不能把文学艺术理解成消费文化产品。应该认识到审美、文艺和人生是统一的,文学艺术以美的理想净化人的灵魂,陶冶人的人格,对于人的精神成长极为重要。应该警惕消费文化的不良影响,正确地认识文学艺术的精神价值。

8月,吴时红在《中文论坛》第1期发表《王元骧近期文艺美学基础理论研究述评》一文。该文对王先生2008年以来,在文艺学基础理论和美学基础理论方面——尤其是文艺审美超越论和人生论美学研究两个方面——的理论突破进行了具体的评述。

9月,《文学原理》第4次修订版由浙江大学出版社出版。书末附有《第四次修订版校后记》,对这次修订情况有比较详细的介绍。后来这篇校后记进一步改写成《关于文学理论教材的学科体系和编写问题的意见》一文,发表于《杭州师范大学学报(社会科学版)》本年度第6期。

11月16—18日,"我国当代文艺理论建设暨王元骧从教60周年学术讨论会"在杭州召开。本次会议由中国中外文论学会、浙江大学人文学院和杭州师范大学艺术教育研究院主办,浙江大学文艺学研究所承办。来自全国高校和科研院所的100多位专家学者参加了会议。关于此次研讨会的召开,《社会科学战线》第12期进行了图文报道,《马克思主义美学研究》2019年第1期发表了俞圣杰所写的会议综述《守正创新是建构当代文艺学话语体系的必由之路》。

11 月 18 日,《钱江晚报》A10 版全民阅读版以《再读王元骧》为题,发表了《钱江晚报》记者方时列采写的《85 岁王元骧仍在守正创新 整个学科正向他表达敬意》一文。该文报道了"我国当代文艺理论建设暨王元骧从教 60 周年学术讨论会"的召开情况,紧紧抓住整个学科在向王元骧致敬和王元骧的理论研究始终在与现实对话两点,扼要介绍了学术讨论会的盛况。

11 月 25 日,《宜春学院学报》第 11 期发表了陶水平、张学文所写的《王元骧与人生论美学的当代发展》一文。

> 论文梳理了人生论美学研究的起源发展,指出人生论美学发端于儒道哲学,在现代美学发展中接受西方美学的影响,从明确的美学学科意识出发,初步明确了内涵。王元骧及其团队以实践论美学为理论前提,倡导走经验论美学与超验论美学两大美学系统的融合之路,对人生论美学进行了全面建构,赋予人生论美学明确的理论形态。王元骧与金雅等人的人生论美学研究,创造性地发展了我国古代的人生论美学传统,同时超越西方美学对人的认识和理解,建构起了具有民族特色的美学理论,促进了中西美学的对话、交流。

11 月 29 日,在《杭州师范大学学报(社会科学版)》第 6 期发表《关于文学理论教材的学科体系和编写问题的意见》一文。该文后被人大复印资料《文艺理论》2019 年第 4 期全文转载。

> 文中,王先生从自己编写文学理论教材的体会出发,总结了自己对建构既实用又有中国特色的文学理论教材的看法。

论文首先强调了马克思主义反映论在文学理论教材编写中的重要意义。作者指出，马克思主义反映论作为唯物主义认识论，把实践引入哲学认识论，为文学理论体系的建构奠定了科学的理论支点。反映论文艺观比表现论文艺观、形式主义文艺观等都更为科学、开放，可以包容两者。

　　然后，论文具体说明了如何以马克思主义能动反映论为理论支点，把人类有关文学的基本知识，按其内在的联系整合成一个整体。一方面，马克思主义能动反映论，认为人对世界的反映活动是以实践为基础的，它共有把握"是什么"和"应如何"的两种反映形式。一般来说，人文科学都是对世界的价值反映，而文学——与人文科学研究的理性价值意识活动不同——是感性的：由审美情感所推动的想象，同时结合艺术形式来展开，就是文学这种价值意识活动的方式。另一方面，文学作品作为感性价值意识的存在，它对读者的影响是身心统一的情—志影响，即能够直接推动读者去展开新的人生实践。由此，文学创作与文学阅读就作为完整的文学活动统一了起来，相关的文学知识也可以建构成一个理论整体。

　　最后，论文还对文学理论研究的性质和方法以及学习方法进行了说明。一、论文强调文学理论研究是归纳推理与演绎推理的统一，并不是纯思辨的研究，研究者必须调动自己感性的文学经验，推动理论研究走向"理性具体"的认识。二、理论认识所把握到的"理性具体"，不能满足于认识上的科学认识，还要能够回归文学活动的经验现实，"美学方法"与"历史方法"的结合统一是值得重视和进一步研究的。三、文学理论教学中要注意引导学生学习运用知识的方法,培养他们运用知识的能力。

2019年(己亥年) 85岁

自2018年年底"我国当代文艺理论建设暨王元骧从教60周年学术讨论会"召开后,王先生主要的精力都投入对此次会议论文集以及自己文集的编辑出版工作上。在编选文集的过程中,他"以今视昔",对自己以往所发表的论文有更深入的反思和批判,因此,对以往论文的甄选和修改完善成了他的工作重点。论文写作、发表基本停滞,甚至连计划好的著作出版工作也停止了。山东文艺出版社拟为当代取得杰出成就的10位文艺理论家出版一套"中国现代文艺学大家文库"以展现当代文艺理论研究的最高水平,《文学的真谛》是王先生被选入文库拟出版文选的书名。该书原计划2019年12月推出,但为编选学术讨论会论文集和自己的文集,王先生此书的出版计划长时间推迟。

1月,在《南国学术》第1期发表《德国古典美学影响中国现代美学之检讨》一文。2016年,王元骧在参加复旦大学中文系主办的"德国古典美学高层论坛"时曾提交会议论文《德国古典美学对中国现当代美学的影响》。此文是在该会议论文的基础上进一步改写、完善而成。

> 论文肯定德国古典美学是中国现代美学的重要资源。认为由康德开创,黑格尔发展到极大成的德国古典美学,把审美看作完善人性、实现人的自由解放的途径,是德国古典美学对人类的重要思想贡献。但这一思想具有明显的把历史、现实问题化为心理问题、人性问题的唯心主义倾向,带有审美救世主义的思想局限。德国古典美学进入中国后,

梁启超着眼于国民性的反思来改造国粹的追求与康德美学存在真正的契合。再往后是李泽厚，但李泽厚后期谈情本性，把社会问题个体性、心理化，已经脱离了历史唯物主义哲学的精神。作者认为，只有站在马克思主义实践唯物主义哲学的立场上，把人看作现实中的"社会性的个人"，从感性与理性、个体与社会的统一中认识人，同时把德国古典美学所理解的美和艺术看作人、人生的理想，并从理想与现实的辩证统一中认识美对人的价值和意义，才能扬弃、超越德国古典美学，推动我国当代美学的进一步发展。

2月，刘俐俐在《社会科学》第2期发表《"实践"贯通美学文艺学的传统学术之路的意义与拓展空间——以王元骧学术研究为中心》一文。作者以王元骧的学术研究为中心，探讨改革开放四十年来，王先生以实践贯通美学文艺学的传统学术之路的总体面貌和学术特质。论文对王元骧借鉴马克思主义唯物史观并批判吸取我国20世纪60年代以来实践美学的研究成果，以实践为核心贯通美学文艺学研究的学术之路进行了总体梳理和分析，高度肯定了其理论成就。

4月8日，浙大离退休工作处网站推出的"浙大记忆·口述历史"栏目发表《责任感是走好学术路的法宝——王元骧教授讲授浙大故事》一文。

王元骧介绍了自己走上文学理论研究道路的经过，并谈到学术研究责任感对自己从事学术探讨的重要性。其中，王先生对我国文艺理论史的看法值得关注：他强调中国古代只有文学批评而无文艺理论，经验的、感悟的、评点的文学批评不同于文艺理论；认为中国的文艺理论是五四以后从西方引入，自新中国成立后才慢慢发展壮大起来的。

5月17日，CCTV10人物栏目推出专题片《立德树人·王元骧》。节目播出后引发强烈反响。

5月，江西师范大学文学院2016级文艺学硕士生卫楚臻，以研究王元骧的文学理论观点为选题，写成硕士毕业论文《从审美反映论到人学价值论——王元骧文学理论探索研究》。导师是江西师范大学文学院赖大仁教授。此文对王元骧文艺学研究的总体发展提出了一种新的看法，即从审美反映论到人学价值论的演进，强调了王元骧文艺学观点中人学价值论思想的重要性。

6月10日，苏宏斌在《文艺研究》第6期发表《从"审美反映论"到"艺术人生论"——王元骧教授访谈录》一文。

该文以采访对话的方式阐发王元骧先生的文艺学、美学主张。

苏宏斌的采访先从王先生多年的文艺学、美学研究不断"新变"谈起，然后逐渐谈及王先生比较核心的文艺学、美学主张。王先生肯定了自己多年的学术研究从审美反映论、文艺实践论、文艺本体论，再到人生论美学，侧重点是在不断转移，但强调自己的理论起点是马克思主义的能动反映论，各种研究侧重点的转移可以看作马克思主义能动反映论文艺观的不断丰富和完善。王先生强调，辩证地接受"文学主体性"理论的影响，批判直观反映论所建构起来的审美反映论，应该是我们思考文艺学和美学问题的理论指导原则。

随后，苏宏斌的采访转向了王元骧对实践概念的认识。王元骧强调，实践是价值创造活动，是人追求一定目的的意志行为。从实践的角度来认识人的观念,能充分认识精神反映活动中人的主体能动性。受实践影响,人的反映活动有认识和评价两种反映形式,审美活动是认识和评价的统一。文艺活动作为本质上的审美活动,也是真、善和美的统一,与作家的人生活动有本质性关联,也作用于读者的人生实践。只不过,在当今价值多元化的时代,仅仅承认审美、文艺活动的价值评价属性是远远不够的,因此必须走向文艺本体论,以揭示审美、文艺活动按普遍而自由的原则来改造人的意志,为人生实践确立理想和信念这一终极价值功能。

王先生的文艺本体论研究实际上关联着哲学中形而上学的研究。在这一方面,王先生不赞成简单地追随西方现代哲学对形而上学的批判,要求我们的文艺理论应该有针对当下社会现实的独立思考。他强调,道德形而上学作为生存的终极情怀,有利于人在精神上超越当下生活现状,保持人性的自由和尊严,审美超越也同样如此,两者都是当下社会现实所需要的。只不过,审美超越强调人对个体利益得失的超越,并不是主张人的社会性压倒个体性,而是主张两者的统一。在审美活动中,人的审美个性得到充分尊重,且审美判断能够得到普遍性的赞同。

王先生强调学术研究应该关注社会现实。他指出,自己学术研究侧重点的变化以及从文艺学研究向美学研究的变化,实际上都是由社会现实所决定的。不同历史时期的社会现实会面临类似的社会问题,这决定了中外以及不同历史时期学术思想的相通相似,但社会现实的不同也决定了学术观点必然会有认识上的发展、深化。比如自己的人生论美学探索就因为关注社会生活主体的人格境界提升，注意到审美活动在人的情—意维度的功能，超越了康德、席勒仅仅停留于情—理维度对审美功能的认识。王先生特别指出，自己是通过区分欲望和需要，正确地认识审美静观的非功利特性，才意识到审美与人的意志活动的联系，从而真正超越了局限于"认识"来认识审美的思想局限，把握到审美活动的"实践"属性。

最后，访谈对王先生在美学思想上的理论突破，即从认识与实践的统一来认识美与艺术，与自己始终坚持的"审美反映论"的统一性进行辨析。王先生强调，认识与实践维度的意识可以分别理解为从"体"和"用"的不同角度有所侧重的意识，而"体用不二"，两个维度的意识最终统一在了"审美反映论"中。

6月12日，浙江省社会科学界联合会、浙江省哲学社会科学工作办公室官方网站"浙江学人"栏目"社科学科组专家"发表《王元骧：我的学术自传》一文。据文末附记，该文是在发表于《社会科学战线》2006年第2期的《我的学术道路》一文的基础上补写一节而成。

同日，《光明日报》发表赖大仁《重建当代"情感论"文学观念》一文，参与该报组织的有关文学"情义危机"现象的讨论。该文涉及对王元骧学术观点的认识。

该文以王元骧的审美反映论观点为理论支点，论证文学创作应以作家的审美情感为出发点，把对社会现实生活的反映与艺术创造融合起来。认为王元骧对审美反映论的理论阐发"无疑有助于深化对于文学反映生活的理解，从而将文学创作引向正确的道路。联系文学实践来看，以路遥《人生》、《平凡的世界》和陈忠实《白鹿原》等为代表的一批优秀作品，正好体现和印证了这样一种文学观念"。

9月，《马克思主义美学研究》第1期发表了"我国当代文艺理论建设暨王元骧教授从教60周年学术讨论会"的几篇会议论文。

党圣元《王元骧文学理论的"风骨"谈片》，用刘勰论文章精神的"风骨"概念来把握王元骧的文艺理论研究，认为王元骧的文学理论论文是有"风骨"的：1.充满文气，有"风力"有"骨髓"，他的论文总是有"风"通体灌注；2.善于锻炼文骨；3.取熔经典著作，广泛吸取中西文论精华。

刘阳《关于审美反映论的语言维度》，对王元骧文艺理论观念中的语言媒介观进行了细致分析。

程勇发表了《制度美学概念刍议》，俞圣杰发表了《守正创新是建构当代文艺学话语体系的必由之路——"我国当代文艺理论建设暨王元骧教授从教60周年学术讨论会"会议综述》。

12月，刘广新在《艺术评鉴》第24期发表《王元骧美育思想初探》一文。论文强调了王元骧审美观、美育观的超越性、实践性品格，探讨了王元骧这一思想反抗功利主义，实现"人是目的"的价值和意义。

本月，祁志祥在《东方丛刊》第1期发表《王元骧先生的致思路径及其文艺美学主张》一文。论文从方法论、本质论、人论、美论和文论五个方面系统阐释了王元骧文艺美学的基本主张，探讨了其致思路径。

2020 年(庚子年) 86 岁

本年,在新冠疫情肆虐的现实背景下,继续整理自己即将由社会科学出版社推出的文集和将由山东文艺出版社出版的《文学的真谛——王元骧文艺学文选》。

4 月 15 日,李弢在《学术评论》第 2 期发表《文论美育与"学以成人"——逢王元骧教授从教六十周年纪念感作》一文。论文扼要梳理了王先生长期以来文艺理论和美学研究观点的发展变化,指出其推崇反思型理论研究的治学特点,强调了王先生关注审美化育的思想特色。

4 月 25 日,姚文放在《文艺争鸣》第 4 期发表《文学理论建构的延续性与递进性——再评王元骧教授的文学理论探索》一文。

> 论文开头作者首先说明,自己曾在《中国图书评论》1993 年第 5 期发表过一篇对王元骧《审美反映与艺术创造》一书的书评,当时是因为观点相近而给予高度评价;如今集中研读王元骧的近作,为其观点的不断深化发展而深感震撼。王元骧从审美反映论到审美意识形态论,再到文学实践论、文学价值论和文学本体论,在认识的不断延续和递进中走向思维具体,展示他独特的治学风格和学术风范。论文将其概括为三点:一是不断自我反思,自我超越;二是永怀问题意识;三是为文学理论正名,阐明文学理论研究的反思性和实际价值。

4 月 30 日,王杰、廖雨声在《马克思主义美学研究》2019 年第 2 期(杂志发行时间延迟了)发表《如何在幻象的丛林中表征出现实?——审美反映论的理论贡献及其当代意义》一文。该文原为王杰提交 2018 年在杭州召开的"我国当代文艺理论建设暨王元骧从教 60 周年学术讨论会"并进行主题发言的论文。

> 论文强调:"审美反映论实际上就是马克思所说的艺术地掌握世界的方式问题,当代美学的发展从未能够绕过这一视域,相反,如何把握'现实'和'实在界'的问题仍是当代美学的核心问题,亦是审美反映论提出和研究的问题。在中国美学界正确认识以王元骧为代表的审美反映论,对当代美学建设具有重要的意义。"

6 月,郑玉明在《天中学刊》第 3 期发表《王元骧与审美反映论的理论建构》一文。该文对新时期以来审美反映论的理论建构过程,以王元骧理论建构的独特性为中心,进行了辨析梳理。

> 论文强调,在理论建构期,王元骧的审美反映论研究主要是从认识的角度,充分挖掘了文艺活动的审美性质,对以审美情感反映活动为核心的文艺反映活动进行了多层次的全面辩证研究;这与钱中文、童庆炳满足于对文艺活动审美性质的探讨而不重视文艺对社会现实的反映性有所不同。在理论深化、演进期,钱中文主张新理性精神文学论,童庆炳倡导"文化诗学",重视对"审美关系"的研究;这与王元骧的审美反映论研究从认识角度转向实践角度,力图通过对文艺实践功能的充分发掘来呼应时代的文艺需要有了更为明显的反差。论文指出,通过认识与实践两个角度的深入研究,王元骧的审美反映论研究,以不同于钱中文、童庆炳的深刻理论思辨,实现了理论研究的彻底化,推动了审美反映论研究的深化和演进。论文认为,在当今文艺学研究中,反思型研究的理论价值由王元骧的研究得到充分展现。

10 月,2018 年年底召开的"我国当代文艺理论建设暨王元骧从教 60 周年学术讨论会"会议论文集《审美　艺术　人生:王元骧文艺思想研讨会论文集》由浙江大学出版社出版。该书第一辑收入 25 篇王元骧学术思想研究论文。第二辑为研讨中国当代文艺理论建设的 13 篇论文,另收入三篇会议致辞和研讨会综述等相关新闻报道。

2021 年(辛丑年) 87 岁

4 月,《文学的真谛——王元骧文艺学文选》一书由山东文艺出版社出版。该书为山东文艺出版社推出的"中国现代文艺学大家文库"中的一本,原计划 2019 年出版,因各种原因推迟至此时才得以面世。全书共收入 15 篇代表性论文和一篇作为序言的学术自传《我的学术道路》。书末另附有一篇简短的"学术年谱",对王先生重要的学术成果进行了整理。

7 月,在《社会科学战线》第 7 期发表论文《审美:回归"身心一体"的人》。

该文根据审美能够"使人回归身心的整全"这一特性来反思我们对文学性质的认识,力图在文艺观念上彻底超越纯认识论、唯智主义和唯科学主义的限制。

作者首先反思了文艺理论研究中人们长期不能正确认识文学性质的原因:一方面是把美学与文艺学视为两门相对独立的学科而很少关注这两者之间的内在联系,这就使得美学研究的成果很少在文艺中得到体现和落实;另一方面是美学研究作为哲学研究的基本分支,长期受到认识论哲学的影响,无法从人与现实的审美关系的角度,正确地认识审美主体身心一体的整全性。

　　随后，论文梳理了从哲学到心理学，人们逐渐认识到灵魂与身体的统一性的思想发展过程。在哲学研究中，从康德、黑格尔到费尔巴哈、马克思，现实的、活生生的人，即社会性的实践主体在马克思主义实践唯物主义哲学中才真正成为哲学认识的出发点。心理学研究中，从冯特到布伦塔诺，直到对感觉意向的重视，才让人认识到灵魂与躯体的统一性，这才走出了理性心理学，为文艺活动的内在机制研究真正把握认识与实践的有机统一奠定了理论基础。

　　最后，论文反思审美反映论研究对传统认识论文艺观的超越的不彻底性，试图把心灵活动向行为转化的心理机制解释清楚，以真正科学地认识文艺的审美特性。作者认为，美感是审美活动进入极致状态所产生的一种生命体验，真正的艺术创造和艺术欣赏都是审美活动的极致状态，其美感状态都是全身心投入的生命体验状态。通常理解的审美"静观"没有真正理解审美活动的性质，因为它把美感仅仅看作理性的精神活动，而不是身心合一、认识和实践统一的。这样来理解艺术是无法把握艺术对现实人生的介入，真正理解审美、艺术与人生的统一的。

后　记

　　20 年前,我来到浙大跟随王元骧先生攻读博士学位。当年,为了考博,曾认真学习王先生的论文集《审美反映与艺术创造》。读书期间,对王先生发表的论文、出版的论文集《探寻综合创造之路》也花费不少的精力去研读。后来本人以黑格尔美学的实践思想研究为选题写学位论文,也是直接受到王先生《黑格尔纯认识论文艺观的得与失》一文的启发。2003 年 6 月,我来到浙江工业大学中文系工作,因为仍在杭州,节假日偶尔去拜访以及各种学术活动中的相逢,使我对王先生后来发表的论文、进行的研究都保持持续关注,因此长期自以为对王先生的学术思想、治学活动比较了解。这也是我有勇气写作这部王先生的学术年谱的主要原因。

　　浙江学术文化研究中心(现已更名为文化地理学研究中心)是以浙工大中文系为依托的浙江省哲学社会科学重点基地,浙江学者学术年谱是中心的重点研究课题之一。正是基于自己对王先生治学比较熟悉的盲目自信,我才于 2018 年 10 月 27 日以撰写王先生学术年谱为题,申报了浙江学术文化研究中心的研究课题,当年 12 月 19 日,课题有幸获批立项。而当我真正着手来从事这项工作时,才发现自己以往对王先生治学情况的了解还是远远不够的:王先生长期保持学术创新的高度热情,其学术思想依其内在的学术逻辑一直在不断深化演进。学术界包括我自己在内,多关注、重视王先生在新时期以来对文艺反映论的理论创新,即他对情感反映论或者说审美反映论的创新性建构。而其实,王先生在 20 世纪 60 年代就在对文学典型的研究中关注着文艺家个性化艺术创造的重要性,直到今天他还在坚持认识的深化和完善。不重视这些内容,就无法完整、准确地理解王先生的理论观点,也无法客观准确地认识我国新时期以来的文艺理论美学发展。而这也正是写作王先生学术年谱的意义所在。

王先生出生于 1934 年,自 20 世纪 60 年代走上文艺理论研究道路以来,他持之以恒的学术探索几乎经历了我国当代文艺理论发展的整个过程。这就决定了不熟悉中国当代文艺理论、美学研究的整体发展,就无法很好地进行这部学术年谱的写作。幸亏,当今通讯技术发达,可以通过微信、邮件时时向王先生请教,所以这本年谱能够完成,离不开谱主本人的大力支持。另外,浙江学术文化研究中心为本书的写作和出版提供了经费资助。浙江大学出版社王荣鑫、吕倩岚编辑的认真负责也为本书的顺利出版提供了保证,对此作者内心深存感念! 自然,如果写作研究有何疏忽不足之处,由作者负全部文责。